인플루언서 마케팅
AtoZ

구매율 1000% 향상시키는 인플루언서 마케팅 활용 전략

인플루언서 마케팅 A to Z

초판 1쇄 발행 2019년 9월 30일
초판 2쇄 발행 2022년 3월 4일

지은이 황봄님

발행인 백유미 조영석
발행처 (주)라온아시아
주소 서울특별시 서초구 효령로 34길 4, 프린스효령빌딩 5F

등록 2016년 7월 5일 제 2016-000141호
전화 070-7600-8230 **팩스** 070-4754-2473

값 16,000**원**
ISBN 979-11-90233-12-5 (13320)

구매율 1000% 향상시키는 인플루언서 마케팅 활용 전략

인플루언서 마케팅 A to Z

황봄님 지음

Influencer Marketing

RAON BOOK

'경험'을 사고 '신뢰'를 파는 새로운 시장 '인플루언서 마켓'을 선점하라!

브랜드 마케터를 꿈꾸다

나는 세상에 대한 호기심이 많다. 그래서 늘 새로운 것을 보고, 기억하고, 무언가 새롭게 구상하고 발전시키는 일을 좋아한다. 지금도 새로운 일을 시작할 때는 가슴 벅찬 설렘과 무엇인지 모를 두려움을 동시에 느낀다.

내가 직업으로 삼은 트렌드를 만드는 일은 지금처럼 빠르게 돌아가는 세상에서 속도에 치이고 약속되지 않은 미래의 길을 걷는 것처럼 앞이 안 보일 때가 있다. 처음에는 어떤 길인지 잘 모르고 걷기 시작했는데, 지금은 이 길의 미래가 확실하게 보인다.

경영학를 졸업해 글로벌 럭셔리 브랜드 마케터로 근무하고 브랜드 컨설팅 회사를 창업해 지금 MBA 과정을 밟고 있다. 이 책을 읽고 있는 고마운 독자들을 위해 내가 학교에서 배우고 글로벌 기업에서 경험하고 실무 현장을 뛰며 익혔던 모든 이론과 사례, 실제 결과물들까지 이 책 한 권에 다 담으려 노력했다.

혼자만 알고 있기에는 너무 아까운, 내가 발견한 이 길에 보다 많은 기업과 개인들이 동참해 각자가 성공하는 길을 만들어가기를 바라는 마음에서 썼다. 모쪼록 이 책을 통해 기업과 개인 모두, 저마다의 브랜드를 키울 수 있는 강력한 마케팅에 도전하길 바란다.

'로레알'이라는 마케팅 사관학교

나는 대학 졸업과 동시에 '마케팅 사관학교'라 불리는 세계적인 화장품 회사 로레알에 입사했다. 능력과 열정을 겸비한 마케터들이 모여 치열하게 경쟁하는 업무 강도가 엄청난 곳으로, 스타 제품이 어떻게 탄생하며 어떻게 키워나가는지를 배울 수 있었던 진정한 꿈의 직장이었다.

로레알의 마케터들은 담당 브랜드의 제품을 마치 자식처럼 출산해서 길러내고 성공시키는 일에 자신의 모든 열정을 담는다. 성공적인 스타 상품을 론칭하는 희열은 업무 강도를 잊게 하는 마약과도 같았다. 로레알에서 맛본 마케팅 성공의 기억과 다양한 경험들은 지금까지 내가 일에 열정을 다하는 바탕이 되었다.

그래서일까. 아직도 "어떻게 그렇게 열정이 식지 않느냐?"라는 질문을 간혹 받곤 한다. 지금도 스타성이 보이는 상품, 고객들이 열광할 것 같은 브랜드와 상품들을 보면, 심장이 두근거리면서 진흙 속에서 진주를 찾은 기분에 에너지가 가슴속에서부터 터져 나온다.

최상의 마케팅을 기획하는 최고의 럭셔리 브랜드 '샤넬'

처음 브랜드 마케터에 대한 꿈을 꾸기 시작했던 2004년 그날의 기억이 아직도 생생하다. 패션 잡지 속 어느 한 페이지가 내 눈을 확 사로잡았다. 세계 최고의 브랜드 샤넬의 패션쇼 백스테이지 칼럼 속에 그 자리를 만드는 담당자에 대한 이야기가 실려 있었다.

몇 년 후, 꿈에 그리던 샤넬의 뷰티 마케터로 일할 수 있었다. 세계 최고의 럭셔리 브랜드인 샤넬에서의 경험은 깊은 역사를 바탕으로 브랜드 철학과 스타일을 끊임없이 재해석하는, 어떠한 단어로도 표현할 수 없는 '대단함' 그 자체였다.

나는 그곳에서 100년이라는 시간 동안 세계 최고의 브랜드 자리를 지켜내는 영속성의 비밀을 배울 수 있었고, 깊이 있는 브랜딩이야말로 최고의 가치라는 것을 느낄 수 있었다. 강력한 브랜드의 힘 아래 최고의 인력과 최대의 투자로 최상의 상품을 만드는 일에 자부심을 느끼며 일할 수 있었다. 한국 여성들을 위한 새로운 마케팅을 기획했던 현장의 경험은 아직도 기억에 선명하게 남아, 지금도 그 지식을 바탕으로 스타 상품을 기획하고 있다.

창업이라는 망망대해 속에 뛰어들다

크고 작은 성공과 경험을 했던 나는 창업의 준비가 무엇인지도 모른 채 창업을 하게 되었다. 10년간 스타 브랜드와 상품을 다양한 경로를 통해 접했던 터라 상품을 보는 눈에 대한 확신이 있었고, 마케팅 툴에 대한 경험도 많아 세상을 쉽게 봤던 것 같다. 인생의 쓴맛을 봐야 겸손해진다고, 2년간 1인 기업을 운영하며 버는 돈보다 몇 배나 많은 돈을 쓰고 나서야 비로소 세상을 바로 보게 되었다.

대단했던 매출액도, 넘치는 마케팅 예산도, 훌륭한 팀도 없이 망망대해 속에서 내 상황은 갑자기 초라해졌다. 1000억 대 매출과 100억 대 마케팅 예산을 집행하던 사람이 1000만 원의 매출에 100만 원의 마케팅 예산도 아까워서 쓸 수 없는 소상공인으로 바뀌다 보니, 일하는 방식이 이전과는 180도 달라져야 했다. 그때 영업, 세일즈의 중요성을 뼛속 깊이 새길 수 있었다. 기업이 생존하는 데 영업은 예쁘게 틔워야 하는 꽃이라는 것을…….

브랜드 컨설턴트로 돈이 되는 마케팅을 제안하다

다행히도 다양한 기회들이 찾아왔다. 국내 중소기업, 제조사, 브랜드, 수입 회사들의 컨설팅 의뢰가 들어오기 시작했던 것이었다. 나는 다시 한번 열과 성을 다해 상품과 콘텐츠를 통한 광고, 홍보, 유통, 내부 조직을 구성하는 일까지 컨설팅을 했다.

모든 기업의 고민은 결국 비슷하다. 눈에 넣어도 안 아픈 자식 같은, 혼신의 힘을 다해 만든 이 상품을 고객들은 왜 몰라볼까? 어떻게 하면 고객들의 눈에 띄고 사랑받을 수 있을까? 앞으로 돈은 얼마가 더 필요할까? 과연 투자한 돈 이상으로 돈을 벌 수 있을까?

다양한 해답들이 있지만, 나는 수익률에 주력했다. 투자 대비 효율이 큰 마케팅을 통해 저성장에 돌입한 국내 시장에서 승부를 걸어야 한다. 대기업의 100억과 중소기업의 100만 원은 의미가 다르다. 자금 없는 회사의 소자본 마케팅도, 또 돈을 어떻게 써야 할지 모르는 대기업의 1억 마케팅도 결국 수익적 결과물이 좋아야 한다.

그에 대한 해답을 인플루언서(influencer) 플랫폼 마케팅에서 찾았다. 이 책에 담긴 돈이 되는 마케팅과 세일즈에 대한 확신은 직접 내가 발로 뛰고 경험한, 실무로 터득한 가성비(Cost-effectiveness, 가격 대비 성능) 높은 마케팅, 지속 성장하는 인플루언서 마케팅 전략을 바탕으로 한다. 이 책을 읽는 모든 독자는 지금 바로 이 마케팅을 시작할 수 있다.

플랫폼을 가진 자의 파워는 앞으로 더 커진다

전 세계 경제는 불확실성으로 가득 차 있고, 한국 경제는 극심한 저성장의 산업 구조로 진입해 그야말로 우리 모두 각자도생의 시대에 들어와 있다. 국내 대기업의 성장 둔화로 전국적 산업의 낙수효과가 사라지고 있고, 52시간 노동 현장은 투잡(two job)을 권하며 플랫폼 워커(platform worker)들을 생산해내고 있다. 기업과 개인 모두 이러한 큰 변혁기 속에 새로운 비즈니스 기회라는 돌파구를 만들고, 구조적 변화를 통해 수익을 창출해야 한다. 이런 어려움 속에도 기회는 있다. 바로 초연결성을 바탕으로 하는 모바일, 디지털 혁신이다. 4차 산업혁명을 통해 개인이 플랫폼화되는 시장 환경은 더욱 확장될 것이며, 플랫폼을 가진 자의 파워 또한 더욱 커질 것이다. 이런 시대의 반영은 '인플루언서'라는 새로운 직업군을 만들어냈고, 이들은 지금 혁신의 주인공으로 큰 관심을 받고 있다.

인플루언서가 만드는 내 손안의 모바일 스토어

인플루언서 플랫폼은 새로운 형태의 소매업인 C2C(Customer to Customer) 마켓을 성장시켰다. 모바일 시대를 맞아 상상을 초월하게 성장하고 있는 C2C 마켓에 대한 비밀과 지금 당장 시작할 수 있는 노하우, 이 시장이 앞으로 나아갈 방향에 대해 깊이 고민한 결과물을 하루라도 빨리 독자들과 공유하고 싶었다. 이 책에 부족한 부분이 있다면, 이는 모두 나의 이런 조급함에서 비롯되었음을 미리 고백한다.

1장에서는 전 세계가 주목하는 인플루언서들의 상상을 초월하는 파급력과 그 시장성을 소개했고, 2장에서는 인플루언서 마켓이 어떻게 시작되었고 그 시장에 대한 실체가 무엇인지 시간의 흐름에 따라 이해할 수 있게 했다. 3장에서는 중소기업 CEO, 마케터, 소상공인들이 인플루언서 플랫폼 마케팅을 시작할 때 확인해야 할 비즈니스 준비 사항을, 4장에서는 카테고리 킬러로 성장하기 위한 분야별 매출 신장 노하우를 소개했다. 5장은 내가 경험한 실패의 기록들을 모아놓은 것으로 독자들은 이 장에서 시간과 노력을 단축할 수 있는 방법을 배울 수 있을 것이다. 마지막으로, 부록에서는 그동안 만나온 인플루언서들의 스토리를 바탕으로 실전 팁을 전했다. 인플루언서가 되고자 하는 개인과 팀에게는 이 부록이 매우 유용한 정보가 될 것이다.

새로운 시장의 히든 챔피언,
지금 그 주인공이 될 수 있다

새로운 시장의 탄생은 새로운 기회를 뜻한다. 지금 생존의 길을 모색하고 있는 기업인과 마케터, 세일즈맨에게 새로운 활로에 대해 적극적으로 알려주며 함께하자고 손을 내밀고 싶다. 한 명의 인플루언서가 열 명의 영업 사원을 대신할 수 있는 인플루언서 마켓이야말로 돈이 되고, 돈을 버는 세일즈 전략이 될 수 있다.

시장이 성숙해지니 무형, 유형을 떠난 모든 종류의 상품과 서비스가 인플루언서 플랫폼으로 들어오고 있다. 기업의 존폐가 걱정인가? 신제품을 출시하며 크라우드 펀딩을 받아보았는가? 지금도 오픈마켓 매출을 걱정하는가? 돈 먹는 기계, 퍼포먼스 마케팅의 광고 효율이 떨어지는가? 오프라인 MD(Merchandiser)와 미팅 전 테스트 마켓을 경험해보아야 하는가? 협찬 마케팅에 투자하고 그에 넘치는 매출이 일어났는가?

내 질문에 고개가 끄덕여지거나 실패한 경험이 기억난다면 지금 인플루언서 마켓에 눈을 돌려보자. 비즈니스에서 시간은 돈이고, 효율은 생명이다. 계산은 냉정하게, 결정은 신중하게, 행동은 빠르게 해야 한다. 새로운 마음가짐과 이 책 한 권만 있다면 생존을 넘어서 성장과 성공의 주인공이 될 수 있다.

끝으로 내가 전한 작은 씨앗에 열정을 다하는 직원들과 함께 풍성한 거름을 주어 멋진 나무로 키워가는 와이어드컴퍼니(구 셀럽 커머스)의 송상훈, 홍만의 두 대표에게 고마움의 인사를 전한다. 앞으로도 와이어드컴퍼니가 마케팅 및 세일즈 업계에 선한 영향력으로 산업을 이끄는 기업이 되어, 앞으로 열릴 맛있는 열매를 맺고 아름다운 꽃을 더 크게 피워 더 많은 사람들과 성공의 기쁨을 나누길 바란다. 또 이 책이 나올 수 있도록 새로운 기회를 주고 이끌어주신 라온북 조영석 소장님, 백유미 대표님, 오랜 기다림에도 늘 긍정적이고 꼼꼼하게 도와주신 김옥경 부장님께도 고개 숙여 진심으로 감사한 마음을 전하고 싶다.

많이 부족하지만 글 쓰는 소질을 물려주신 부모님, 워킹맘의 삶을 응원해주시는 시부모님, 고마운 인생의 동반자 남편, 매력 자본을 가지고 태어난 딸, 이 책의 시작과 끝을 함께한 아들에게도 각별한 감사 인사를 전한다.

2019년 가을이 오는 길목에서

황봄님

| 차례 |

4장 인플루언서 커머스로 매출 10배 올리기

5장 아무도 알려주지 않는 인플루언서 마케팅의 비밀

부록 인플루언서를 꿈꾸는 사람들에게

1장

인플루언서 파워 – 왜 인플루언서 마케팅인가?

1

상상을 초월하는 인플루언서의 파급력

최연소 억만장자의 탄생

현재 세계 최연소 억만장자는 누구일까? 바로 1997년생 미국 모델 출신인 여성 인플루언서 카일리 제너(Kylie Jenner)이다. 그녀는 2018년 미 경제 전문지 《포브스》가 발표한 억만장자 순위에서 자산 10억 2000만 달러(한화 약 1조 1490억 원)로 최연소 억만장자의 타이틀을 얻었다. 2010년 23세로 억만장자에 오른 페이스북 창업자 마크 저커버그(Mark Zuckerberg)의 최연소 기록을 깨고 새로운 기록을 세운 셈이다. 제너의 이 기록은 전 세계적으로 화제가 되었다.

미국 밀레니얼 세대(Millennial Generation)에게 패션과 뷰티 아이콘이 된 카일리 제너는 2015년 본인의 이름을 딴 '카일리 코스메틱' 화

세계 최연소 억만장자인 카일리 제너

장품을 창업했고, 2018년 3억 6000만 달러(한화 약 4,064억 원)의 매출을 기록했다. 그녀의 SNS(소셜 네트워크 서비스) 팔로워 숫자는 1억 명이 넘는다.

카일리 제너의 가족들은 모두가 유명 인사로 언니가 미국의 유명한 셀럽 '킴 카다시안'이며, 그의 가족들은 2007년 TV 리얼리티 쇼 '4차원 가족 카다시안 따라잡기'에 출연하며 명성을 얻기 시작했다. 출연 당시 10살이었던 제너는 방송 출연 이후 본인의 외모에 관심이 생겼다고 한다. 2014년에 그녀는 본인의 콤플렉스였던 얇은 입술에 필러 시술을 하여 이미지 변신에 성공했고, 이후에는 도톰한 입술을 만들어줄 수 있는 립 제품에 관심을 보여 직접 립 제품을 제작하기에 이른다.

그녀는 2015년 모델 일로 벌어들인 종잣돈 25만 달러(약 3억 원)

를 투자해 29달러짜리 립스틱 립 라이너 키트를 론칭했고, 온라인 론칭 1분 만에 1만 5,000세트 첫 생산량을 모두 완판시켰다. 현재 카일리 코스메틱은 더욱 다양해진 메이크업 라인을 출시하고 있으며, 기업 가치 8억 달러(약 1조 원)의 평가를 받고 있다.

이처럼 카일리 제너가 빠르고 폭발적으로 성공할 수 있었던 최대 무기는 무엇이었을까? 그녀가 《포브스》 인터뷰에서 "소셜 미디어는 놀라운 플랫폼"이라고 말한 바와 같이 인스타그램과 스냅챗(Snapchat) 등의 SNS 덕분이다. 그녀는 실시간 소통을 통해 고객들과 빠르게 아이디어를 공유하고 신상품을 기획하며 단점을 바로바로 수정하고 보완해 고객들을 만족시킬 수 있는 제품들을 출시할 수 있었다. 현 시대의 마케팅에서 중요하게 여기는 가치가 '공유'와 '소통'이라고 할 수 있는데, 카일리는 SNS로 이 두 가지를 잘 사용해, 고객들과 브랜드의 성공을 함께 만들어가는 데 성공했다.

많은 이들에게 영향력을 행사하는 '인플루언서'는 소셜 미디어 플랫폼인 'SNS'를 만나 새로운 디지털 마케팅 트렌드를 만들어내고 있다. 충성도 높은 팔로워들을 보유한 그들은 본인의 플랫폼 속에서 본인이 만든 경쟁력 있는 콘텐츠를 직접 유통하며 막강한 영향력을 행사하고 있다.

이들은 콘텐츠 제작부터 유통까지 모든 과정을 총괄하며, 그 과정에 정보, 재미, 감동, 공감 등의 친밀한 감정을 팔로워들과 공유하고 친밀하게 소통한다. 과거 연예인들이 가까이 할 수 없는 신비로운 존재였다면, 인플루언서는 일상적인 삶을 친근하게 나눠, 강한 감정적 유대 관계를 형성할 수 있어 이제는 연예인보다 더 큰 영향력을 끼치는 존재가 되었다.

미국 최대 인플루언서 마케팅 회사인 '미디어킥스(Mediakix)' 조사에 따르면 인스타그램, 유튜브, 페이스북 등을 활용한 소셜 인플루언서 마케팅 경제 규모는 2015년도 5억 110만 달러(약 5670억 원)를 기록했고, 향후 2019년 82억 1910만 달러(약 9조 3000억 원), 2020년 102억 6500만 달러(약 11조 3450억 원)로 가파르게 성장할 것으로 예측했다. 또 실리콘밸리에는 2018년 인플루언서 마케팅을 주요 사업으로 하는 스타트업이 300개가 넘고, 약 1000억 원의 투자를 유치했다고 한다.

상상을 초월하는 이런 인플루언서들의 활약은 미국에서만의 이야기가 아니다. 중국의 SNS 스타를 지칭하는 '왕훙(网红)'의 경우 중국 경제를 움직일 정도로 파워가 대단하다. '알리바바 타오바오(淘宝) 1위 왕훙'이라 불리는 장다이(张大奕)의 경우 타오바오 내 쇼핑몰의 연간 소득이 510억 원이라고 알려져 있고, 뷰티와 패션 상품의 유통에서부터 왕훙 육성까지 MCN(Multi Channel Network) 사업으로 커지고 있다(MCN에 대해서는 2장에서 자세히 살펴볼 것이다).

모델 출신인 장다이는 2014년 타오바오에서 옷 가게를 열어 1년 만에 1위 판매자가 되면서 인지도를 올렸다. 2016년 타오바오 라이브 페스티벌에서 2시간 동안 2000만 위안(약 33억 원)을 판매해 기록을 세우고, 2018년에는 28분 만에 1억 위안(약 168억 원)의 매출 기록을 세웠다.

여성 패션과 뷰티계의 트렌드 리더가 된 장다이는 소비자들과 적극적인 SNS 소통으로 신뢰를 구축하고, 강력한 팬덤을 형성하여 웨이보(微博, 중국 SNS) 팔로워 수가 1000만 명이 넘는다. 팬덤을 바탕으로 한 장다이의 커머스 플랫폼에서는 2016년 자체 브랜드 립스틱을 2시간 만에 2만 개(180만 위안. 약 3억 3000만 원 어치)를 팔았다.

그렇다면 우리나라 인플루언서의 영향력은 어느 정도일까? 2018년 1700억 원의 매출을 올린 '임블리'라는 브랜드는 인플루언서 임지현을 뮤즈로 삼은 브랜드다. 온라인몰로 시작해 16개의 오프라인 매장, 84만 명의 SNS 팔로워, 1,300명 팬미팅 티켓은 1분 만에 매진, 7만 명이 라이브 영상을 시청할 정도로 성공한 인플루언서로 대표되었다. 그러나 의류로 시작해 뷰티, 건강식품, 라이프스타일 상품 등 다양한 분야로 확장하고 있는 임블리는 최근 미흡한 CS(고객서비스) 응대로 논란의 중심에 서게 되었다. 팬덤이 강력했던 만큼 파장이 크게 일어나고 있어 브랜드에 대한 신뢰도가 크게 흔들린 것이다. 이는 인플루언서 사업에서 팔로워들과의 관계와 신뢰가 얼마나 중요한지 다시 한번 생각해볼 수 있는 사례로 평가된다.

새로운 비즈니스를 일으키는 인플루언서 팬덤 문화

전통적인 브랜드의 파워를 넘는 새로운 브랜드가 탄생하게 된 배경에는 이처럼 강력한 인플루언서 팬덤이 존재한다. 이들은 과거 연예인들과는 가질 수 없었던 새로운 관계를 형성하므로써 SNS라는 소통 창구를 통해 인플루언서가 직접 커뮤니케이션, 상품 기획,

바이럴 마케팅, 유통까지 전 영역을 아울러 고객들에게 새로운 제조와 유통이라는 경험을 하게 한다.

팔로워들은 프로슈머(Prosumer) 이상으로 함께 브랜드를 만들어 나가는 동반자라는 유대감에 열광한다. 지금처럼 극히 개인화되고 있는 사회에서 SNS 속의 유대감과 소속감은 가족 같은 마음으로 인플루언서를 대하도록 유도한다. 그리고 이러한 속마음이 인플루언서 비즈니스를 폭발적으로 성장하게 이끌어왔다.

지금까지 말한 미국, 중국, 한국 인플루언서들의 성공 사례들은 일부 메가톤급 인플루언서에게만 해당하는 스토리일까? 결코 아니다. 내가 그동안 경험했던 인플루언서들은 너무 유명해 일반 기업이 접촉하기 어려운 사람들이 아니라 SNS에서 자주 쉽게 접할 수 있는 다양한 사람들이다. 이렇듯 평범해 보이는 인플루언서들이 하루에 화장품 1만 개 판매, 건강식품 5만 개 판매, 일 매출 3억 달성 같은 숫자를 허수가 아닌 실수로 지금도 실제로 만들어내고 있는 것이다. 이제 시장은 새로운 유통의 역사를 쓰고 있으며 나는 이 장면을 눈으로 보고 몸으로 생생하게 겪고 있다.

지금까지 수년간 많은 기업과 브랜드 담당자들과 만나 인플루언서들이 가진 상상 이상의 파워에 대해 이야기했는데, 여전히 많은 기업들이 이들의 파급력을 제대로 알지 못하고 있다. 인플루언서들이 새로운 전략을 펼칠 때면 깜짝 놀랄 때가 많다. 상상을 초월하는 그들의 기민함과 영향력을 좀 더 많은 기업에 알려 기업 운영에 도움을 주고 싶다.

2

아마존과 인플루언서의 컬래버레이션

전 세계의 유통을 장악하는 아마존

전 세계에서 가장 혁신적인 기업을 뽑으라면, 나는 주저하지 않고 '아마존(Amazon.com)'을 선택할 것이다. 세계 최대의 유통 공룡이라 불리는 아마존은 미국 소비자들의 다양한 서비스에 혁신을 일으키고 있다. 인공지능, 머신러닝(Machine Learning), 자율 주행, 드론 배송, 음성 인식 등 첨단 기술을 활용해, 작은 스마트폰으로 쇼핑과 관련된 모든 것을 해결할 수 있는 미래형 알고리즘을 연구하고 있다.

미국 소비자 삶의 전 영역에서 온라인 시장을 석권한 아마존은 2017년 6월, 140억 달러, 우리나라 돈으로 약 15조 원의 가격에 프

계산대 없는 AI 무인점포 아마존 고

리미엄 유기농 마트인 '홀푸드 마켓(Whole Foods Market)'을 인수했다. 홀푸드 M&A를 통해 유료 멤버십 서비스인 '아마존 프라임(유료 서비스)' 멤버 혜택을 강화시키고, '아마존 프레시(Amazon Fresh)'라는 신선식품 배송 서비스를 업그레이드할 수 있게 되었다. 또 세계 최초로 무인 매장 '아마존 고'를 운영하며 소비 형태, 소비문화, 매장의 운영 방식 등 소비의 트렌드를 완전하게 바꾸며 유통 비즈니스 모델에 혁신을 이루고 있다.

아마존은 인공지능인 AI 음성인식 서비스에도 공격적으로 투자해, AI 플랫폼도 장악하게 됐다. 아마존의 AI 비서 알렉사(Alexa)는 스피커 목소리를 통해 의사소통을 한다. 고객이 원하는 상품을 찾아주고, 구매 주기를 분석하여 필요한 물건을 알람을 통해 알려주기도 하고, 주문 및 결제까지 도와주는 똑똑한 쇼핑 친구다. 게다가

AI 쇼핑 집사 알렉사

이 과정에서 아마존의 PB(Private Brand) 제품이나 광고 비용을 낸 브랜드를 가장 먼저 추천한다. 이미 1억 개의 기기가 판매된 알렉사는 다양한 홈 디바이스를 통해 유능한 AI 쇼핑 집사가 되었다.

쇼핑뿐만이 아니다. 아마존의 CEO 제프 베조스(Jeff Bezos)는 "우리(아마존의) 콘텐츠가 골든 글로브상을 받으면 (아마존에서) 신발 판매에 도움이 된다"라는 인상적인 말을 남겼다. 그는 콘텐츠가 쇼핑에 큰 역할을 한다고 평가하며, 온라인 비디오 스트리밍 서비스 회사를 인수해 콘텐츠에 대한 투자를 확대하고 있다.

아마존이 콘텐츠에 투자하는 이유는 분명하다. 콘텐츠를 통해 신규 고객을 더 많이 유치하고, 아마존 프라임 멤버십 고객들을 아마존에 더 오랫동안 머무르게 하기 위해서다. 드라마를 보다가 영상 속 제품들을 바로 구매할 수 있는 혁신을 실시간으로 제공하고, 이를 통해 높아진 고객의 충성도는 아마존의 수익으로 직결된다.

아마존의 비즈니스 파트너로 선정된 인플루언서

아마존, 인플루언서를 세일즈 파트너로 삼다

이러한 콘텐츠에 대한 관심은 인플루언서에게도 새로운 비즈니스 기회를 만들어주고 있다. 2017년 아마존은 새로운 '인플루언서 프로그램(Influencer Program)'을 론칭했다. 디지털 세상에서 많은 팔로워를 보유하고 있는 인플루언서가 이 프로그램을 신청하면, 아마존이 팔로워 숫자, 팔로워들의 참여도, 콘텐츠의 질적 수준, 판매할 제품과 서비스에 대한 연관도를 따져서 파트너를 선정한다. 그리고 선정된 이들은 아마존으로부터 독립된 도메인 주소를 받게 되며 이 도메인 주소를 통해 본인의 콘텐츠 안에서 소개되는 제품을 직접 판매하고 프로모션 할 수 있다.

각각의 인플루언서들은 아마존 내에서 스스로 만들어 꾸밀 수 있는 페이지를 부여받게 되고, 본인의 스타일에 맞게 사이트를 꾸며 제품을 보여줄 수 있다. 그리고 본인의 콘텐츠를 보는 사람들에게 해당 페이지로 연결되는 도메인 주소를 알려준다. 예를 들어, 화장품 콘텐츠를 보면서 자연스럽게 마음에 들어온 립 제품의 가격과 디테일한 정보를 받을 수 있고, 구매를 원하면 자연스럽게 링크를 통해 간단하면서도 즉시 주문할 수 있는 것이다. 고객이 이 페이지를 통해 구매하면, 인플루언서는 5~10% 차등적인 수수료로 수익을 얻게 된다.

아마존은 인플루언서들의 콘텐츠와 상품 큐레이션에 대한 독립성을 보장해준다. 즉, 인플루언서들이 판매하는 제품과 종류에는 전혀 관여하지 않고 자율성을 준다. 판매 수수료는 있지만, 이들이 판매 제품을 선택할 때, 후원 광고가 들어가는 것이 아니기 때문에 이들도 적극적으로 자유롭게 본인이 원하는 상품을 소개할 수 있다.

그렇다면 아마존은 왜 인플루언서들에게 판매 기회를 주었을까? 상품에 대한 높은 구매 전환율 때문이다. 앞서 상품의 판매를 위해 콘텐츠에 머무르는 시간을 오래 잡아야 한다고 했는데, 영상을 보기 시작해 설명을 듣다 보면 자연스럽게 몰입이 된다. 그리고 화면으로 상품에 대한 정보를 얻는 것보다 훨씬 가까운 친밀감을 느낄 수 있다. 마치 매장의 직원에게 설명을 듣고 제품을 구매하기 쉬운 것처럼 말이다.

온라인에서는 한정된 웹 페이지 내의 상세 페이지로만 제품을 구매해야 하는 단점이 있다. 특히나 미국의 온라인 쇼핑몰 상세 페이지는 한국과 비교할 수 없을 만큼 단순한 포맷으로 이루어져 있고 그 안에 담긴 정보도 그다지 풍부하지 않다. 그러다 보니 인플루언서의 질 높은 콘텐츠에 높은 구매 전환율을 보일 수 있다. 굳이 직원으로 채용하지 않아도 되는 좋은 파트너들이 늘어나면 아마존의 세일즈 파워는 더욱 높아질 것이다.

인플루언서들의 높은 수익성은 전 세계적인 이슈가 된다. 인플루언서들은 스스로 수익을 창출하는 개인적 역량이 매우 높다. 새로운 프티 부르주아(Petit bourgeois) 계층이 될 정도로 개인 역량에 따라 큰 수익을 만들어낸다.

회사에 고용된 직원이 아닌 개인화된 인플루언서들은 자유로운 노마드족들이 많기 때문에 이들에게는 스스로 무엇인가를 만들어 나갈 수 있는 플랫폼을 형성시켜주는 것이 좋다. 이들은 본인에게 이익이 된다고 생각하면 누가 시키지 않아도 자신의 역량을 개발하고 성장시키기 때문이다. 온라인 기업 아마존의 이 같은 프로그램은 유통에서 세일즈 인력이 얼마나 중요한지를 단적으로 보여준다고 할 수 있다.

기존 인플루언서 마케팅은 광고 제작 형식으로 투자 비용에 비해 실제 판매량은 기대에 미치지 못했다. 이에 아마존은 광고비 투자가 아니라, 인플루언서 스스로 세일즈를 하고 수익을 창출하도록 이들을 세일즈 파트너로 선정했다. 이 아마존 인플루언서 프로그램은 처음에는 유튜버로만 선정했는데, 앞으로는 인스타그램, 트위터, 페이스북까지 확대할 예정이라고 한다.

이제 아마존은 인플루언서의 실제 영향력, 고객의 반응, 콘텐츠와 제품과의 상관관계 등 다양한 지표와 데이터까지 분석할 수 있게 되었다. 따라서 조만간 MCN 사업을 위협할 정도로 방대한 인플루언서 데이터가 쌓일 것으로 예상된다. 아마존이 분석하는 모든 것이 알고리즘으로 변화하고 있기 때문에, 앞으로 인플루언서와의 협업과 관련된 핵심 역량은 아마존이 갖게 될 것이다.

이에 따라 지금 가지고 있는 인플루언서의 자율성은 향후 아마존이 분석한 데이터를 기준으로 바뀔 수도 있다. 아마존은 지금 '유통업'에서 시작하여 '플랫폼'으로, 또 '혁신 기술 기업'으로 진화하고 있다. 한국의 기업들도 아마존의 변화에 관심을 갖고, 이를 민첩하게 현지화하는 데 주력할 필요가 있다.

3

쿠팡, 위메프, 티몬을 200% 뛰어넘는 매출 증가 속도

한국의 아마존을 꿈꾸는 이커머스 업계

한국의 아마존을 꿈꾸는 쿠팡의 적자 뉴스는 늘 핫이슈가 된다. 2018년 매출 4조 4000억 원, 영업 적자 1조 원, 누적 적자 금액 총 2조 8000억 원임에도 소프트뱅크로부터 2018년 약 2조 원이 넘는 투자를 재유치했다. 국내 이커머스(E-Commerce) 시장에서 쿠팡은 상징적인 기업이며 그들의 행보가 유통업계에 미치는 영향력은 상당히 크다.

더 빠르게 움직이기 위한 로켓 배송 시스템과 새벽 배송을 위한 물류센터 증설, 상품 직매입(제조업체로부터 직접 재고를 구매)에 대한 투자, 배송 인원을 보충하기 위한 쿠팡 플렉스 제도를 시행하며, 쿠팡은 상당한 인건비 증가로 인해 누적 적자 금액이 더 커졌다고 발표했다. 그러나 막대한 적자에도 불구하고 쿠팡은 공격적인 추가 투자를 예고했다.

김범석 쿠팡 대표는 "그 누구도 시도하지 않은 막대한 투자를 진행했다. 소비자가 '쿠팡 없이 어떻게 살았을까?'라는 생각이 들 때까지 고객 감동을 위한 기술과 인프라에 투자할 것"이라고 말하며 세계 4위에 달하는 한국 온라인쇼핑 시장을 잡겠다고 밝혔다. 그러나 쿠팡은 수년간 매출 대비 적자 규모가 4분의 1 수준을 유지하고 있고 1만 원짜리 물건 하나를 팔 때마다 2,500원씩 밑지는 구조이다 보니, 기업의 수익성을 우려하는 평가도 많이 받고 있다.

또 다른 소셜 커머스(Social Commerce) 업체 위메프를 보자. 위메프의 경우 2018년 연간 거래액은 5조 4000억 원으로 전년보다 28.6% 늘었고, 매출은 4294억 원으로 전년 대비 9.3% 줄었다. 대신 영업 손실이 390억 원으로 전년보다 7.3% 줄었다. 쿠팡과 같이 상품을 직매입한 뒤 배송해주는 사업을 축소시키고, 판매자와 구매자를 연결만 해주는 '오픈마켓' 형태로 사업을 재편한 덕분이다. 위메프는 이익을 내기 어려운 직매입과 신선식품 배송 분야를 줄여서 재고 부담과 물류에 대한 투자가 줄어들어 수익 구조가 개선되었다.

마지막 소셜 3사 중 하나인 티몬은 위메프와 함께 특가 행사를 하면서 직매입 상품도 늘려 쿠팡에 대응했다. 직매입 구조의 배송 서비스인 '슈퍼마트'를 열어 신선식품을 배송하며 외형을 키우는 중이다. 티몬 슈퍼마트의 매출은 현재 월 300억 원을 넘어섰고, 2018

년 티몬의 매출은 4972억 원으로 전년 대비 40% 증가했다. 또 TV 홈쇼핑처럼 방송으로 상품을 판매하는 '티비온' 사업을 확장하여 매출을 증대시키고 있다. 티몬은 향후 중개수수료 부문 매출 증대를 위해 상품 거래액을 늘리겠다는 목표를 발표했다.

브랜드, 소셜 커머스에 목숨 걸 필요 있을까

지금까지 소셜 커머스 기업을 살펴보았다. 그렇다면 입점해 있는 제조사와 브랜드의 상황은 어떨까? 그동안 다양한 기업들과 상담을 해보면 대부분의 업체들은 소셜 3사 중 한 곳에 입점하여 프로모션 딜을 진행하고 있었다. 요즘은 쿠팡에서 직매입을 늘려가다 보니 제조사 혹은 브랜드 입장에서는 좋은 기회라고 생각될 수 있다.

하지만 실제로 쿠팡은 상품의 숫자는 기하급수적으로 늘어나는 데 비해 매입 수량은 10개 미만인 제품도 많다. 또 기저귀 같은 경우 직매입을 하고 있지만, 쿠팡이 매입 가격보다 싼 가격에 역마진으로 판매하다 보니 다른 채널과의 가격 공정성이 무너져 브랜드로서 타격을 받을 수도 있다. 브랜드 입장에서는 바이어가 직매입을 한다고 하면 바로 재고를 출고시킬 수 있어 좋지만, 생각보다 수량을 늘리기 어려울 수 있어 오히려 효율성이 떨어질 수 있다.

내가 오랫동안 거래하는 국내 중견 화장품 기업의 경우 새로운 마케팅을 위해 인플루언서 커머스를 시작하려고 했다가 그동안 내부 온라인 팀 담당자와 소셜 커머스 MD가 특가 행사를 준비하며 역마진으로 상품을 판매하고 있었던 일이 밝혀져 회사가 한동안 혼란에 빠졌던 일도 있었다. 새로운 프로모션을 준비하려면 원가, 할인율, 공급가, 수수료 등 조율할 부분이 많은데 이미 소셜 커머스에서 역마진 행사를 진행하고 있다 보니 조율할 수 있는 부분이 없었다. 브랜드 담당자는 빠른 재고 소진을 위해 소셜 딜을 무조건 잡아야 했고, 소셜 커머스 MD는 고객들의 눈이 번쩍 뜨게 할 수 있는 최대 할인율과 사은품을 고집하다 보니 벌어진 일이었다.

브랜드 담당자가 MD와 거래를 시작하려면 MD의 요구에 맞춰 주는 일들이 빈번하다. 특히나 눈에 보이는 결과가 중요한 첫 거래에서 실수하는 경우가 이런 일들이다. 처음 거래의 조건이 매우 중요한 이유는 다음 프로모션에서는 행사 가격을 높일 수도 없고, 수수료율을 낮출 수도 없으며, 이벤트 효과는 점점 줄어들고 판매 수량을 더 늘리기도 어렵기 때문이다.

소셜 특가 행사를 잘못 잡으면 행사를 진행하면 할수록 손실이 발생하게 된다. 이런 경우는 최악의 사태로, 새로운 마케팅을 진행하기도 어렵고 게다가 MD의 추가 요구가 더해져서 회사에 큰 손해로 돌아온다. 손해는 금전적 손실로만 끝나는 것이 아니라 기업의 미래를 불투명하게 한다는 점에서 매우 걱정스러운 부분이다.

최근에 우리 회사는 새로운 제약 회사와 협업을 진행하며 좋은 사례를 만들어나가고 있다. 중견 제약 회사에서 개발한 건강식품 상품에 시장성이 있다고 판단되어 함께 일하게 되었는데, 이 회사에서도 소셜 딜을 진행하고 있었다. 회사에서 핵심으로 생각한 제품은 아니었는데, 한 번씩 열리는 소셜 딜에서 1,000박스 정도 판매되는 아이템이었다. 회사 내부에서는 그것이 나쁘지 않은 결과라고 평가하고 있었다. 그러나 이 역시 거의 마진을 남길 수 없는 가격으로 재고만 내보내는 손익 구조였다.

우리는 먼저 제약사와 조율하여 적당한 가격을 만들어내는 데 집중했다. 그리고 그다음은 판매와 바이럴 마케팅을 함께할 수 있는 전략을 세워서, 판매에만 머무르지 않도록 방향을 설정했다. 소셜 딜을 통해서는 단순 판매는 가능하지만, 제품을 브랜딩할 수 있는 구조는 만들 수 없었기 때문이다.

다행히 좋은 결과를 만들어 300% 매출로 보답하고, 소셜 딜보다 훨씬 더 빠른 상품 회전을 시키면서 거래처와의 신뢰를 만들어나갈 수 있었다. 이제는 서로를 믿고 새로운 상품을 함께 기획할 수 있는 정도로 파트너십을 구축하는 좋은 선례를 만들었다.

어느 회사나 상품을 많이 파는 것은 매우 중요한 일이다. 상품이 판매가 안 된다면 기업은 어떤 일도 할 수 없다. 그러나 빨리 많이 파는 것만큼 중요한 것은 장기적인 전략으로 기업의 제품을 브랜딩하는 것이다.

단순히 표현하자면 상품을 유통하고 판매하는 일은 돈을 버는 일이고, 브랜드 마케팅 전략을 집행하는 일은 돈을 쓰는 일이다. 두 가지 일이 동시에 이뤄진다면 가장 건전한 기업 운영의 방향이 되겠지만 중소, 중견기업에서는 이 두 가지 일이 각자 따로 이뤄진다든지, 둘 중 하나에만 집중되어 통합적인 운영이 안 되는 경우들을 종종 보게 된다. 기업의 생존은 바로 지금 발생하는 상품 매출에 달려 있고, 기업의 미래는 브랜드 마케팅에 달려 있다.

대기업 브랜드 마케터로서 회사에 근무할 때는 미래의 가치만 생각하는 브랜드 마케팅이 기업의 꽃이라 생각했다. 하지만 창업을 통해 중소, 중견기업들의 사례들을 접해보니, 회사의 사무실이 유지되고 직원들이 급여를 받고 기업이 미래를 생각할 여유를 가지려면 유통, 세일즈, 마케팅이야말로 물과 공기와 같은 기업의 기본 생존 조건이 된다는 사실을 절실히 깨달았다.

몇 년간 이런 기업들의 컨설팅을 통해 내가 현실적인 답을 찾으려고 노력한 결과가 지금의 인플루언서 커머스 플랫폼(Influencer Commerce Platform)을 활용하는 방안이다. 지금도 많은 기업들과 협업을 위해 만나면 최선의 방법으로 그 회사가 빠른 상품 회전으로 숨을 돌릴 수 있게, 향후 좋은 브랜드로 도약할 수 있는 마케팅 방법에 대해 고민한다. 이때는 단순히 판매를 통해 재고만 소진할 수 있는 방법이 아니라, 시간이 조금 걸리더라도 근본적으로 기업이 성장해나갈 수 있는 방향에 대해 도움을 주고자 노력한다. 다행히 지금은 유통과 마케팅을 함께 고려하여 진행할 수 있는 인플루언서 커머스 플랫폼 전략을 세우며 성공 사례들을 만들어나가고 있다. 지금부터 그 비밀을 차근차근 풀어보겠다.

4

전 국민 창업화를 이룬 중국의 타오바오와 왕홍

알리바바, 거대 중국의 이커머스를 혁신하다

미국에 최대 전자상거래 기업인 아마존이 있다면, 중국에는 알리바바가 있다. 1997년 '중국의 스티브 잡스'로 불리는 마윈(馬雲) 회장은 중국 내 중소기업이 만든 제품을 전 세계 바이어가 어디서든 편하게 주문할 수 있도록 B2B(Business to Business) 플랫폼인 '알리바바닷컴'을 창업했다. 알리바바는 2014년 상장 후 구글, 애플, 마이크로소프트를 잇는 IT 세계 4위 기업이 되었고, 2017년 10월 기준 시가총액이 약 4724억 달러(약 500조 원)를 돌파하며 한때 미국의 아마존을 넘어서기도 했다.

총거래액이 중국 국내 총생산(GDP)의 2%에 이를 정도로 거대한

중국 창업의 신화 마윈 회장

기업인 알리바바는 글로벌 전자상거래 거래량 기준으로는 세계 1위 기업이다. 매일 1억 명의 전 세계 사람들이 상품을 구매하기 위해 알리바바를 방문하며, 2018년 11월 1일, 중국판 블랙 프라이데이인 '광군제'의 매출액은 24시간 동안 2135억 위안(약 34조 7000억)을 달성하여 세계적인 기록을 세웠다.

알리바바 그룹의 쇼핑과 유통 서비스는 크게 기업 간 거래 형태인 B2B와 소비자 대상 거래 형태로 나뉜다. 알리바바닷컴은 B2B 사이트로 1인 기업부터 대기업까지 기업을 대상으로 하는 서비스이다. 마윈은 중국 내의 중소기업이 바이어 확보에 어려움을 겪고 있다는 점에 착안해 이 서비스를 기획했다.

알리바바 그룹이 소비자를 대상으로 운영하는 사이트는 알리익스프레스, 타오바오, 티몰 등이다. 알리익스프레스는 해외 직구 사이트로 기업의 제품을 개인이 구매하는 B2C(Business to Customer)의 형태이며, 티몰닷컴도 B2C의 방식으로 한국의 신세계몰과 같이 브랜드 제품을 판매하는 프리미엄 쇼핑몰이다. 특히 티몰글로벌은 해외 기업들이 중국 내수에서 판권과 법인이 없어도 거래가 가능한 이커머스 채널로서 1만 8,000여 개 브랜드가 입점해 있다.

타오바오는 '보물찾기'라는 뜻으로 옥션, G마켓, 11번가와 같은 다양한 개인 셀러들이 입점해 제품을 판매하는 C2C(Consumer to Consumer) 오픈마켓(Open Market)이다. 2003년에 론칭해 중국 C2C 전자상거래 서비스 시장점유율 1위를 차지하고 있고, 중국 C2C 거래의 90%가 타오바오에서 이뤄질 정도로 중국에서 절대적인 지위를 가진 온라인 쇼핑 플랫폼이다.

알리바바 그룹은 최종 고객보다 중간 판매상을 우선으로 하는 정책을 펼친다. 시장은 빠르게 변화하고 있는데, 고객의 요구를 세심하게 반영하기에는 거대 그룹이 가진 한계가 있기 때문이다. 중간 판매상은 고객의 니즈(Needs)를 더 빠르게 읽고, 분석하고, 반영하기 때문에 이들에게 많은 권한과 혜택을 주고 있는 것이다.

또한 알리바바 그룹은 카드나 은행에 현금을 충전하여 사용하는 '알리페이' 서비스를 론칭하여 스마트폰 메신저 앱을 통해 송금과 결제가 매우 쉽고 빠르게 만들었고, 인공지능과 로봇을 통한 물류의 혁신을 이끌어내고 있다. 이를 통해 고객은 간편하고 쉽게 물건을 구매할 수 있고, 판매상은 간편하게 판매 대금을 회수하고, 배송도 빠르게 이용할 수 있어서 판매업에만 집중할 수 있게 되었다.

마윈은 타오바오를 통해 그가 꿈꾸던 전 세계 중소기업, 젊은이 및 여성들이 '어디서나 편하게 비즈니스를 하도록 돕는' 미션을 달성해 중국 전 국민의 창업화에 성공했다는 평가를 받는다. 이제 중국 비즈니스를 말하면 알리바바와 타오바오, 광군제, 왕홍, 대리상 등의 키워드를 떠올리게 된다.

중국 대륙을 움직이는 새로운 상인의 탄생

중국의 디지털 마케팅에서 빼놓을 수 없는 단어인 '왕홍'은 '왕뤄홍런(网络红人)'을 줄인 말로, '온라인에서 인기 있는 사람'을 뜻한다. 중국 디지털 세계의 인플루언서인 왕홍은 타오바오 라이브 생방송, 웨이보(Weibo), 웨이신(WeChat), 샤오홍슈(RED, 小紅書) 등의 SNS를 통해 대중들과 소통하면서 광고 마케팅 및 이커머스 소비 시장에서 중요한 역할을 한다.

'왕홍 경제'라는 단어가 있을 정도로 이들을 통한 경제 생태계는 소셜 미디어, 이커머스, 결제 수단 등이 통합되어 새로운 유통으로 발전하고 있다. 그래서 글로벌 화장품 기업인 에스티로더 그룹의 윌리엄 로더(William Lauder) 회장이 "왕홍 마케팅은 TV 광고보다 영향력이 크다"라고 말할 정도로 전 세계 기업들이 중국 비즈니스의 핵심으로 왕홍을 바라보고 있다.

중국의 디지털 생태계는 이미 빠르게 모바일로 변화했고, 수억 명이 소셜 미디어를 이용하고 있다. 왕홍들은 대부분 개인 비디오 채널과 SNS 플랫폼을 가지고 있고, 타오바오 숍을 운영한다. 유튜버들이 갖지 못한 상거래 능력까지 갖춘 왕훙 경제는 2018년 약 17조 원 규모에 달할 것으로 분석된다.

왕훙 경제는 알리바바 그룹에서 중국 최대 동영상 기업인 유쿠(Youku)를 인수하면서 전자상거래와 시너지를 내며 폭발적으로 성장했다. 타오바오 숍에서 개인 라이브 방송을 진행하는 비디오 커머스(Video Commerce)로 실시간 쌍방향 커뮤니케이션을 만들어냈고, 모바일 홈쇼핑처럼 시청과 동시에 바로 구매가 가능하도록 했다.

이로써 소비자들은 이제 원하기만 하면 집에서도, 여행지에서도 바로바로 원하는 상품을 구매할 수 있게 되었다. 정형화된 홈쇼핑 방송에서 벗어나 마윈이 꿈꾸던 전 세계 보물찾기가 타오바오와 인터넷 개인 생방송을 통해 가능해지자 중국의 소비자들은 쇼핑의 재미에 곧 빠져들었다. 한국에 온 왕훙들이 여행 도중 길거리에서도, 밥을 먹으면서도, 동대문 도매시장에 와서도, 바이어와의 미팅 도중에도, 쇼핑 중에도 고객들과 라이브 동영상으로 실시간 소통을 하는 모습도 이제는 흔히 볼 수 있는 풍경이 되었다.

중국의 젊은 층이 왕훙을 꿈의 직업으로 꼽기도 하는데, 이는 경제적인 보상 때문이다. 중국 뷰티 전문 매체에 의하면, 2016년 중국 대학 졸업자의 평균 월급이 3,869위안(약 65만 원)이고 유도 전망한 IT 직군에서 대학 졸업 6개월 후에 받는 평균 월급이 5,679위안(약 95만 원)인 데 비해, 뷰티 왕훙의 경우 월 평균 1만 위안(약 170만 원)을 받는다고 한다. 현재 중국에는 왕훙을 키워내는 전문 양성 교육기

관과 기획 에이전시가 많이 있고, 준비생들은 '파피장, 장다이, 왕니마' 같은 슈퍼 왕홍을 롤 모델로 삼아 미래의 성공을 준비하고 있다.

한편 중국에서 SNS를 통한 커머스를 비디오 커머스로만 하는 것은 아니다. SNS 플랫폼 상인인 웨이상(Weishang, 微商)은 '위챗'이라는 중국의 카카오톡과 같은 채팅 앱을 통해 상품을 거래한다. 또 '위챗 모먼트'라는 중국식 카카오스토리에서 경험을 공유한다.

중국 젊은 층 사이에서 웨이상이 가장 인기 있는 직업이 된 이유도 관련 산업이 꾸준히 고성장 중이고 SNS가 일상화되며 웨이상의 수입이 크게 올라 매력적인 고소득 직종으로 떠오르고 있기 때문이다.

2017년 중국 웨이상 발전 보고에 의하면, 2017년 웨이상의 경제 규모는 4965억 위안(약 84조 원)을 기록하며, 매년 두 자리 수의 고성장을 보이는 것으로 나타났다. 향후 2년 내 웨이상을 통한 시장 규모는 1조 위안(약 170조 원)을 돌파할 것으로 예상하고 있다. 웨이상의 62%는 투잡이며, 이 중 26%는 "웨이상으로 번 돈이 주 업무 수입보다 많다"라고 응답했다. 웨이상이 판매하는 상품은 35%가 화장품이고, 건강 제품이 18%, 다이어트 제품은 9%, 육아용품은 8%를 차지하고 있다.

한국의 면세점을 쥐락펴락하는 '따이궁(代工)'은 구매대행, 즉 '중국 보따리상'을 뜻하며, 이들은 면세점에서 저렴하게 구매한 제품을 위챗에서 직접 웨이상이 되어 판매하거나, 중국 현지 웨이상들에게 제품을 넘기는 도매상의 역할도 한다.

따이궁은 강력한 신뢰를 바탕으로 거래를 하는 것을 원칙으로 삼고 있으므로 SNS에 실시간 사진을 올리며 팔로워들에게 정품을 인증하고, 바로 주문량을 늘리기 위해 매장에서 인터넷 라이브 방송을 진행하며, SNS에 실시간 업로드를 한다. 이들은 고객들에게 선입금을 받으며 구매 대행을 해준다. 웨이상과 따이궁의 경제는 여전히 고속 성장 중이며 중국의 사드 보복으로 여행객이 감소한 이후 국내 면세점의 70%는 따이궁의 매출이다. 2018년 국내 따이궁 경제 규모는 7~8조 원에 달했다.

중국의 모바일 세상은 한국보다 훨씬 더 빠른 속도로 변화 발전하고 있다. 거대한 플랫폼과 그 속을 채우는 다양한 콘텐츠가 새로운 비즈니스 기회를 만들고 있고, 마케팅과 이커머스의 새로운 혁신을 주도하고 있다. 이제는 우리나라와 비슷한 정서를 가진 중국의 이커머스 시장을 눈여겨보고 새로운 시도를 통해 우리나라만의 또 다른 비즈니스를 창출할 때이다.

5

300% 매출 증가 트리거가 작동하는 새로운 커머스 플랫폼

무한한 쇼핑의 세계, 나만의 보물찾기

어린 시절 소풍의 보물찾기는 얼마나 즐거웠던가? 숨겨져 있는 보물을 찾아내는 모험은 누구나 즐겨하던 놀이였다. 어른이 된 지금도 보물찾기는 재미있는 경험을 제공한다. 어린 시절의 신비한 무엇은 아니더라도 어딘가 숨겨져 있는, 자신에게 의미 있는 무엇인가를 찾아 마음에 쏙 들었을 때 소소한 행복을 경험하게 된다.

요즘은 크고 유명한 식당이나 카페보다는 조금 소박하더라도 자시만이 알고 있는 숨겨진 보석 같은 공간을 선호하는 경향이 있다. 또 '나만의' 취향을 저격한 니치 브랜드(Niche Brand)가 나타나면 열성적인 마니아가 된다. 그 누구보다도 개성과 본인의 정체성을 중요하게 생각하는 지금의 세대는 스몰 브랜드에 관심을 기울이고, 전 세계 쇼핑 플랫폼을 옮겨 다니며 본인만의 보물찾기를 즐기고 있다.

쇼핑은 누구에게나 보물찾기가 된다. 기업은 자신을 알아봐줄 고객을 찾아, 고객은 자신을 위한 브랜드와 제품을 찾아 보물찾기를 한다. 그런데 보물찾기가 쉬운 놀이는 아니다. 거대한 공간 속을 탐험하고 단서를 일일이 추적해야 얻어지기 때문이다.

기업은 이 수많은 고객 중에 확실한 타깃을 잡는 것이 생각보다 쉽지 않다. 예를 들어, 전략 기획에 '2030의 스킨케어에 관심 있는 여성', '3040의 육아맘'이라는 타깃을 설정한다고 해도 상당히 많은 취향과 니즈가 나뉘기 때문에 고객 타깃팅을 확실히 하기란 굉장히 어려운 일이다. 특히나 신규 브랜드와 제품은 더욱 그렇다.

고객의 입장에서도 이렇게 상품이 넘쳐나는 시대에 본인이 필요로 하는, 취향에 꼭 맞는 상품을 찾는 것은 어려운 일이다. 보물을 찾기 전까지 쇼핑 모험에 상당한 비용 지출을 하게 된다. 직접 구매해보고 자신에게 맞는지 아닌지 확인하고, 이번에도 속았다 셈 치고 버릴지, 마니아가 되어 재구매를 할지, 상당한 수고를 거쳐야 보물 하나를 찾을 수 있게 된다.

지금의 세대들에게 소비는 곧 '나'를 나타내는 상징적인 행동이다. 그만큼 생활에서 소비가 차지하는 영역이 중요한데, 이때 기업과 소비자의 수고를 덜어주는 것이 바로 '큐레이션(Curation)'이다. 쇼핑에서 큐레이션은 마치 미술관의 큐레이터처럼 다양한 쇼핑 콘텐츠와 상품을 수집해 공유하고 새로운 가치에 따라 재분류해 설명해 주는 형태로, 고객들이 더욱 편하게 소비할 수 있도록 도와준다.

SNS가 발전하며 큐레이션이 크게 발달하고 있다. IT 기술의 발달로 빅데이터(Big Data) 분석과 AI가 큰 역할을 하면서, 개인의 모바일 속으로 각 개인에게 꼭 맞는 콘텐츠와 상품들이 모아져서 노출되는 것이다. 그렇지만 기계가 모든 큐레이션 기획을 완벽하게 하는 데에는 한계가 있다.

그렇다면 누군가는 기계 큐레이션의 부족한 부분을 채워야 하는데, 인플루언서 마켓을 운영하는 인플루언서들이 바로 쇼핑 큐레이터로 그 역할을 할 수 있다. 쇼핑 큐레이터는 생각보다 상당한 노력을 들여야 할 수 있는 직업이다. 미술관 큐레이터가 오랜 시간 공부해야 아트 작품을 큐레이션할 수 있는 전문직인 것만큼, 쇼핑 큐레이터도 상당한 내공이 필요하다.

인플루언서는 오랜 시간 동안 본인의 아이덴티티를 표현하며 팔로워들을 모아놓았다. 기업의 입장에서 보았을 때 세부 타깃 고객층을 모아놓은 마켓이 형성된 것이고, 고객의 입장에서 바라본다면 퍼스널 쇼퍼(Personal Shopper)처럼 맞춤 쇼핑 가이드를 받을 수 있는 곳인 것이다.

이렇게 관심사를 중심으로 모인 팔로워 집단은 기업과 고객 양자에게 상당한 쇼핑 모험의 비용을 큐레이션을 통해 줄일 수 있게 도와준다. 물론 이곳에서 전혀 실패가 없다는 뜻은 아니다. 하지만 오랜 시간 걸러진 정보들이 모여 새로운 쇼핑 공간으로서의 가치를 만드는 장점이 더 크다.

인플루언서마다 콘셉트가 모두 다르기 때문에 고객과 기업은 그만큼 다양한 마켓을 만나고 이용할 수 있다. 신규 브랜드를 소개해야 할 때, 신제품을 선보일 때 등 신규 고객이 필요한 기업일수록 인플루언서 마켓이 효과적인 것은 다양한 세부 고객들을 만나볼 수 있는 테스트 마켓이 되어주기 때문이다.

여러 면에서 인플루언서 마켓은 마케터들에게 화두가 되는 아이디어를 빠르게 최소 요건 제품(시제품)으로 제조하여 시장의 반응을 보고 이를 다음 제품 개선에 반영하는 린 스타트업(Lean Startup) 전략을 펼쳐볼 수 있는 시장이 된다. 비즈니스에서 시간은 금보다 비싼 다이아몬드이다. 지금처럼 빠르게 변하는 경영 환경에서 인플루언서 마켓은 발 빠르게 전략을 수정해나가며 플랜 A, 플랜 B, 플랜 C를 시장에서 적용해 반응을 살필 수 있는, 저비용 고효율 마케팅 전략이 될 수 있다. 앞으로 기업은 이를 어떻게 활용하느냐에 따라 혁신 성과와 미래 성장 동력이 좌우될 것이라고 확신한다.

스타 상품의 극적인 탄생

최근 성공적으로 론칭할 수 있었던 육아 브랜드가 있다. 수면 교육을 도와주는 애플리케이션으로, 다양한 동화나 교육 영상 콘텐츠를 담았다. 박람회에서 만나 인연이 된 브랜드로 육아를 경험해본 팀원들과 회의를 통해 인플루언서 마켓에 론칭시켰다.

결과는 대박이었다. 신규 브랜드로 이전에 크라우드 펀딩을 통해서도 좋은 반응을 받고 있었는데, 육아 인플루언서를 통하니 반응이 폭발적이었다. 부모라면 누구나 경험해보았을 수면 교육을 양질의 콘텐츠와 어플리케이션으로 상품화했더니, 그동안 육아 동지들이었던 엄마들이 큰 호응을 보여주었다. 그리고 디지털 소문은 빠르게 확산되어, 많은 육아 인플루언서들이 판매하고 싶어 하는 제품이 되었다.

이렇게 큐레이션된 마켓에 꼭 맞는 상품이 론칭될 때는 모든 매출 증가의 원인들이 작동한다. 기본적으로 상품에 대한 스토리텔링 전달이 잘 된다. 인플루언서가 가장 먼저 충성도 있는 고객이 되면서 본인의 라이프에 콘텐츠가 녹아져 팔로워들에게 아주 자연스럽게 전달이 된다. 상품의 개발 스토리, R&D, 성분, 사용 방법이 사진과 영상으로 제작되어 상품에 오롯이 집중화되어 스타 상품을 탄생시킨다. 귀한 자식처럼 탄생시킨 이 상품의 이야기가 고객의 마음을 움직인 것이다.

이러한 탄생 스토리를 바탕으로 인플루언서는 적극적으로 고객과 소통한다. 고객들의 커뮤니티 형성이 브랜드 충성도에 큰 영향을 끼치는데, 자발적인 협력은 판매에 대한 수익도 있지만, 진심으로 그 상품을 사랑했을 때 자연스럽게 나온다. 디지털 모바일 속 이야기지만, 그 온기와 열정은 실제로 고객들도 느낄 수 있다. 이런 강점은 빅데이터를 활용한 광고에서는 절대 만들 수 없는 휴먼 터치라 할 수 있다.

우수한 상품과 고객의 관심이 만나 인플루언서 마켓에 소개된다면 긍정적 리뷰가 생성되고, 이런 와중에 자발적 키워드 마케팅이 되기도 한다. 또는 전략적으로 키워드 마케팅을 함께 기획한다면 더욱 시너지가 발생되어 큰 매출로 돌아온다.

이러한 매출은 돈의 개념을 떠나 더 좋은 상품을 개발할 수 있는 원천이 되고, 새로운 마케팅으로 새로운 시장을 개척할 수 있는 힘이 되어준다. 선순환의 바퀴가 되어 브랜드의 성장에 큰 동력을 선사할 수 있다.

제품에 대한 신뢰도를 만드는 것은 기업의 할 일이고, 판매 후 질 좋은 고객 서비스를 하는 것은 인플루언서의 역할이다. 기업과 인플루언서가 진심으로 고객을 위한, 새로운 고객 가치를 만들어나간다면 인플루언서 마켓은 향후에도 강력한 힘을 발휘할 것이다.

6

현금 회전 속도를 1주일로 단축하는 인플루언서 마켓

회사의 생명, 자금줄

회사의 자금은 핏줄과도 같다. 피가 돌아야 사람이 살 수 있는 것처럼 기업에서는 자금이 돌아야 무슨 일이든 할 수 있다. 동맥경화처럼 어느 한 곳이 막혔을 때는 기업도 급사할 수 있다.

상품이 빠르게 회전하는 동시에 현금 흐름이 빠르게 움직여야 하는데, 이 두 가지가 생각보다 쉬운 일이 아니다. 오죽하면 '스타일난다' 김소희 대표가 "받을 것 받고, 줄 것 주고, 낼 것 냈더니 성장했다"라고 말한 것이 화제가 될 정도인데, 쉬워 보이는 이 규칙을 지키기 어려운 회사들이 생각보다 많다.

그 속의 의미를 짚어보자면, 정당한 가격에 제품을 판매하여 '고객에게 받을 것 받아' 매출을 내고, 결제를 미루지 않고 '거래처에 줄 것 주어' 자금을 빠르게 순환시키며, '세금 낼 것 내서' 매달 골치 아프게 하는 요소를 깔끔히 해결한다는 의미로, 기업인으로서는 가장 중요한 '자금 운용'에 상당한 자신감이 있음을 보여준 것이다.

기업들의 결제 조건은 30일에서 60일 등 상황마다 다른데, 명절마다 나오는 훈훈한 기사 중 하나는 조기 대금 결제일 것이다. 조기 결제란 대기업에서 협력사나 납품업체 등에 정기 결제 전 미리 결제를 해주는 것으로 주로 현금 사용이 많은 명절을 앞두고 이뤄진다. 돈을 더 주는 것도 아니지만, 자금이 빠르고 풍성하게 흐를 수 있게 해주는 것만으로도 기업들은 숨통을 틜 수 있는 것이다. 그만큼 결제가 빠르게 된다는 것은 기업에게는 중요한 일이다.

최근 무서운 속도로 성장하고 있는 오픈마켓은 '네이버 스마트스토어'로 이커머스 업계 새로운 공룡 기업으로 급성장하고 있다. 네이버 플랫폼을 통한 카드 결제 금액은 14조 7000억 원으로 11번가와 쿠팡 등 현재 이커머스 리더들을 제치고 결제액 1위를 기록했다.

그런 네이버가 스마트스토어의 판매자에게 자금 지원 서비스를 선보인다고 밝혔다. 바로 '퀵 에스크로' 서비스로, 네이버 오픈마켓인 스마트스토어에 입점한 월 거래액 800만 원 이상을 기록한 사업자를 대상으로 판매 대금의 80%를 선지급하는 서비스이다.

현재 네이버 스마트스토어는 소비자가 구매 다음 배송을 받은 후 반품과 교환 과정을 거쳐 구매 확정이 되면 판매 대금을 지급하는 프로세스로 판매자가 대금을 회수하기까지 2주에서 최대 한 달까지도 걸리게 된다. 만약 네이버가 퀵 에스크로 서비스를 시행한다면, 판매자는 정산 주기를 약 10일 정도 앞당길 수 있게 된다. 네이버는 이러한 금융 서비스를 통해 중소 규모의 사업자들에게 사업 확장을 확실히 지원하여 입점 판매자를 늘리고, 네이버 페이 규모를 늘리는 선순환을 만들겠다는 계획이다.

네이버가 오픈마켓의 매출 채권을 통해 결제 대금을 선지급할 수 있는 정산 서비스를 내놓는 이유는 최소 10일에서 최대 60일가량 소요되는 정산 주기 때문이다. 쿠팡은 로켓 배송으로 직매입을 늘리면서 전체 판매 상품 중 91% 상품을 쿠팡의 물류로 직접 구매 후 입고시키고 있다. 로켓 배송 서비스 특성상 일정한 재고를 보유하고 있어야 하기 때문인데, 문제는 협력사에 제때 대금을 지급할 여력이 되지 않는 상황에도 제품을 매입하는 경우들이다.

하도급법에 따르면, 발주자는 제품을 수령한 날부터 60일 이내에 가능한 짧은 기한으로 정한 지급 기일까지 대금을 지급해야 한다. 하지만 협력사로부터 받은 제품의 입고 전산 처리를 늦게 입력하는 방법으로 대금 결제가 늦어지는 경우들이 발생했다. 어느 파트너사의 경우 1년이 지난 상품의 제품 입고 확인을 받지 못해 대금 지급을 받지 못하는 상황까지 갔다고 한다.

소셜 및 오픈마켓의 판매 수수료는 각 플랫폼과 상품의 카테고리별로 차이가 있지만 보통 10%선에서 정해진다. 여기에 날로 커지는 마케팅 및 광고비용과 N페이 적립금, 쿠팡캐시 등 공급자 부담의 고객 적립금, 오픈마켓 에이전트의 수수료까지 더해지면 실상 남는 것이 없는 장사가 되기도 한다.

지금의 이커머스 경쟁은 '벼랑 끝 생존경쟁'이라고 불릴 만큼 치열해졌고, 어느 한 플랫폼으로 구매가 집중되는 상황이 아니기 때문에 많은 공급사들이 여러 채널을 동시 운영하고 있는 실정이다. 여러 채널을 하나씩 관리하려면 상당한 내부 관리 인력이 필요한데, 이러한 니즈들을 해결해주는 플랫폼들이 바로 사방넷, 셀러허브, 샵링커 등과 같은 회사들이다. 이들은 다양한 쇼핑몰을 통합 관리해주는 시스템으로, 현재 대부분의 기업들이 수수료 혹은 정액제의 서비스를 활용하고 있다.

인플루언서 마켓, 새로운 물길을 만들다

위와 같이 이커머스를 운영해온 기업들이 새로운 플랫폼으로 옮겨오고 있다. 그동안 만나온 많은 기업들이 인플루언서 커머스를 시도해보고자 하는 이유 중 하나는 '상당한 물량을 판매한다'는 소문을 듣고 오는 경우이다. 물론 판매 회전율이 높은 편이기는 하지만 인플루언서가 마법사는 아니기에 모든 상품을 그렇게 소화하는 것은 아니다.

내가 생각하는 인플루언서 마켓의 장점 중 큰 부분은 현금 흐름이 빠르다는 것이다. 가장 기본적으로 일반적인 공동 구매를 한번 오픈했을 때, 정산은 1주일을 넘지 않는다. 현금 입금은 바로 확인 가능하고, 카드 결제도 대부분 영업일수 3~5일이면 정산 완료되기 때문에 출고 이후 1주일 이내 정산이 마무리된다.

거래 초기 위탁 판매로 진행했을 경우에도 출고 시점에 50% 지급하고, 1주일이나 10일 이내 50% 지급하는 경우도 있고, 출고와 동시에 결제를 하는 경우들도 많다. 초반의 거래는 신용을 만들어 나가는 파트너 관계 형성에 중요한 의미가 있다. 지금까지 내가 경험해본 바로 영향력 있고 실력 있는 인플루언서일수록 결제 부분에서 깔끔하다.

초반 거래가 원활하게 이루어지고 서로 간에 믿음이 형성되었다면, 상품 선매입을 잡거나 제품 기획을 함께 해나가게 되는 경우들이 생긴다. 세일즈 포캐스트(Sales Forecast)라고 불리는 판매 예측이 가능해지고, 프로모션 스케줄이 주기적으로 잡힌다면 선매입, 수입, 제조 및 생산의 현금 흐름이 더욱 빨라진다.

현재 생산이 완료된 상품의 경우 정기적인 선매입은 출고와 동시에 현금 회수가 가능하며, 수입의 경우에도 일정한 수요 예측을 바탕으로 비행기나 선박을 통해 들어오면 바로 행사 진행이 이루어져 현금 흐름이 상당히 빠르다.

또 제조 생산의 경우, 인플루언서와 상품 기획 준비를 하며 고객들과 사전 커뮤니케이션을 해놓으면 큰 도움이 된다. 이미 기획 단계에서부터 홍보가 시작되고, 고객들은 제조 완료되는 시점을 기다리며, 생산 완료품의 검증을 받은 직후 판매를 한다면 제조 완료된 시점으로부터 1주일 혹은 10일 이내 결제까지 마무리된다. 재발주 상품의 경우도 생산 직후 모두 판매가 된다면 생산부터 판매, 대금 결제까지 상당히 빠른 시간 안에 마무리가 된다.

이러한 현금 흐름에 영향을 주는 이슈 중 하나는 생산 날짜이다. 한국 고객들은 생산 날짜에 상당히 민감하다. 같은 제품이라도 가장 최근에 제조된 제품을 선호하는 경향이 있고, 판매 시 생산 날짜와 유통기한은 빠져서는 안 될 중요한 정보가 된다. 특히, 식품과 화장품의 경우는 생산과 보관에 대한 고객들의 관심도가 높은 편이다.

영향력 있는 사람들이 모여 만드는 인플루언서 마켓은 파급력이 큰 시장이다. 상품이 빠르게 회전되고 현금도 빠르게 회전되는 장점을 가진 시장이므로 공급사와 판매사, 에이전트 모두가 상당히 빠르게 움직인다. 이러한 장점을 비즈니스로 극대화시킬 때 시장은 더 커질 수 있다. 결국 파트너에 대한 신뢰 형성이 인플루언서 시장을 움직이는 중요한 경영 전략이 될 것이다.

7

커뮤니케이션 그 이상의 가치를 만드는 고객과의 진짜 소통

진짜 고객과 만나다

"고객과의 소통이 중요하다."

마케팅 서적 초입 부분에서 볼 수 있는 문장이다. 기본 중의 기본인 고객과의 커뮤니케이션. 그러나 고객과 소통하고 피드백을 빠르게 들을 수 있는 기업이 얼마나 될까? 지금처럼 SNS 창구가 활발하고, 기업보다 똑똑한 스마트 컨슈머들이 존재하는 기업 환경에서 어떻게 빠르게 고객들과 이야기를 나눌 수 있을까? 기업들은 고객의 마음을 읽는 방법을 알고 있을까?

누군가와 사랑을 나누려면 만남과 대화를 통해 서로에 대해 깊이 이해하고 알고 있어야 한다. 마찬가지로 기업도 사업의 근간이 되는 고객을 깊이 이해하는 기업이 되어야 한다. 그러나 지금처럼 빠르게 돌아가는 기업 환경에서 천천히 서로를 교감하며 이해하고 사랑과 믿음을 갖기란 쉽지 않다.

대부분의 브랜드 기업은 공식 사이트를 오픈해 정보를 전달하고, SNS 채널을 개설해 고객과 이야기를 나누고 싶어 하며, CS 및 AS 서비스를 통해 문제점을 파악한다. 이런 기본 활동들은 모두가 하고 있다. 그러나 기본 활동을 통해서는 유의미한 정보를 얻기 어렵다. 그런데 인플루언서 마켓에서 기업들이 얻을 수 있는 것은 그 이상이다. 인플루언서와 고객들이 댓글 혹은 카카오톡 상담을 통해 진짜 대화를 나누는 모습 또한 공유받을 수 있다.

고객은 브랜드 공식 담당자와는 관계를 형성하기 어렵기 때문에 고객의 편안한 진심을 보이기 어렵다. 그러나 인플루언서와는 다르다. 마치 내가 잘 알고 있는 지인의 형태와 가깝기 때문에 좀 더 편안하게 대화를 한다. "언니, 이 제품은 이러한 점이 좋고, 이러한 부분은 불편한 것 같아요", "이 제품과 함께 쓸 수 있는 다른 제품도 나오면 더 좋을 것 같아요" 등 마치 친구와 대화하듯 피드백을 나눌 수 있고, 이런 대화가 브랜드로 정리되어 돌아온다. 피드백을 꼼꼼히 분석할수록 기업 내부에 활용할 수 있는 중요한 자료이자 정보가 될 수 있다.

인플루언서와 고객은 주로 댓글과 상담 톡으로 대화를 한다. 인플루언서는 상품에 대한 리뷰를 SNS에 올리게 되면 실시간으로 댓글이 달린다. "저도 사용해보았는데 이러한 부분이 좋았어요", "관심 가던 제품인데 좋은 프로모션으로 구매할 수 있으면 좋을 것 같아요"처럼 바로바로 반응이 온다. 특히 고객들이 평소 관심 갖던 제품이 포스팅되면 순식간에 열렬한 반응이 생성되기도 한다. 혹은 "우와, 이런 신기한 제품도 있군요", "새로운 제품이라 한번 사용해 보고 싶네요" 같은, 그동안 알지 못했지만 경험해보고 싶다는 댓글들이 달리기도 한다. 직관적인 반응들이 댓글로 달리고, 조금 더 자세히 문의를 하고 싶을 때는 고객들은 스스로 검색하고 인플루언서의 DM(Direct Message)이나 상담 톡으로 연락을 해온다.

기업의 입장에서 실시간으로 고객들의 반응을 본다는 것은 커뮤니케이션 이상의 가치가 있다. 상품 기획의 방향을 조정하기도 하고, 새로운 니즈를 발견하여 신제품을 기획할 수도 있으며, 프로모션 내용을 조절하기도 한다. 경영 전략에 필요한 고객의 목소리를 보고 들으며 현재와 미래의 상황을 파악할 수도 있다.

어느 기업에서는 인플루언서, 브랜드 담당자, 고객 3자의 라이브 소통을 열어 정보는 브랜드에서, 경험담 공유는 인플루언서가, 질문은 고객이 하는 방식으로 커뮤니케이션 이벤트를 열기도 한다. 기업 입장에서는 자연스럽게 고객과 이야기를 나눌 수 있는 장을 마련할 수 있고, 인플루언서의 경우 브랜드의 공식 목소리와 함께하여 신뢰도를 얻을 수 있고, 고객은 바로 바로 궁금한 점을 해소할 수 있어서 모두에게 좋은 기회가 된다.

기민하게 움직일수록 얻을 수 있는 정보들은 무궁무진해진다. 이러한 고객과의 소통에는 기업과 인플루언서가 신뢰감 있는 파트너로서 함께 협업해야 한다. 소통의 방식을 함께 기획하고, 듣고 싶고 궁금한 고객의 소리는 어떤 것인지, 어떤 스케줄로 기획할 것인지, 댓글이나 상담 톡의 내용을 리포트로 작성할 것인지 등 공동의 목표를 위해 정보들을 공유하고 협력한다면 장기적으로 서로의 사업에 도움을 줄 수 있다.

비즈니스 인사이트가 담긴 고객의 소리

내가 그동안 해왔던 경험들을 통해 봤을 때, 고객들의 실시간 반응은 매우 현실적이며 직관적이다. 포스팅 후 10분이면 해당 콘텐츠가 고객들에게 좋은 반응인지 나쁜 반응인지 결과가 나오고, 판매 수량까지도 예측 가능하다.

고객의 소리는 세심하게 들을 필요가 있다. 어느 부분에서 전략을 수정할지를 디테일하게 찾고, 어떤 부분에 고객이 열광하는지 정성적인 분석이 필요하다. 단순하게 '좋아요'가 몇 개인지, 댓글 숫자가 몇 개인지, 비밀 댓글 문의가 몇 개인지는 전혀 중요하지 않다. 요즘은 충분히 좋아요, 댓글, 팔로워 수 등의 조작이 가능하고, 또 이를 대행해주는 업체의 단가도 싼 편이다. 그렇기 때문에 진정한 고객의 목소리를 찾아 듣는 것이 중요하다.

특히, 기업의 담당자는 댓글 하나에서도 사업적 인사이트를 찾을 수 있어야 한다. 값비싼 광고 홍보 예산으로도 얻을 수 없는 실시간 소통의 기회에서 고객이 원하는 잠재적 니즈를 발견할 수 있다.

꾸준한 관찰과 관심은 새로운 기회를 만날 수 있게 해준다.

최근 대기업에서도 인플루언서 마켓에 관심을 갖는 이유는 무엇일까? 현재 인플루언서 마켓에 대한 관심은 소상공인부터 시작해 중견기업, 대기업으로까지 점차 확대되고 있다. 기업 형태를 피라미드로 생각해본다면 대기업은 소수의 탑(top), 소상공인은 가장 하위의 다운(down)이 된다. 보통 대기업에서 새로운 마케팅을 시작하면 다양한 기업들이 벤치마크를 하여 새로운 마케팅 트렌드가 넓게 퍼진다. 그런데 지금 인플루언서 마켓은 탑 다운(top down)의 마케팅 트렌드가 아니라, 다운 투 탑(down to top)의 방향으로 이동하고 있다.

대기업도 끊임없이 새로운 소비자의 소리를 듣고 싶어 하고 새로운 고객의 이동에 함께하고 싶어 한다. 특히나 지금처럼 온오프라인의 경계가 무너지고 사회 전반의 시스템이 디지털 세계로 이동하는 환경에서는 대기업, 중소기업 할 것 없이 모두 혼돈에 빠질 수밖에 없다.

오히려 이러한 큰 패러다임의 변화 속에서 대기업은 의사 결정의 지연, 전통적인 마케팅 방식 고수, 대기업 명성에 맞는 전략 실행 등으로 작은 마케팅 트렌드에 섣불리 참여하기 어렵다. 그러나 지난 블로그 마케팅부터 시작한 디지털 마케팅 트렌드를 보면 SNS 성장곡선이 어느 정도 형성된 이후에는 대기업도 참여하게 되어 있다.

지금의 디지털 혁명에서 고객 데이터를 갖는 것은 큰 경영 자산을 만드는 것과 같다. 물론 데이터를 분석할 수 있는 시스템과 인력이 갖추어져야 보물을 만들 수 있다. 이제 기업들이 사라져가는 오프라인 고객들, 모바일을 통해 모든 라이프스타일을 만들어나가는 밀레니얼 고객, 디지털 네이티브(Digital Native)라 불리며 향후 최강의 소비 권력을 갖는다는 'Z세대'를 연구하려면 새로운 작은 마케팅 움직임에도 뛰어들어야 한다.

디지털 세계에서 영향력을 갖는 인플루언서 마켓에 존재하는 고객들은 어떤 프로파일을 갖고 있는지, 왜 이 시장에 존재하는지, 이러한 고객들은 어디로 이동하는지에 대한 디지털 행동 심리 분석은 향후 시장을 이해할 수 있는 중요한 경쟁력을 만들어준다.

과거에는 눈앞에 펼쳐진 물리적인 땅을 누가 얼마만큼 선점하느냐에 따라 기업들이 영향력을 만들었지만 지금 세상은 보이지 않는 무한한 디지털의 세계로 들어와 있다. 디지털 시장에서 기업의 점유율을 높이기 위해서는 디지털 고객에 대한 정성적, 정량적 심층 분석이 필수적이다.

너무 넓어 어디서부터 시작해야 할지 모르겠다면 인플루언서 마켓에 관심을 가져보자. 이곳은 작지만 강력한 시장이기 때문에, 데이터를 통해 이 시장의 심리학적, 인류학적 분석을 하여 통찰력을 키운다면 더 큰 시장에서 영향력을 펼칠 수 있다.

8

1000% 성장의 히든 챔피언을 탄생시키는 마케팅

새로운 시장 속 히든 챔피언

론칭과 동시에 3,000병 에센스 완판, 반나절 만에 메이크업 쿠션 1만 개 판매, 하루 만에 마스크팩 3만 장 판매…….

업계에도 잘 알려져 있지 않은 낯선 기업이 새로운 브랜드의 제품을 어떻게 이처럼 판매할 수 있을까? 이 판매 기록은 내가 직접 달성한 숫자이다. 그러나 이것은 나만의 이야기는 아니다. 다른 기업들도 놀라운 수치의 매출을 기록하며 새로운 비즈니스 역사를 만들어내고 있다.

대중에게 잘 알려져 있지 않지만 각 분야의 시장을 선도하는 기업을 '히든 챔피언(Hidden Champion)'이라고 부른다. 히든 챔피언을 만들어내는 폭발적인 영향력은 단순히 인플루언서가 제품을 판매했기 때문일까? 단순히 인플루언서만의 인적 영향력이었다면 이 시장의 미래는 밝지 않을 것이다.

거대한 이커머스 시장이 세분화되어 쪼개지고, 새로운 사람들이 모여 시장이 형성되어 새로운 마케팅과 판매 기법이 생겨나고, 그 시장 속 고객들에게 맞는 상품이 그들의 니즈를 충족시켰기 때문에 이 시장이 폭발적 도약을 하게 된 것이다. 아주 작은 시장에 불과했던 인플루언서 마켓에 새로움이라는 큰 기회가 주어졌기 때문이다.

부가 탄생되는 시점은 시장이 꿈틀대기 시작하여 도약할 때이다. 나는 단언컨대 인플루언서 마켓의 성장은 이제 시작이라고 생각한다. 아직도 무궁무진한 인플루언서 인적 자원과 시장에 선보이지 못한 전 세계의 새로운 상품들이 있고, 이제야 많은 기업들이 이 시장의 진출에 관심을 갖기 시작했기 때문이다. 여전히 기회들이 도처에 있고, 또 어떤 새로운 히든 챔피언이 탄생될지 누구도 예측하기 어렵다.

지금까지 이 시장의 영향력은 여러 사례를 통해 검증이 되었다. 앞으로도 새로운 히든 챔피언을 탄생시킬 수 있는 시장인 만큼 스마트한 경영 전략이 필요한 시점이다. 장기적인 시각으로 시장을 바라볼 수 있는 혜안이 필요하다.

그동안 만들어진 히든 챔피언들은 다양한 경로를 통해 빅 챔피언으로 성장하기도 했고, 단 한 번의 대박 사례만 만든 후 사라지기도 했다. 양극화로 달라진 결과는 기업의 전략과 운명을 함께했다. 오프라인의 빅 챔피언이 된 소셜 브랜드들은 백화점 한 칸에 자리잡고, 편집숍에서 컬래버레이션 러브콜을 받으며 진짜 브랜딩을 시작하는 계기를 만들기도 하고, 후속 전략 없이 우후죽순 유행만 좇는 아이템과 기업은 시장의 변화에서 살아남지 못하기도 했다.

인플루언서 마켓은 시장을 스스로 개척하고 비즈니스를 창출하는 적극적인 기업들에 의해 움직여왔다. 어느 누구도 가지 않은 새로운 길을 만들어낸 기업과 인플루언서의 협업이 고객에게 새로운 상품을 선보일 수 있게 된 것이다.

백화점, 오픈마켓 MD들이 인플루언서 시장을 바라보는 시각에도 이 맥락이 존재한다. 전통적 시장에서 만들어지지 않은 상품들이 소비자와 인플루언서에 의해 만들어져 스스로 유통되고 스타 상품으로 등극하기도 하니, 외부 관련 업계에서도 인플루언서 마켓의 히든 챔피언들을 찾아내고 그들의 움직임을 주시하고 있다.

지금까지 만들어진 히든 챔피언은 업계에서도 잘 알지 못하는 작은 중소 규모의 회사 제품들이 많았다. 규모가 작기 때문에 오히려 유연하고 다양하게 전략을 펼쳐볼 기회가 생겨 틈새시장을 개척할 수 있었다. 그렇게 만들어진 시장은 이제 더욱 다양한 기업들이 들어와 다양한 경영 전략을 구사해볼 수 있는 규모로 성장하고 있다.

한 끗 차이로 완성되는 스타 상품

점점 경쟁이 치열해지는 인플루언서 마켓에서 시장 지배력을 키우려면 지속적 관찰을 통한 차별화 전략이 중요하다. 독창성을 겸비한 안정성 있는 상품이야말로 시장의 히든 챔피언을 만들기 위한 기본 조건이 된다. 시장의 성장은 시장의 성숙과 관련되어, 이제는 대기업 혹은 중견기업의 믿을 만한 브랜드에 새로움을 더한 상품이 나왔을 때 고객들에게 믿음과 흥미를 유발할 수 있게 되었다.

스타 상품이 만들어지면 집중화 전략으로 경쟁 우위를 지속시키고 시장을 키울 수 있다. 스타 상품이 만들어지면 강력한 경쟁사가 등장하기 마련인데, 과도한 경쟁을 피하고 경쟁력을 강화하는 집중력과 인내가 필요하다. 치고 올라오는 새로운 경쟁자를 신경 쓰다 보면 본인들의 사업에 집중하기 어렵고 흔들릴 때가 많다. 이런 치열한 경쟁 상황에서는 내부를 들여다보며 핵심 역량을 더욱 개발해, 시장에 또 다른 새로운 스타 상품을 탄생시켜야 한다.

우리 회사와 한 차례 히든 챔피언 상품을 만들어낸 파트너 제약사의 경우 인플루언서 시장에 더욱 집중하고 있다. 처음에는 새로운 시장과 고객에 고개를 갸우뚱하면서 시작했지만, 이제는 새로운 스타 상품을 기획하기 위해 팀을 구성하며 집중하고 있다. 이러한 기업은 리더가 강한 의지로 명확한 목표를 설정해, 팀원들과 에너지를 집중하여 높은 성과를 만들어내고 있다. 이렇게 팀원 모두가 강한 힘을 가지고 있는 기업은 향후 빅 챔피언으로 성장할 가능성이 높다.

몇 년간 많은 기업들을 보며 안타까웠던 것은 독특한 히든 챔피언으로의 성장보다 유행성 타사 제품만 카피하는 모습이었다. 본인들만의 강점으로 새로운 시장을 개척하는 것이 아니라, 한 시장에 안주하며 돈을 벌 수 있는 상품들로만 가득 채우는 기업들이 많았다. 자유 시장은 자연의 순환과 같아서, 고인 물은 썩게 되고 썩은 물은 결국 사라진다. 히든 챔피언을 만드는 것은 결국 제품에 대한 확고한 철학이다.

상품에 대한 확실성을 갖춘 후, 콘텐츠를 함께 만들어갈 수 있는 파트너인 인플루언서와의 만남은 운명처럼 인연을 만들 수 있다. 상품에 목소리와 사람 냄새를 담아줄 수 있는 진짜 실력 있는 사람을 만나기 위해서는 먼저 제품과 브랜드 기획이 확실히 되어야 선순환 구조가 만들어진다.

인플루언서 마켓은 경쟁사의 진입이 비교적 쉬워 보이는 시장이다. 진입 장벽이라는 것은 결국 인플루언서와의 파트너십 형성인데, 슈퍼 인플루언서와의 협업은 쉽지 않아도 그보다 더 많은 셀러 그룹들이 있기 때문이다. 그런데 실제 운영은 여러 이해관계가 얽혀 있어 풀어내는 것이 만만치 않다. 그렇기 때문에 한번 들어와 좋은 협업의 결과를 만들어낸다면, 그 노하우가 새로운 경쟁력이 되어줄 것이다.

경쟁사에서 나온 비슷한 대체 상품들은 위기감으로 다가올 수 있다. 그러나 한 인플루언서가 한 제품을 론칭하기까지 수많은 결정 사항들이 있고, 고객들에게 혼란을 주지 않기 위해 한번 론칭한 제품은 소비자들이 재구매로 이어질 수 있도록 꾸준히 판매한다. 소비자들과 함께 스케줄 조정을 하여 소비 패턴을 맞추는 편이라 비교적 안정적인 생산 스케줄을 잡을 수 있다.

또 소비 형태가 공동 구매 형식으로 보통 2~3개월 주기로 판매되기 때문에 소비자들은 대량 구매를 하고, 제조 브랜드는 대량 판매가 가능하다 보니 전체적인 가격을 낮추는 전략을 쓸 수 있다.

가끔은 이러한 대량 판매가 인플루언서 셀러의 바잉 파워(Buying Power)를 키워주어 갑을의 관계가 형성되기도 한다. 그러나 영원한 갑도, 을도 없다. 오랫동안 좋은 상품을 좋은 가격에 제공해 히든 챔피언을 탄생시키려면, 소비자를 위한 전략만 열심히 세우면 된다.

9

시장의 트렌드를 선도하는 새로운 빅 메가폰, 인플루언서

소비자 트렌드, 예측할 수 있는가?

몇 년간 뷰티 시장을 강하게 이끌어온 1일 1팩과 데일리 앰플의 홈 에스테틱 트렌드, 이너뷰를 통한 건강한 다이어트 식음료 및 다양한 뷰티 디바이스 트렌드, 또 식품 산업을 이끌고 있는 고품질 프리미엄 HMR(Home Meal Replacement, 가정식 대체식품)과 건강기능식품 트렌드, 다양한 현지 직송의 신선 식품들, 인테리어 광풍과 함께 성장하는 다양한 리빙 카테고리…….

최근 몇 년간 소비 트렌드를 만들어온 이 제품들은 어디서 탄생했을까? 네이버 블로그부터 인스타그램, 유튜브로 이어진 SNS가 그 트렌드의 시발점이라고 해도 무리가 아니다. 리얼 라이프를 바탕으로 만들어지는 작은 줄기의 소셜 트렌드가 메가트렌드를 만들어가고 있다. 이처럼 지금의 마케팅 트렌드는 예전보다 다양하고 작은 트렌드가 모여 거대한 물결을 만들어가는 다운 투 탑, 즉 상향식 움직임을 보여주고 있다.

요즘은 기업들의 상황 분석과 예측보다도 더 빠르게 소비 생태계가 움직이고 있다. 기업 마케팅 담당자들이 마켓 리서치를 위해 밤새 SNS를 보는 야근을 할 정도이다. 그들에게 SNS는 또 다른 일터이며, 빠르게 SNS 트렌드를 읽어 기업 마케팅에 적용시키는 것이 현재 마케터들의 주요한 업무 중 하나가 되었다.

이제는 콘텐츠를 생산하는 일반인 인플루언서들이 SNS에 최적화된 디지털 마케터가 되어 기업의 실무진보다 빠르게 진화하고 있다. 기존의 시장과 다르게 1인이 스스로 진화하는 인플루언서 마켓을 세포라는 뜻의 '셀(cell) 마켓'이라고 부르기도 하고, 셀 마켓의 셀러들을 '셀슈머(Sell-sumer, 셀러와 컨슈머의 합성어)'로 부르기도 한다. 콘텐츠가 유통업으로 바뀌기도 하고, 유통 형태가 세포 단위로 아주 작게 잘라져 스스로 진화해간다는 뜻으로 해석된다. 이 세포 자체 분화와 진화가 트렌드를 만들어가고 있다.

라이프 큐레이터가 된 인플루언서

일반 대중에게 영향력 있는 인플루언서의 한마디가 상품의 닉네임이 되어 바이럴이 되고, 그들의 콘셉트가 브랜드가 되어간다. 상품과 콘텐츠의 큐레이션이 전문가를 능가할 정도로 촉이 발달된 인플루언서들은 어떻게 트렌드를 만들어나갈까? 인플루언서들의 기획력은 어디까지일까?

인플루언서에게 가장 큰 자산은 고객과의 적극적인 소통이다. 이들의 기획력의 바탕에는 한 줄의 댓글 요청, 한 줄의 상품에 대한 리뷰, 한마디의 CS 상담이 있다. '소비자들을 위한, 소비자들에 의한(for the people, by the people)' 진정한 소비자 집단이 만들어내는 마케팅이 인플루언서 비즈니스의 핵심이다.

이러한 쌍방향의 커뮤니케이션 속에 다양한 기획과 트렌드가 나오는 것이다. 트렌드를 만드는 작은 아이디어의 원천이 SNS 속에 담겨 있다. 획기적인 아이디어와 시대를 보는 정확한 눈을 가진 실무자들은 그리 많지 않다. 찰나에 지나가는 순간들이 하나씩 이어져 하나의 아이디어가 완성된다.

지금의 마케팅에는 군집된 집단의 목소리가 중요한 역할을 한다. 소비자들은 본인에게 필요한 제품이 무엇인지 정확히 알고 있지 않아도, 본인의 니즈를 표현하는 힘이 있다. 이를 잘 해석하고 새로운 상품을 개발하여 소비자에게 역제안을 해주면 소비자들은 본능적으로 반응한다. SNS는 쉽게 집단의 목소리를 만들어 표현하게 한다. 이 목소리를 얼마나 잘 활용하는가는 기업의 몫이다.

인플루언서, 마케터보다 더 실력 있는 마케터가 되다

국내 시장 안에서도 다양한 시장이 존재한다. 잘게 쪼개진 시장 안에서 얼마나 많은 영역을 차지하는가는 비즈니스 시장 점유율이라는 중요한 지표로 표현된다. 과거는 오프라인에서 땅을 얼마나 가졌는가, 그 땅 위에 사람이 몇 명이 있는가가 중요했다면, 지금의 디지털 세계의 땅은 무한대로 넓어질 수 있다. 디지털을 통한 새로운 시장의 기회가 생겼고, 우리는 그 속에서 새로운 땅따먹기 비즈니스 게임을 하고 있다.

새로운 게임의 룰을 익히고, 새로운 전략으로 상대보다 앞서 나가려면 상당한 분석이 필요하다. 지피지기 백전백승(知彼知己百戰百勝)이라고, 남을 알고 나를 알아야 상대를 이길 수 있다. 나에 대한 파악은 앞서 말한 인플루언서 마켓의 SNS 댓글 분석, 마켓 내의 MD 분석을 통해 어떤 제품이 어떻게 판매되며, 성공적 결과를 보여주는 상품은 고객에게 어떤 만족감을 주는 것인지에 대한 분석이다.

단순히 원료가 좋고, 디자인이 새롭고, 유명한 인플루언서가 판매하기 때문에 판매되지는 않는다. 쇼핑의 맥락을 읽어 고객들의 숨겨진 니즈를 읽는 트렌드 분석이 꼭 필요하다. 수없이 '왜?'라는 질문으로 생각을 파고 들어가면 고객의 원초적인 니즈를 분석할 수 있게 된다.

예를 들어, '수면 교육을 위한 콘텐츠 디바이스' 브랜드의 경우, 비슷한 디바이스는 해외에 이미 출시되어 있었다. 그러나 한국 부모들이 관심을 가질 만한 '교육 콘텐츠'라는 콘셉트로 내용을 만들고, 새로운 방법론으로 고객들의 관심을 이끌 수 있었다. 바로 육아를 하는 부모라면 누구나 한 번은 경험하는 '수면 교육'에 대한 해결책을 제시하는 상품으로 재포장한 것이다. 상품과 서비스에 단순한 동화를 담아 보여주는 디바이스가 아닌, 일반적인 영유아 부모라면 겪었을 공감되는 문제 해결에 답을 넣은 것이다.

또 화장품과 의약품의 중간에 와 있는 코슈메디컬 화장품의 경우, 고객들이 피부과에 가는 이유에 대해 근본적인 질문을 던져 만들어진다. SNS상에 수많은 피부과 시술 리뷰들이 있고, 이러한 리뷰 아래는 다양한 고객들이 궁금한 점들을 질문하게 된다. 모두가 볼 수 있는 이러한 대화 속에 상품을 기획할 수 있는 고객 니즈와 트렌드가 숨어 있다. 경쟁사의 상품을 벤치마크할 일이 아니라, 흩어져 있는 실제 고객들의 목소리를 담아야 새로운 트렌드와 상품으로 시장의 변화를 만들어낼 수 있다.

결과적으로 SNS상의 새로운 고객의 니즈를 발견하고 자연스럽게 구매로 연결될 수 있는 콘텐츠를 개발한 제품들은 시장에서 성공했다. 브랜드 마케터와 상품을 기획하는 담당자들은 이 세상의 수많은 자료들을 하나로 연결시킬 수 있어야 한다. 외부에서 트렌드를 검색하고 개발할 수 있는 기본적인 방법 세 가지를 제안한다.

먼저, 국내 다양한 유통 채널의 MD들과 그들의 마케팅 포인트를 분석한다. 전통적인 백화점에서 하는 마케팅 방식과 온라인 오픈마켓의 마케팅 방식은 다르고, 원리는 비슷한 상품이라도 보여주는 방식이 다르다. 어떻게 다른지에 대해 마케터가 정확히 알고 있다면 SNS의 공식에 맞게 새롭게 재탄생시킬 수 있을 것이다. 같은 카테고리 상품만 알고 있는 것이 아니라, 다른 카테고리 상품에 대해서도 유심히 관찰할 것을 권유한다. 광고 문구, 이벤트 방법, 사용한 기술과 원료와 소재 등 무궁무진하게 새로운 기회를 창출할 단서들이 깔려 있다.

두 번째로, 빠르게 해외자료를 검색해야 한다. 미국의 'refinery 29.com'과 같은 라이프스타일 매체에서 새롭게 선보이는 트렌드는 무엇인지, 일본 '@cosme'의 화장품 랭킹은 어떻게 변화하고 있는지 먼저 알고 있어야 국내를 위한 새로운 아이디어를 얻을 수 있다. 요즘은 해외자료를 얻는 것이 너무나 쉽다. 웹사이트와 SNS로 모든 정보들이 열려 있고, 구글로 웬만한 번역은 가능하기 때문이다.

또 한 가지 내가 추천하는 새로운 트렌드 개발 방법은 바로 온고지신(溫故知新)이다. 역사는 되풀이되고, 트렌드는 늘 새로운 것이 아니다. 새로워 보일 뿐이다. 지금 밀레니얼 세대에게 어필되는 '뉴트로(Newtro)' 트렌드는 40~50대들에게 "이거 옛날에 내가 썼던 것인데, 이게 도대체 왜?"라는 질문을 받을 수 있다.

뉴트로 트렌드는 새로움(New)과 복고(Retro)를 합친 신조어로, '복고를 새롭게 즐기는 경향'을 말한다. 개화기 복장의 유행, 어글리 슈즈와 을지로 카페의 인기 등을 밀레니얼들의 뉴트로 트렌드라 말한다. 세대가 달라지면 과거의 트렌드도 새롭게 재탄생되는 것이다.

과거의 히트 상품과 마케팅 자료들을 보면 현재와 크게 달라지지 않은 고객들의 니즈도 볼 수 있다. 단순하게 재발매가 아니라, 달라진 세대의 니즈를 분석하며 옛것을 꺼내와도 새로운 트렌드를 만들어낼 수 있다. 과거의 사례들을 새롭게 만드는 온고지신의 트렌드 분석으로 새로운 기회를 만들어내길 바란다.

마지막으로, 트렌드 분석은 적어도 한 달에 한 번은 정리하고 자료화하여 팀 내 공유를 하고, 언제든지 아이디어로 활용할 수 있어야 한다.

10

초저비용으로 최대 효율을 가져가는 전략적 마케팅

돈돈돈…… 마케팅은 돈이다

마케팅 비용은 얼마가 필요할까? 마케팅 예산은 얼마를 잡아야 할까? 오랜 기간 사업을 축적해온 대기업, 중견기업이 아닌 중소, 소상공인들은 마케팅 예산에 대한 가이드가 없다. 마케팅을 해야 매출이 오른다는데, 도대체 예산은 얼마가 적당한 것인가? 다다익선, 많을수록 좋은 것일까?

물론 기업마다 규모가 다르고 이익률이 다르고 상황이 다르다. 또 마케팅에 대한 목표가 다르고 방향이 다르니 예산도 제각각이다. 그러나 최소의 비용으로 최대의 효과를 누리고자 하는 욕구는 모든 기업에 적용된다.

SNS 마케팅, 인플루언서 마케팅은 기업에서 마케팅 혹은 영업 조직에 있는 사람이라면 누구나 알고 있고, 관심을 갖고 있는 이슈다. 몇 년 전 네이버 블로그 마케팅을 계획하고 집행했다면, 이제는 인스타그램과 유튜브 등의 플랫폼으로 옮겨와서 SNS 마케팅 계획을 세우고 있을 것이다.

마케팅 및 홍보 대행사의 역할에도 변화가 있었다. 바이럴 마케팅 섭외 1순위였던 블로거들은 점차 사라지고, 그 자리를 인스타그래머, 유튜버들이 대체했다. 단가라고 불리는 홍보 비용도 천차만별이다.

인스타그램 팔로워 숫자에 따라 홍보 비용이 책정되고, 그들에게 제품 협찬과 함께 홍보 글에 대한 원고료를 전달한다. 유튜버의 경우는 대체적으로 MCN 회사에 소속되어 있고, 영상 촬영과 편집의 인건비가 상당해 블로거 혹은 인스타그래머의 단가에 작게는 10배, 20배 혹은 그 이상으로 책정된다.

'시딩'이 무엇인가요?

바이럴 마케팅 전문 용어로 시딩(Seeding)이라고 불리는 협찬 마케팅은 밭에 씨를 뿌린다는 영문 단어의 의미와 비슷하다. 넓디넓은 SNS라는 밭에 특정 브랜드 상품 노출도를 위해 협찬 제품을 인플루언서들에게 뿌린다는 의미로 사용된다.

신제품 출시를 앞두면 마케터와 홍보 대행사들은 시딩을 기본으로 준비한다. 먼저 시딩 예산을 세웠다면, 그 다음 인플루언서들의 단가표를 확인한다. 팔로워 5,000명을 가진 인플루언서의 홍보 비용은 얼마, 1만 명 이상 인플루언서 비용은 얼마, 셀러브리티는 얼마 등 각각의 협찬 단가 금액을 확인한 후 전체 예산에서 몇 명에게 시딩을 진행할 것인지 정한다.

시딩에 동원되는 대부분 인플루언서들은 광고, 홍보를 하는 유형의 사람들로 그들의 효율이 제대로 분석되지는 않는다. 지금의 팔로워 숫자들은 허위 숫자들이 많기도 하고, 대부분 시딩의 최대한 많은 인원에게 분배해서 노출될 수 있도록 예산을 분배하는 것을 목표로 하기 때문이다.

시딩의 장점은 태그 검색 노출도를 높일 수 있다는 점에 있다. 초기 시딩 비용의 효율은 모두 해시태그 검색을 했을 때 브랜드에서 전하고 싶은 내용의 콘텐츠들이 1순위로 노출된다는 것이다.

만약 500만 원의 예산으로 5만 원 단가의 인플루언서들에게 시딩을 한다면 100개의 콘텐츠가 한 번에 검색될 수 있다. 섬세한 타깃 마케팅이 되지는 않지만 통일된 해시태그 검색 시 다량의 메시지로 검색 페이지를 선점할 수는 있다.

타깃 광고 집행과 인플루언서 시딩을 함께 하는 캠페인을 진행한다면, 타깃에게 광고 메시지를 전달하고 인플루언서들을 통해 디테일한 홍보 메시지를 전달할 수 있다. 이 경우 타깃 광고 집행 비용은 천차만별이지만, 초기에 아무리 소액으로 시작한다 해도 이내 월 몇백 만 원 단위에서 천만 원 이상의 단위로 금방 넘어가게 된다. 실질적인 구매 효과를 위한 결과까지 내기 위해서는 상당히 큰 비용을 써야 한다.

인플루언서와 운명의 한 배를 타다

커머스형 인플루언서와의 마케팅의 비용은 어떤 구조를 가질까? 광고 홍보형의 인플루언서와 다르게 커머스형의 인플루언서들은 매출을 위한 영업 공동체라고 할 수 있다. 고객과 직접 소통하고 있기 때문에 구매 전환이라는 결과로 바로 직결된다.

대부분 인플루언서 스토어별로 소비자의 인구통계학적 분석, 취향 분석, 매출 분석 결과를 알고 있기 때문에 비교적 정확한 타깃팅이 가능하다. 구매 고객의 타깃팅의 분석이 어느 정도 되어 있다는 것은 상당한 실험적 비용을 낮출 수 있다는 의미가 된다.

기업에서 고객 테스트를 하고, 대중을 위한 메가 광고를 집행할 비용을 아껴서 족집게처럼 직접 구매할 고객을 만날 수 있다는 것은 ROI(Return on Investment)라 불리는 투자 자본 수익률을 높이는 방법이 된다. 효율과 수익성 모두를 높일 수 있는 것이다.

커머스형 인플루언서의 고객들은 광고나 홍보 활동에 거부감이 적고, 구매에 열린 마음을 가지고 있다. 언제든 좋은 제품과 서비스를 추천해준다면 구매할 의향이 있는 잠재 고객층이다. 또한 인플루언서가 되기까지 콘텐츠를 제작하는 능력은 지속적으로 업그레이드되기 때문에 그들이 생산하는 콘텐츠의 질은 높은 편이다. 인플루언서 스스로 혹은 그들의 팀이 구매 전환을 위해 생산해내는 질 높은 콘텐츠는 마케팅 비용을 낮추는 효율도 갖는다. 전문 크리에이터들에게 콘텐츠를 맡길 때 들어가는 비용이 상당히 크기 때문이다.

공동 구매를 진행하는 커머스형 인플루언서들에게 상품을 공급할 때 그들의 마진 속에는 이러한 광고, 홍보, 마케팅 비용이 포함되어 있다. 그들은 매출을 위한 영업 공동체로서 그 마진 속에서 자유롭게 타깃 고객에게 광고와 홍보 활동을 한다. 상품만을 위한 마진이 아니기 때문에 거래를 할 때 이런 비용도 고려해야 한다. 구매 전환율이 높다면 어느 정도 높은 마진도 감수할 수 있기 때문에 마진과 비용 속 구조들을 정량적, 정성적으로 세세하게 따져봐야 한다.

또 한 가지는, 적은 비용으로 가능한 마케팅으로 진성의 구매 고객들을 대상으로 후기 이벤트를 진행할 수 있다는 점이다. 앞서 시딩으로 단순 협찬하는 것이 아니라, 구매 고객을 대상으로 하기 때문에 콘텐츠에 리얼함이 나온다.

구매 고객에게 공통의 해시태그만 전달하고 후기 이벤트를 진행한다면 진짜 구매 고객들이 올리는 콘텐츠가 생성된다. 장단점 모두 리얼하게 쓰겠지만, 실제로 구매를 위해 검색하는 사람 입장에서는 단순 광고 협찬 콘텐츠와는 비교도 할 수 없을 만큼 신뢰도를 가질 수 있는 콘텐츠가 만들어진다.

구매 고객에게는 자사 제품을 선물로 주는 혜택을 줄 수도 있고, 재구매 할인 쿠폰을 증정할 수도 있고, 다양한 추가 프로모션을 제안할 수도 있다. 이러한 비용은 타깃 광고와 협찬 시딩의 비용에 비하면 크게 줄어들 수 있어서 효율 면에서 초저비용의 마케팅을 집행하게 되는 것이다.

경쟁이 치열한 소비재 마케팅에서 ROI는 마케팅 캠페인 분석의 꽃이자 마무리가 된다. 노출도를 높이고, 고객 유입을 하는 목표도 중요하다. 그러나 마지막 구매 전환이 어려워 매출이 부진하다면 마케팅 예산 집행의 의미를 어떻게 분석해야 할까? 특히나 전쟁터와 같은 소비재 마케팅에서는 지금이라도 초저비용으로 수익률을 높이는 인플루언서 커머스의 기회를 놓치지 말고 시도해야 한다.

11

인플루언서와 함께 경험하고 체험하는 옴니채널 전략

명품 백화점에서 모십니다

인플루언서 마켓이 SNS에서만 유행하는 것은 아니다. 최근 몇 년간 백화점에서 팝업 스토어 기획에 빠지지 않는 것이 인플루언서와의 협업이다. 신세계백화점, 현대백화점, 롯데백화점, 소위 빅3라 불리는 대형 백화점에서 인플루언서들을 협력사로 초대하고 있다.

최근 백화점은 식품, 레스토랑, 생활 부문에서 높은 성장을 보였지만 패션 카테고리 매출은 부진을 겪었다. 백화점 판매의 꽃이라 부를 수 있는 패션 카테고리, 그중에서도 20~30대의 젊은 고객이 주요 타깃이 되는 영캐주얼 브랜드는 SPA 브랜드와 온라인 커머스에 경쟁력을 잃어가고 있다.

기업의 미래를 책임져줄 젊은 세대가 백화점의 발길을 줄인다는 것은 유통가의 미래에 물음표와 느낌표를 강하게 보내는 메시지다. 그래서 백화점 바이어들은 지금도 앞다투어 젊은 세대들이 백화점을 방문해 구매할 수 있도록 기획전에 열을 올리고 있다. 그중에서도 눈에 띄는 것은 협력 가능한 커머스형 인플루언서를 섭외하고 발굴하는 팀이 생겨나고 있다는 것이다. 조직을 구성할 정도로 그들의 협력을 반기고 있다.

매출 원인을 분석할 때 중요한 요소 중 하나가 '몇 명의 고객이 방문을 했는가?'다. 그다음이 '방문한 고객 중 몇 명이 구매를 했는가?', '구매한 고객은 얼마의 매출을 발생시켰는가?'다. 일단 방문객 수가 없으면 그다음은 없다. 그만큼 방문객 수를 뜻하는 트래픽(traffic)은 매출을 산출할 때 중요한 수치로 기록된다. 이에 따라 젊은 층의 트래픽을 이끌 수 있는 인플루언서들의 움직임에 관심이 높아지고 있다.

시작은 전국 매출 상위권의 백화점 대형 행사장에서 인플루언서 마켓을 모은 기획전으로 출발했다. SNS에서 인기 있는 크리에이터, 인플루언서 마켓 브랜드 20~30개를 초청하여 대형 행사를 진행한 것이다. 인플루언서들도 이러한 백화점 초대에 관심을 두고 적극적으로 참여했다. 참여한 인플루언서들은 유명 백화점에 선택된 입장이기 때문에 본인의 SNS 팔로워들과 고객들에게 영향력을 인증받았다는 신뢰감을 더할 수 있었다.

고객들도 백화점 기획전에 적극적으로 관심을 표하며 오프라인 방문객이 늘어나는 결과를 만들어냈다. 인플루언서를 직접 만나보고 싶은 고객, 제품을 직접 경험해보고 싶은 고객, 백화점에 자주 오지 않았던 신규 고객들을 백화점으로 유치할 수 있었다.

현장은 마치 팬미팅처럼 서로 인사와 간식이 오가고, SNS 속에는 현장 인증 포스팅이 늘어나며 참석하지 않은 고객들도 온라인상으로 행사를 함께 즐길 수 있었다. 온오프라인에 이슈를 만들고, 고객들을 함께 움직이게 할 수 있는 옴니채널(Omni-channel: 소비자가 온라인, 오프라인, 모바일 등의 경로를 넘나들며 상품을 구매하는 서비스) 콘텐츠로 초기 성과를 달성할 수 있었다.

지금 뒤돌아보니 오프라인 행사에도 적극적으로 참여했던 인플루언서들은 지속적으로 브랜딩이 업그레이드되었고, 이후에도 백화점, 홈쇼핑, 기타 유명 채널과의 협업으로 지금까지 성장하고 있다. 새로운 채널의 기회를 놓치지 않고 전략적으로 활용한 덕분에 경쟁력을 갖출 수 있게 된 것이다.

쇼핑 엔터테인먼트의 중심이 되다

백화점 또한 기획전이 나날이 발전하여 최근에는 백화점, 영향력 있는 미디어, 대형 유통사, 셀러브리티, 인플루언서 브랜드가 모여 쇼핑 페어로 규모가 더 커지고 있다. 단순한 행사장 기획이 아닌, 라이프스타일을 아우르는 큐레이션 마켓으로의 진화였다.

이런 기획전은 오프라인에서 만나기 어려운 핫한 인플루언서의

SNS 인싸템, 트렌디하고 검증된 브랜드의 특별한 프로모션, 고객이 참여할 수 있는 다양한 이벤트와 셀러브리티가 진행하는 모바일 라이브 쇼 등 백화점 여러 개의 층을 넘나들고 케이블 TV 미디어, 홈쇼핑이 동시에 참여하여, 마치 대규모 마켓 축제를 연상케 한다.

경쟁이 치열한 쇼핑 산업은 점점 더 콘텐츠가 차지하는 비중이 커지고, 체험 또한 중요해질 것이다. 고객과 산업 전체가 즐길 수 있는 쇼핑 엔터테인먼트에서 인플루언서는 여전히 중요한 트래픽 요인이 될 것이다.

또 다른 형태로 백화점의 옴니채널 전략 가운데 작은 규모의 SNS 브랜드의 팝업 스토어 기획이 있다. 앞서 대규모 쇼핑 페어와는 또 다르게 영캐주얼 층에서는 인플루언서가 론칭한 패션 브랜드의 팝업 스토어를 유치하고 있다. 고객층이 탄탄한 SNS 브랜드의 단독 팝업 스토어를 유치해, 백화점은 새로운 고객층 유입과 SNS 노출도를 높이고, 브랜드는 고객을 오프라인으로 만나 직접 제품을 써보게 하면서 인플루언서와 가깝게 스킨십을 하고 신뢰를 쌓는 기획을 열고 있다.

보통 백화점 1층에서 SNS에서 이슈가 되는 인플루언서의 뷰티 브랜드 팝업 스토어를 기획한다. 샘플링, 증정 행사, 특별한 프로모션, 신제품 론칭 등 각종 혜택과 함께 실제 인플루언서가 팝업 스토어를 운영해 많은 고객들과 만날 수 있도록 한다.

실제로 이런 행사에는 제품을 체험하기 위해 방문한 고객의 반응에 따라 인기 스토어는 백화점 입점으로 연결되기도 한다. 인플루언서와 SNS 판매를 공동으로 하고 있는 브랜드의 경우, 뷰티 셀러를 통해 백화점 팝업 스토어 홍보 콘텐츠를 노출하고 뷰티 셀러의 이름을 인증하면 더욱 많은 혜택을 주어 고객들이 움직일 수 있도록 협력한다. 파트너 뷰티 셀러들 또한 고객들에게 백화점에도 입점한 믿을 수 있는 브랜드 상품이라는 것을 홍보할 수 있는 기회가 된다.

백화점뿐만 아니라 소규모의 플리 마켓(Flea Market)도 새로운 유통의 옴니채널로 규모와 관심이 커지고 있다. 플리 마켓이 과거처럼 중고 물품, 벼룩시장, 이웃 돕기 성금을 위한 행사가 아니라 트렌디한 옴니채널로 급부상 중인 것이다. 플리 마켓 채널에서 가장 인기 많은 브랜드는 역시 인플루언서가 운영하는 브랜드이거나 SNS에서 입소문이 난 브랜드이다. 플리 마켓의 역할이 그러한 브랜드를 직접 경험하고 체험할 수 있는 공간으로 쇼핑 트렌드를 만들어가고 있다. 최대 규모를 자랑하는 '띵굴시장'은 수백 개의 브랜드가 참여하고, 수만 명의 집객 효과를 내고 있어 가장 성공한 케이스로 꼽힌다.

유명 플리 마켓은 온라인상으로 인지도가 높고 개성 있는 브랜드들이 모여 적극적인 SNS 커뮤니케이션을 하며, 온라인상 콘텐츠 노출도를 높여준다. 또 기존 백화점에서 선보이지 않은 새로운 MD 상품 구성을 선보일 수 있고, 주말 고객들이 쇼핑 엔터테인먼트에 적극적으로 참여할 수 있는 이벤트를 기획하여 유의미한 매출 결과를 만들어내고 있다.

플리 마켓의 공간 또한 질적 성장 중이다. 과거에 강남이나 홍대 등의 작은 카페나 골목길에서 열리던 플리 마켓이 백화점, 아울렛뿐만 아니라 호텔, 차 없는 거리 등으로 확대되고 업그레이드되고 있다. 호캉스의 열풍으로 호텔을 즐기는 가족 단위 혹은 젊은 고객들이 늘어나, 호텔에서도 각종 콘셉트의 마켓을 기획하고 적극적으로 공간을 대여하고 있다. 레스토랑의 새로운 메뉴와 라이프스타일 쇼핑까지 할 수 있도록 호텔의 콘텐츠에도 인플루언서와의 플리마켓 협업이 최근 화두가 된다.

모바일을 통한 '내 손안의 쇼핑' 시대. 손가락 하나로 전 세계 글로벌 쇼핑이 가능하지만, 여전히 사람들은 직접 내 눈으로 보고, 내 손으로 만져보는 경험을 원한다. 디지털 모바일 쇼핑으로 집중되면서도 체험을 통한 경제 또한 크게 발전하고 있다.

옴니채널이라는 단어가 트렌드에서 지나간 단어로 느껴질 정도로 온라인과 오프라인의 경계는 허물어지고 있다. 이제는 자연스럽게 두 가지 모두 만족시킬 수 있어야 소비자에게 최상의 만족도를 선사할 수 있다. 유통 산업과 관련된 모든 이들이 스마트하게 옴니채널을 이용할 수 있어야 나도 살고 너도 살고, 우리 모두가 미래를 준비하며 살아갈 수 있다.

2장

인플루언서 마케팅을 위해 알아야 할 것

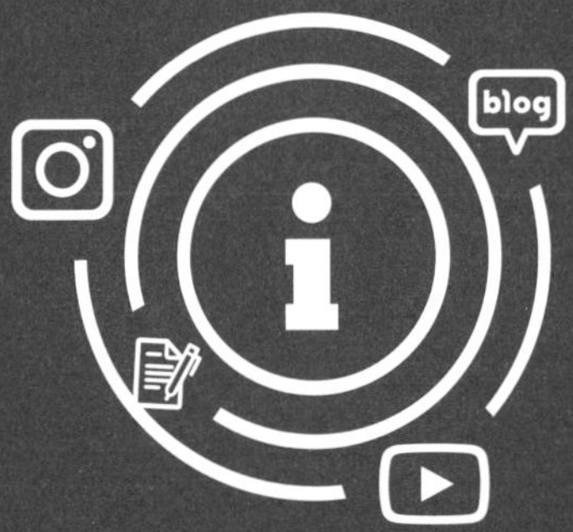

1

셀럽, 인플루언서, 크리에이터 모두 같은 말인가?

셀럽, 21세기형 왕자와 공주

셀럽, 인플루언서, 크리에이터……. 신조어인가? 같은 말인가? SNS 마케팅에 새로운 단어들이 들린다. SNS 채널 유형이 다양하고 그 안에서 활동하는 사람들이 많아져서, 비슷하지만 다른 사람들을 지칭하는 이 단어들을 이해해야 알맞은 마케팅 전략을 세울 수 있다.

먼저 최근 TV 혹은 매거진 등 미디어를 통해 자주 듣는 단어 중 하나가 '셀럽'일 것이다. 유명인이라는 뜻의 '셀러브리티(Celebrity)'는 주로 연예인, 스포츠 스타, 왕족이나 재벌 같은 상류층 인물 중 대중매체에서 노출이 많고, 사람들이 관심을 많이 갖는 이름난 사람들을 말한다. 주로 화려한 스포트라이트를 받는 사람들로 일명 '유명한 것으로 유명한 존재'다.

해외에서는 패리스 힐튼, 데이비드 베컴, 영국 왕실의 다이애나비 같은 인물에게 쓰인 단어이고, 한국에서는 주로 패션 매거진 기사에서 유명 패션쇼에 등장하는 화려한 연예인들에게 셀러브리티라는 표현을 자주 썼다.

최근 TV 미디어 예능 프로그램 속에서도 자주 사용되는 '셀럽(Celeb)'이라는 단어는 셀러브리티를 줄인 한국식 표현으로, 일반인인데 대중매체 노출을 통해 대세(大勢)로 인정받아 유명해졌거나, SNS상의 유명인까지 포함하고 있다. 리얼리티 프로그램들이 많이 생겨나면서 일반인이라도 대중매체와 SNS상에서 동시에 주목을 받으며 대중들에게 영향을 끼치는 인물을 셀럽이라 지칭한다.

TV 미디어에서 '서셀렙'이라는 닉네임이 붙은 농구선수 서장훈은 은퇴 후 자산가의 이미지가 함께 노출되면서 예능에 자주 섭외되고, 본격적인 연예인 생활을 시작한 셀럽 중 한 명이다. 또 패션 셀럽으로 통하는 여배우 기은세는 인스타그램 속 화려한 인테리어가 화제가 되면서, 오히려 배우 생활보다 그녀의 리얼 라이프가 더 궁금해져 패션 셀럽으로 활약을 하고 있다. 셀럽의 이미지에는 화려함, 자산, 명성 등 외적인 부분들이 함께 등장하며, 동경을 품은 가십거리로 대중의 관심을 받는다.

크리에이터라는 새로운 직업의 탄생

크리에이터(Creator)라는 단어도 최근 TV나 뉴스에 자주 노출되고 있다. 유튜브가 1인 방송의 영역에서 시작해 전통 미디어로까지 큰 영향력을 끼치자, 유튜버는 세대를 막론하고 큰 관심을 받는 직업이 되었다. 본인만의 콘텐츠를 영상, 음향, 사진 등으로 창작하고 1인 미디어로 전달하는 직업을 가진 사람들을 크리에이터라고 부르고, 뷰티 크리에이터, 키즈 크리에이터, 푸드 크리에이터 등 다양한 카테고리를 앞에 붙여 전문성을 표현한다. 주로 유튜브에서 활동하는 콘텐츠 크리에이터를 유튜버라고 한다.

1인 미디어 크리에이터의 강점은 이들이 콘텐츠를 제작할 수 있는 생산 능력뿐만 아니라 플랫폼 속에 본인의 팬층을 만들어 커뮤니티를 형성하여 충성 시청자 혹은 고객을 만든다는 것이다. 크리에이터의 콘텐츠는 단순 창작물이 아니라 경제적 가치를 가지는 수익의 원천이 되기도 하고, 스몰 미디어 형식의 여론과 정보의 장이 되는 사회적 가치도 함유하고 있다.

콘텐츠를 개발하는 개인의 역량이 사회적 영향력으로 힘을 발휘하고 개인 브랜딩이 되면서, 전문적인 프로 방송으로 성장하는 성공 케이스들이 많이 탄생하고 있다. 일명 '덕업일치', 무엇인가를 광적으로 좋아하는 '덕질'과 직업이 일치되는 현상이 일어나는 것이다. 지금은 이렇듯 자신이 열정적으로 좋아하는 분야의 일을 직업으로 삼는 크리에이터들이 성공의 아이콘으로 떠오르고 있다.

초등학생들이 선망하는 직업 1위가 유튜브 크리에이터라는 조사 결과가 나왔고, 일찌감치 자신의 자녀를 크리에이터로 성장시키고 싶어 이 분야에 관심을 두는 부모님도 많아졌다. 또 시니어 세대에서도 그동안 쌓아온 본인만의 콘텐츠를 제작하고 싶어 하는 니즈가 늘어나고 있다.

보수적인 지상파에서도 대도서관, 이사배 등 유명 유튜브 크리에이터들을 TV로 끌어들여 그들의 일상을 리얼리티 프로그램으로 만들기도 하고, 이덕화라는 시니어 배우의 유튜브 크리에이터 도전기를 프로그램으로 만들기도 한다. 이는 1인 미디어 크리에이터의 영향력이 보수적인 지상파 미디어를 웃돌 정도로 크다는 뜻이다.

지금 전 세계는 정보와 재미가 넘쳐나는 다양한 콘텐츠의 시대다. 소비자들은 새로운 방식으로 더욱 빠르게, 전혀 보지 못한 새로운 재미의 콘텐츠를 원한다. 이러한 스낵 컬처(Snack Culture: 과자를 먹듯 짧은 시간에 문화 콘텐츠를 소비한다는 뜻) 시대에는 가볍게 시도할 수 있는 개인 콘텐츠의 소비가 많이 일어난다. 기업들은 크리에이터와 함께 광고 제작에 많은 투자를 하고 있다. 경쟁력 있는 크리에이터들이 생산하는 양질의 콘텐츠와 쌍방향 소통 방식의 미디어 영향력은 새로운 비즈니스 모델을 창출하고 앞으로도 새로운 프로젝트와 직업군을 만들어낼 것이다.

평범한 듯 특별한 사람들, 인플루언서

인플루언서는 전 세계적으로 어느 SNS에서든, 어떠한 형태로든 콘텐츠를 생성하여 대중들에게 영향력을 끼칠 수 있는 사람을 뜻한다. 앞서 언급한 셀럽과 크리에이터를 포괄하는 인플루언서가 가지는 미디어 영향력과 경제적 가치는 어마어마하다.

인플루언서는 다양한 채널에 존재하지만, 한국 마케팅 시장에서 실무를 진행하는 마케터들 사이에서는 주로 인스타그램에서 활동하는 수많은 팔로워를 가진 사람을 의미한다. 인플루언서는 본인이 좋아하는 콘텐츠를 SNS에서 타인과 공유하며 적극적인 소통을 하는데, 유튜브 크리에이터가 주로 영상을 다룬다면, SNS 인플루언서들은 한 장의 사진과 짧은 글로 팔로워들과 메시지를 공유한다.

일반적으로 마케터들이 인플루언서 마케팅을 진행한다고 하면, 주로 인스타그램 인플루언서에게 자사 브랜드 및 제품의 홍보 사진 포스팅을 요청하는 것을 의미한다. 앞장에서도 말했듯, 시딩은 이제 소비재 브랜드에서는 가장 기본으로 진행하는 마케팅 홍보 수단으로, 넓은 밭에 씨를 뿌리듯 인스타그램의 다양한 인플루언서들에게 제품이라는 씨앗을 뿌리는 전략이다.

넓은 밭에 씨앗을 뿌린다고 꼭 예쁜 꽃이나 나무, 혹은 열매가 열리지는 않는 것처럼, 시딩은 정교한 타깃팅이 어려울 수 있다. 진행 단가도 경쟁적으로 낮아져서 누구나 홍보를 시작할 때 가볍게 시작할 수 있는 마케팅 전략 중 하나가 되었지만, 한편으로는 예산을 쓰고도 아무런 피드백이 없는 경우가 대부분이다.

인스타그램은 채널의 특성상 사진과 태그 작업만 필요하고 유튜브 크리에이터처럼 촬영 및 편집 작업이 들어가지 않기 때문에 누구나 쉽고 편하게 시작할 수 있다. 지금 20~40대들은 기본적으로 하나 정도의 계정은 운영하고 있다고 해도 과언이 아닐 것이다. 이렇게 쉬운 채널로 시작한 인스타그램의 인플루언서들은 대부분 가벼운 일상 사진 공유로 시작했다. 콘텐츠도 패션, 뷰티, 푸드, 여행 등 일상적인 카테고리에 많기 때문에 이들은 평범한 듯하지만 취향적 팬덤이라는 특수한 영향력을 갖는 특별한 사람들이다.

대부분의 인플루언서들은 적극적인 '프로슈머'들이다. 소비자인 동시에 콘텐츠 생산자인 인플루언서는 공감대 형성을 통해서 시장에 큰 영향력을 행사한다. SNS 유저들은 본인의 취향을 저격하는 콘텐츠와 인플루언서를 팔로우하고, 그들의 경험에 귀 기울인다. 메가 인플루언서들은 본인만의 경험, 철학, 노하우가 있는 경우들이 많아 팔로워들에게 공감을 통한 소통을 만들어낸다. 그래서 진심에서 우러나는 진정성 있는 콘텐츠일수록 영향력이 커지고 팔로워들과 신뢰감을 다질 수 있다.

지금의 인스타그램은 성숙한 SNS 플랫폼의 형태로, 마케터들은 1만 명에서 3만 명 정도의 팔로워를 가진 인플루언서를 '마이크로 인플루언서', 팔로워를 5만 명에서 10만 명 가까이 가지는 인플루언서를 '메가 인플루언서'라 분류해 맞춤형 전략을 세운다. 메가 인플루언서의 광고 단가가 높고 수많은 광고 콘텐츠로 효율이 떨어질 수 있기 때문에 최근에는 마이크로 인플루언서를 장기적으로 지원하고 육성하는 전략이 쓰인다.

지금까지 설명한 마케팅 단어들은 정확한 사전적 의미에 따라 쓰이기보다는 다양한 상황에 맞게 비슷한 의미로 쓰이고 있다. 또 소셜 미디어와 플랫폼의 종류는 더욱 다양해지고 있으므로 같은 콘텐츠라도 각 플랫폼에 맞는 감성과 운영 방식은 전혀 다를 수 있다.

앞으로 이 책에서 다룰 인플루언서들은 대부분 인스타그램 속 프로슈머로 출발해 유통의 흐름을 바꾸고 있는 SNS 마켓 운영자들이 될 것이다. 더불어 기업 담당자들에게 즉각적인 마케팅 효과와 매출을 일으킬 수 있는 맞춤형 전략도 소개할 것이다.

2

마케팅과 유통 혁명, MCN과 인플루언서 커머스

광고의 새로운 주체가 된 MCN

인플루언서 마케팅에 관심 있는 마케터라면 MCN이라는 단어를 들어보았을 것이다. MCN은 '다중 채널 네트워크(Multi Channel Network)'의 줄임말로 인플루언서들을 위한 기획사다. MCN은 인터넷 방송 그리고 유튜브와 함께 시작했다. 영상을 통해 인기 채널이 등장하고 수익이 발생하기 시작하자 이들을 전문적으로 관리해주는 회사가 등장했고, 이러한 기업을 MCN 기업이라 부르게 되었다.

연예인들에게 연예기획사가 있다면, 인플루언서에게는 MCN회사가 있다. MCN회사들은 주로 유튜브 크리에이터들을 관리한다. 관리라는 개념에는 세일즈, 채널 기획, 기타 운영 관리가 있다. 세일즈 파트는 주로 기업과 연계해 브랜드와 상품에 대한 브랜디드 콘텐츠 제작을 할 수 있도록 영업을 대신해준다.

광고는 수익과 연결되어 가장 중요한 업무가 되고, MCN회사는 광고주와 크리에이터 사이에서 광고 에이전시 역할을 한다. 브랜드와 일정, 콘텐츠 내용을 조율하기도 하고, 광고비 책정에 영향을 끼치며 크리에이터와 수익 배분을 한다.

대부분의 MCN회사들은 유명 크리에이터와 전속 계약을 맺고, 크리에이터가 되고 싶은 지망생들을 발굴하고 교육하고 성장의 기회를 만들어주며 전체 인력 관리를 한다. 유명 크리에이터들은 치열한 경쟁 속에 채널을 전문 브랜딩화하기 때문에 집중적으로 프로그램을 함께 기획해주고, 좋은 브랜드와 컬래버레이션을 추진하고, 굿즈(Goods) 제작 및 판매, 팬미팅 주최, 다른 플랫폼과의 이벤트 추진, 프로페셔널로 갈 수 있는 파트너 관리를 주력으로 해준다.

MCN회사는 유튜브 지망생 혹은 이제 막 시작 단계에 있는 크리에이터들에게 다양한 기회들을 경험하게 해주며, 기술 교육부터 향후 우위를 차지할 수 있는 콘텐츠 기획들도 함께 고민해준다.

MCN 사업에서 운영 관리는 크리에이터가 콘텐츠에만 집중할 수 있도록 결제부터 법적 이슈, 저작권 관리, 고객 관리까지 해준다. 연예인이 연기에만 집중할 수 있도록 모든 지원을 다하는 연예기획사와 같은 개념이다. 광고 수익의 분배 안에는 이러한 지원이 포함되어 있다.

혜성처럼 나타난 MCN 사업

MCN 사업은 미국에서 시작되었다. 처음에는 유튜브를 시작한 개인들이 메이커 스튜디오(Maker Studio), 어섬니스 TV(Awesomeness TV) 등의 회사를 설립했고, 이후 메이커 스튜디오는 월트 디즈니가 10억 달러에, 어섬니스 TV는 드림웍스가 3300만 달러에 인수했다. 전통적인 미디어 기업들이 초기 MCN 스타트업을 인수하며 개인 콘텐츠의 영향력은 더욱 커지고 있다.

국내에서는 2013년 CJE&M에서 처음 MCN 사업을 시작했다. 엔터테인먼트 콘텐츠 강자인 CJ는 MCN 사업을 시작하며 TV 지상파와 함께 온라인 콘텐츠의 강자가 되었다. 지금은 'DIA TV'가 된 '크리에이터 그룹'이라는 브랜드로 1인 창작자의 제작 지원, 마케팅, 저작권 관리 등 각 채널들이 성장할 수 있도록 기획과 관리를 하고 있고, 최대 콘텐츠 제작사로 자리매김했다. 2015년부터는 트레저헌터, 레페리 등 새로운 MCN 기업들이 등장하기 시작했다.

MCN의 주요 사업은 광고 사업과 콘텐츠 개발로 1인 미디어 플랫폼을 성장시키는 것이다. 이러한 비즈니스 모델은 스타트업 및 마케팅 종사자들에게 큰 관심을 받았는데, 시간이 흘러 광고주들에게 고민거리가 생겼다. MCN 사업 초기에 여러 성공 사례들을 탄생시키며 광고주들의 러브콜을 받았는데, 수요가 높아진 만큼 광고 단가도 함께 높아진 것이다.

초반에 1인 영상으로 시작했지만, 점점 질을 높이면서 많은 기술 장비와 스태프들이 필요해졌고, 그에 따른 제작비가 상승했다.

그러자 상승한 광고 단가와 투자비에 비해 매출은 따라가지 못하는 사례들이 다수 나오게 되었다. 결국 광고주들은 크리에이터 광고 전략에 수익성을 따지며 고심하게 되었고, 이제 대기업이 아닌 중소 기업에서는 유명 크리에이터와 마케팅 캠페인을 쉽게 진행하지 못하는 상황이 벌어졌다.

MCN 광고비의 상승으로 요즘은 아모레퍼시픽, LG생활건강, 미샤 등 화장품 기업들이 뷰티 유튜버를 직접 육성하고 있다. 화장품과 뷰티에 대한 상식뿐만 아니라 스피치 교육, 영상 편집까지 교육시켜서 내부에서 키워내고 있다. 대기업인 한화 그룹 역시 콘텐츠 크리에이터 인턴을 직접 발굴한다. 시간은 걸리더라도 내부 교육을 통해 직접 콘텐츠 제작 팀을 구성한다는 계획이다.

앞으로도 기업들은 더욱 적극적으로 다양한 콘텐츠를 제작하고 유통시킬 것이 예상된다. MCN 기업들은 새로운 비즈니스 모델을 추가로 개발하고, 빅데이터를 분석해 의미 있는 데이터들을 추출해 콘텐츠를 기획하며, 외부 파트너들과의 컬래버레이션을 통해 전체적인 시장을 더욱 크게 만들어낼 것으로 예상된다.

인플루언서, 쇼핑 업계 큰손이 되다

'인플루언서 커머스 플랫폼'은 새로운 유통의 방식이다. 소셜 네트워크 서비스를 통한 1인 유통 시장으로, 네이버 카페와 밴드, 카카오스토리, 인스타그램을 통해 쇼핑이 이루어지는 것을 말한다.

'플랫폼(Platform)'이라는 단어는 기차역의 승강장을 뜻한다. 승강장에는 다양한 지역에서 들어오고 나가는 기차가 있고, 그 속에 다양한 목적으로 이동하는 수많은 승객과 상품, 각종 서비스가 있다. 단순하게 보이는 승강장에 수많은 사람과 상품과 서비스가 원활하게 오고가는 일이 이루어지는 것이다.

비즈니스에서 말하는 플랫폼은 승강장처럼 어떤 비즈니스 모델을 통해 다수의 공급자와 수요자가 모여 공정한 거래가 이루어지고, 새로운 가치가 창출되는 환경을 말한다. 플랫폼의 핵심은 이 안에서 커뮤니티가 형성되고, 네트워크를 통해 부가가치가 형성되는 인프라를 조성하는 것이다.

우버는 운전자와 승객을 연결시켜주는 플랫폼, 에어비앤비는 숙박 가능한 집과 숙박객을 연결하는 플랫폼, 앱스토어는 어플 개발자와 어플 유저들을 연결시켜주는 플랫폼이다. 이 책에서 소개하는 인플루언서 커머스 플랫폼은 1인 미디어 채널을 가진 인플루언서와 구독자 겸 소비자가 연결된 형태를 말한다.

인플루언서는 본인을 통해 상품과 소비자가 오갈 수 있는 1인 플랫폼이 되었다. 인플루언서 커머스 플랫폼을 쉽게 표현하는 단어로, '1인 마켓', 'SNS 마켓', '세포 마켓' 등이 사용되고 있다.

앞서 설명한 MCN 사업이 주로 광고와 홍보 영역의 마케팅을 담당한다면, 인플루언서 커머스 사업은 유통을 담당한다. 새로운 유통 혁명이라 불릴 정도로 온라인, 오프라인, 글로벌 유통과 마케팅 시장에 큰 영향력을 끼치고 있다.

인플루언서들은 소비자이자 판매자가 되어 2030세대 온라인 커머스에 큰 변화를 가져왔다. 인플루언서들은 본인의 전문성을 전달하기도 하고 취향을 표현하기도 하면서 팔로워들과 긴밀한 유대관계를 형성한 후, 생산 혹은 유통을 통해 개인 마켓을 운영한다. SNS에 익숙한 세대들은 전통적인 커머스 기업보다 솔직하고 친근한 일상적인 콘텐츠와 상품에 신뢰를 표하게 되었고, 그들이 새로운 유통채널로 인정받게 되었다.

전통 유통 업계의 강자인 백화점에서 인플루언서들에게 보내는 러브콜을 보면 이들이 얼마나 성장하고 있는지 가늠할 수 있다. 파워 인플루언서 셀러들은 백화점의 팝업 스토어에서 러브콜을 받기도 하고, 일부 백화점에서는 작은 매장을 오픈해주기도 한다. 이들이 한번 움직이면 좀처럼 오프라인에 나타나지 않던 고객들도 매장에 방문하기 때문이다. 온라인과 오프라인 동시에 마케팅, 홍보, 영업에서 소비자들이 호응해주므로 백화점은 신규 이벤트에 이들을 적극 활용하고 있다. 중국, 미국의 글로벌 마켓에서도 인플루언서 커머스는 활발하게 진행되고 있고, 세계적으로 개인 유통의 영향력은 점점 더 커질 것으로 예상된다. 아직은 글로벌 시장 대부분이 각자의 내국인 대상 C2C 마켓 형성에만 머물러 있으나, 앞으로는 무역 부분에서 해외 고객들과 커뮤니케이션 및 커머스를 운영할 수 있는 글로벌 인플루언서들이 등장할 것으로 기대하고 있다.

3

그레이마켓,
인플루언서 커머스의 시작

콘텐츠와 커머스의 경계가 허물어진 시대

일명 '공구' 혹은 '마켓' 라고 불리는 SNS 커머스는 어떻게 성장했을까? 공동 구매(공구)는 처음 생긴 유통업은 아니다. 모일수록 싸진다는 의미로 예전부터 있었던 소매 형태다. 지금 인스타그램에 #공구 #마켓 #공구마켓의 태그를 검색해보면 약 400만 개의 검색 결과가 나온다. 연관 관련 태그로는 #인스타마켓 #블로그마켓 #스토어팜 등이 있다. 이 검색어의 양은 놀라운 수치로, 이러한 태그는 보통 소비자가 아닌 판매자의 태그로 사용될 경우가 많은 것을 감안하면 상당수의 공구 판매자가 있다고 볼 수 있다.

판매자가 많다는 것은 대체 무슨 의미일까? 공구 마켓을 이용하는 소비자가 많다는 뜻과 그만큼 종사하는 판매자 및 제조, 유통업자가 많은 비즈니스 공간이라는 뜻이다. 그만큼 사람이 많이 모여 비즈니스가 일어나는 유통 플랫폼이라는 것이다.

이러한 플랫폼은 언제 또 어떻게 생겨난 것일까? 나는 2000년 초부터 전통적인 유통망인 백화점 사업부에 속해 일을 시작했고, 2000년 중후반 트위터부터 시작해 SNS라는 새로운 개념의 소셜 네트워크 서비스를 접할 수 있었다. 당시 로레알에 근무할 때, 전문 에이전트들과 공부해가며 이러한 플랫폼을 마케팅에 어떻게 활용해야 하는지 세미나를 진행하기도 하고, 실제로 업계 최초로 네이버 블로그 마케팅을 시작했다. 당시는 유통과 콘텐츠가 명확히 분리되어 각자의 전문 영역을 구축하던 시기였고, 온라인 유통 이커머스가 막 성장을 시작하던 초기 단계였다. 콘텐츠와 커머스의 경계가 허물어진 지금의 형태는 감히 상상할 수 없었다.

네이버의 힘, 파워 블로거라는 새로운 계급

2000년대에는 네이버의 콘텐츠가 폭발적으로 성장하면서 좋은 콘텐츠들이 생산되어 새로운 마케팅 성공 사례들을 만들어왔고, 그 후 '파워 블로그'라는 제도가 생기면서 블로거들이 질적, 양적 성공을 누려왔다. 네이버 콘텐츠 시장이 확장된 이후에는 파워 블로그 제도에서 많은 문제점들이 발생하면서 그 제도가 사라지게 되었다.

자발적 콘텐츠를 생산하던 초창기의 파워 블로거들은 경제적 보상과 함께 많은 혜택을 받았다. 이를 바라보던 많은 사람들이 파워 블로거가 되기 위해 시장에 진입하는 바람에 네이버 콘텐츠의 질은 떨어졌고, 광고와 홍보의 경계가 무너지며 이제 네이버 블로그의 글은 거르고 본다는 사람들이 많아졌다.

2010년대로 들어오며 네이버 블로거의 숫자는 많이 커졌는데 콘텐츠의 힘은 예전보다 많이 약해졌고, 소수의 블로거들이 스몰 비즈니스를 시작하는 형태를 보였다. 패션, 뷰티, 여행 콘텐츠를 다루던 라이프스타일 여성 블로거들이 많아졌고, 이들의 스타일을 워너비로 삼는 많은 이웃들이 늘어났다. "그 옷은 어디서 구매하나요?"라는 댓글들이 많아지며, 소수의 발 빠른 블로거들이 동대문 시장에서 의류를 구매해 판매하기 시작했다.

블로그 이웃들은 라이프 속에 담긴 자연스러운 스타일에 열광했고, 이런 사람들에게 전국, 혹은 전 세계에 판매할 수 있는 조건이었기 때문에 스몰 비즈니스가 점점 커질 수 있었다. 처음에는 동대문 도매시장에서도 블로거들에게 상품을 공급하는 것을 거부하거나 무시하던 일이 있었지만, 점점 커지는 수량에 유명 블로거들은 광고 협찬을 받던 수익보다 훨씬 더 큰 소매 수익을 얻을 수 있었다. 대학 시절 구두 쇼핑몰을 꿈꾸던 나는 수많은 동대문 도매시장을 밤새 돌아다닌 기억이 있어, 이러한 패션 소매업의 흐름이 나름 이해가 되었다.

파워 블로거에게 화장품을 구매하다

2013년 퇴사 후 뷰티 편집숍을 오픈했을 당시, 다소 이해하기 힘든 화장품 유통 경로를 발견하게 되었다. 어느 블로거가 마스크팩을 1만~3만 장을 판매하고 있다는 내용이었다. 그리고 다른 블로거는 고급 에스테틱에서만 구매할 수 있는 프랑스 에스테틱 화장품을 저렴한 가격으로 블로그 이웃들에게 판매하는 것이 아닌가! 모범생 같은 유통업에만 종사하던 나에게 이러한 유통망은 '도대체 어떻게 공급되는 것인가?'에 대한 강한 의문을 불러왔다.

의류의 도매시장은 동대문이다. 이 정보는 검색만 해봐도 알 수 있어서 어렵지 않게 찾아낼 수 있다. 그러나 화장품은 그렇지 않다. 화장품은 도매시장이 명확히 형성되어 있지 않고, 해당 브랜드의 도매업을 하는 사람들을 찾으려면 업계 종사자도 그리 쉬운 일은 아니다. 다행히 답을 찾는 데 오래 걸리지 않았다.

2014년 세월호 사건, 2015년 메르스라는 국가적인 큰 일이 터지며 오프라인 에스테틱 비즈니스에 상당한 손실이 발생했다. 세월호 사건 당시 국가적 슬픔이 상권에도 영향을 주어 이미용 부분에서는 상당 부분 매출이 빠졌다. 에스테틱이라 불리는 피부관리숍 고객들의 발길도 줄어들었다. 다음해 메르스 사태 때는 사람들이 외부 외출을 자제하며 침체가 더 심해졌다. 또 이커머스가 급성장하며 온라인 전용 가성비 높은 화장품들이 탄생하고, 올리브영 같은 드러그스토어(Drugstore)가 성장해 셀프 케어가 시작되면서 전통적 에스테틱 시장은 큰 어려움을 겪었다. 프랑스 에스테틱 브랜드인 드끌레

오(Decleor), 딸고(Thalgo), 피토메르(Phytomer) 등의 제품들이 일부 유통업자들을 통해 암암리에 오픈마켓에 판매되기 시작하고 블로거들에게 공급되면서 시장의 가격은 급격하게 무너졌다.

초기 블로그 마켓은 비밀 댓글로만 판매가 되었고, 셀러들이 무분별하게 가격 경쟁을 하며 어디에서 얼마에 판매가 되는지 트래킹되지 않는 상태에서 온오프라인 간 경쟁과 서로간의 싸움이 심각해졌다. 그러는 동안 최저 가격선은 무너져 본사 입장에서도 난감한 일들이 벌어지면서, 브랜드 가치가 심각하게 훼손되었다.

반면 고객들은 열광했다. 그동안 고급 관리숍에서 판매하는 제품에 대한 궁금증과 입소문은 있었으나 구매가 어려웠는데, 관리숍보다 싼 가격으로 블로그 공동 구매를 해준다니! 삽시간에 에스테틱 화장품의 블로그 마켓 공구 시장은 커졌고, 다양한 해외 수입 에스테틱 브랜드들이 시장에서 유통되기 시작했다.

그러고는 홈 에스테틱 트렌드로 이어져, 고급 관리숍에서 받던 스킨 케어를 집에서 셀프로 하는 제품과 케어 노하우가 메가 뷰티 트렌드를 만들었다. 이러한 트렌드가 만들어낸 메가 히트 아이템이 1일 1팩의 열풍, 마스크팩과 고급 앰플이다.

초창기 블로그 마켓에서 유통되던 뷰티 브랜드들은 인기를 얻음과 동시에 너도나도 판매하여 최저 가격선이 급격히 무너지면서, 브랜드 가치가 낮아지는 악몽을 경험했다. 도매 유통사마다 비표도 표시하고 공급 중단 등 나름의 방법을 강구했지만 시장에서 엉망이 되어 버려지는 일이 쉽게 일어났다. 발 빨랐던 국내의 제조사는 한 블로거와 계약을 맺어 바이오셀룰로오스라는 특수 마스크팩을 판매하기 시작했고, 그 판매량은 점점 커졌다. 바이오셀룰로오스는 일명 '세컨 스킨'이라 부를 만큼 피부에 밀착감이 탁월한 코코넛 발효 시트로, 일반 면 시트와는 다르게 피부 치료를 도울 만큼 효능, 효과를 줄 수 있는 마스크팩이다. 의료 시장에서도 사용될 정도로 마스크팩 업계에서 주목받던 아이템이지만 치명적인 단점이 있었으니, 원가가 비싸다는 점이었다. 그러나 제조사에서 블로거에게 직접 공급하다 보니 많은 유통 및 마케팅 비용이 절감되어, 아주 싼 가격에 판매가 가능했다. 제품은 즉시 고객들에게 큰 호응을 얻었다. 화장품 업계에서는 이 특수 소재의 시장성에 한계를 예상했는데, 지금도 그 블로거는 바이오셀룰로오스로 고객들에게 큰 사랑을 받고 있으며, 업체는 이를 발판으로 어엿한 기업으로 성장했다.

시작은 작게, 성공은 크게

인플루언서 커머스 비즈니스의 시작은 초라했으나 끝은 창대했다. 초창기 업계의 사람들은 블로그 마켓을 그레이 마켓(Gray Market, 암시장)이라 표현했다. 그리고 곧 사라질 것이라고 예상했다.

나는 매년 화장품 업계에서 가장 큰 유통 세미나에 참석하는데, 불과 2~3년 전까지도 인플루언서 마켓에 대한 유통 지표도 없었고, 그런 유통 시장이 있다는 것을 인지하지 못했다. 중국 왕홍 시장에 대한 관심은 많았지만, 한국에는 관심이 덜했다. 하지만 최근 유통

부분 이슈가 크게 다뤄지며 콘텐츠와 커머스의 결합 형태에 많은 기업들이 큰 관심을 보이고 있다.

유행의 시작과 시장이 진화했던 역사를 보면 일부 소수의 인물로부터 그리고 유통 피라미드의 바닥부터 시작된다. 해방 후 깡통시장에서 유통되던 '동동구리무'가 지금의 아모레퍼시픽을 만들었고, 미군 부대 PX 제품들이 암시장으로 나와 남대문에 활력을 불어넣었다.

미샤의 시작은 시장에서 판매하는 3,300원짜리 립스틱이었고, 스타일난다의 시작도 의류 쇼핑몰에서 판매하던 '저렴이 립' 제품이었다. 인플루언서 커머스도 초창기 화장품계 암시장으로 불리며 성장통을 겪었지만 인스타그램이 거대한 쇼핑몰로 성장할 수 있도록 시장을 팽창시킨 주요 동력이었다.

인플루언서 커머스는 인스타그램을 통해 한 번 더 성장했고, 다양한 카테고리 제품들이 론칭되면서 양적, 질적 성장을 이루었다. 많은 경험들이 축적되어 지금은 성숙한 시장의 형태로 발전했고, 이전처럼 브랜드 가치를 망치는 경우는 극히 드물어졌다.

스몰 비즈니스로 시작된 인플루언서 마켓이 이제는 국내 이커머스 업계에서 한 영역을 당당하게 차지할 만큼 성장했다. 여전히 성장 가능성이 무궁무진한 이 새로운 유통 시장은 지금이라도 시작해야 할 만큼 중요해졌다. 1인 기업도, 중견기업도, 대기업도 새로운 시장의 탄생에 지금이라도 동참하여 성공 사례를 만들어보자.

4

파워 블로거에서 파워 셀러로 성장한 3인의 이야기

미디어 권력의 달콤한 맛

IT 강국인 우리나라는 네이버와 블로그 서비스를 통해 정보의 홍수를 경험했다. 초기 네이버에는 유용한 콘텐츠가 부족했으나 사용자들이 많아지면서 본인만의 스토리가 담긴 블로그, 한 분야에 깊은 관심을 가진 블로그가 늘어나 좋은 콘텐츠들이 생성되었다. 1인 매거진처럼 이미지와 콘텐츠를 생성하고, 발 빠르게 소식을 전하는 작은 신문사의 역할도 해냈다.

검색이 늘어나며 블로거들은 좋은 콘텐츠로 대중들의 신뢰를 얻게 되었고, 네이버는 이들 중에 영향력 있는 이들을 후원하는 파워 블로그 제도를 시행했다. 이후 이들은 네이버라는 신뢰를 등에 업고 영향력을 더 키웠으며, 파워 블로거는 어느새 워너비 직업 중에 하나로 떠올랐다. 파워 블로거는 미디어 권력을 갖게 되었고, 광고 협찬 수익이 크게 늘어났다. 공짜 여행, 공짜 음식, 공짜 화장품을 받았다는 소문은 금방 기사화되고, 조용히 협찬으로 이루어지던 콘텐츠가 대가성 광고라는 문구를 표기해야 하는 의무를 갖게 되었다.

네이버 블로그의 광고, 홍보 시장이 점점 커지며 수익을 위한 블로거들이 대거 등장했고, 파워 블로거가 되기 위한 교육과 마케팅이 인기를 끌었다. 그러나 아이러니하게도, 블로거들이 많아져 경쟁이 치열해지고 광고성, 낚시성 어뷰징(Abusing) 콘텐츠들이 많아지며 차츰 신뢰를 잃어갔다.

콘텐츠로 승부를 걸고 광고 수익을 내던 파워 블로거들이 셀러로 변신한 것도 2010년도 즈음이다. 평범하게 주부로서의 일상과 육아 이야기를 하던 블로거, 본인이 좋아하는 맛집, 화장품을 리뷰하던 블로거가 새로운 기회를 만들어 비즈니스를 창조해낸 것이다.

깊은 열정과 에너지의 파워 블로거에서 파워 셀러로 변신한 이들 가운데는 특히 여성이 많다. 경력단절여성, 취업준비생, 투잡으로 시작해 파워 셀러가 되어 프로페셔널한 비즈니스 우먼이 된 이들에게서 배울 점도 많다.

네이버에서 콘텐츠를 만들어 파워 블로거가 된다는 것은 기본적인 성실함과 소통 능력, 새로운 콘텐츠를 발굴하는 기획력이 대단한 능력자라는 뜻이다. 이 세 가지 능력을 지금까지 이어온 사람들은 더욱 훌륭하다. 그간 대부분의 블로거들이 사라진 것을 생각하면, 10년 넘게 이 자리를 지킨 이들의 내공이 얼마나 깊은지 짐작할 수 있다. 이들의 성장 사례를 통해 플랫폼을 오랫동안 운영할 수 있는 노하우를 들여다보자.

주부들의 새로운 직업, 블로그 공동 구매

지금도 가끔 눈여겨보는 블로그가 있다. '문성실의 심플 레시피'다. 문성실은 2006년 블로그를 시작하여 현재 17만 명의 이웃이자 구독자를 두고 있다. 주부로서 요리 레시피를 주제로 하는 1세대 파워 블로거이며, 블로그 공동 구매라는 이커머스를 처음 오픈했다.

네이버 블로그라는 새로운 형태의 공동 구매를 운영하던 그녀는 2011년 공정거래위원회로부터 세금 조사 및 과태료를 부과받았으며, 이때 처음으로 블로거들의 탈세 뉴스가 기사화되기 시작했다. 이 당시에는 블로거들이 사업자등록증 없이 현금을 유도하며 탈세를 저지르는 경우가 많았다. 업체들의 대가를 숨기는 일도 많았는데, 이 사건 이후로 블로거들의 대가성 확인 문구, 예를 들어 "업체로부터 소정의 원료고를 받았습니다" 혹은 "업체로부터 제품을 지원받았습니다" 등을 필수적으로 표기하게 되었고, 공동 구매에는 사업자 등록증과 통장 거래 내역이 세무 신고 대상이 되었다.

사회적 이슈 거리가 생겨나긴 했지만, 지금까지 유통업체들에서 러브콜을 보내는 이유는 문성실이라는 블로그 고객들이 여전히 구매 파워를 가지고 있기 때문이다. 현재는 '푸드샵'이라는 쇼핑몰을 운영하며, 콘텐츠는 블로그로, 구매는 사이트로 이원화시켜놓았다. 중간에 고객들의 신뢰를 잃는 사건이 있었지만, 꿋꿋하게 오랜 시간 하나의 스토리를 만들어놓은 블로그는 현재까지 고객들과 끈끈한 유대 관계를 형성하고, 여전히 파워 블로거 역할을 하고 있다.

살림의 여왕, 유통의 여왕이 되다

또 다른 1세대 파워 블로거 '띵굴마님'은 온라인에서 오프라인으로 성공적으로 진출한, 인스타그램으로 플랫폼 전환에 성공한 케이스다. 네이버 '그곳에 그 집'이라는 블로그로 12만 명의 이웃이자 구독자를 가진 띵굴마님은 매일 집으로 출근하는 주부이자 엄마, 살림의 여왕이다.

그녀는 블로그에 인테리어, 직접 의뢰하여 제작한 가구와 소품에 대한 정보들을 올렸는데, 어느 순간 주부들의 폭발적인 관심과 문의를 받게 되어 살림 및 쇼핑 정보에 대해 공유하기 시작했다고 한다. 띵굴마님은 특정 브랜드의 협찬을 절대 받지 않는 것으로 유명하고, 이런 솔직한 리뷰로 이웃들의 신뢰를 얻었다. 다양한 살림살이에 대한 정보와 관심, 솔직한 소통, 주부들이 롤 모델로 삼고 싶어 하는 손재주는 띵굴마님이 꾸준히 성장하는 원동력으로 보인다.

띵굴마님은 네이버 블로그에만 성공한 것이 아니라 인스타그램에서도 10만 명의 팔로워를 보유하고 있는 인플루언서다. 보통 플랫폼을 이동하면 각 SNS에 맞는 문법을 이해하지 못해 쉽게 안착하지 못하고 사라지는 일이 많은데, 띵굴마님은 인스타그램만의 문법을 완벽히 이해하여 담백하면서도 정갈한 이미지와 따뜻한 스토리로 팔로워들의 마음을 사로잡았다.

무엇보다도 성공이라 말할 수 있는 부분은 '띵굴시장'일 것이다. 매해 분기별로 한 번씩 띵굴시장을 열어 판매자와 소비자가 만나는 공간을 마련하여 축제처럼 즐기고 있다. 플리 마켓 형식인데 100여 개가 넘는 브랜드와 수만 명의 소비자들이 방문하며 매해 그 규모가 커지고 있다. 오프라인 시장이 끝나면 온라인 띵굴시장을 오픈하여 방문이 어려운 고객들이 집에서 쇼핑을 즐길 수 있는 옴니채널을 운영한다.

보통 플리 마켓을 홍보한다고 한다면 그 이벤트에 대한 홍보에 집중을 하는데, 띵굴시장은 다르다. 100여 개가 넘는 브랜드와 제품을 정성껏 소개한다. 띵굴마님 본인이 "정말 좋아하는 브랜드를 한자리에 모아 판매자와 소비자 모두 즐겁게 어울리는 자리를 마련하고 싶다"라는 진심을 전달하는 모습이 소비자들을 더욱 끌리게 만든다. 또 수익금의 일부를 홀트아동복지회에 기부하고, 홀트를 통해 공개 입양한 이야기를 이웃들에게 솔직하게 공유하며 엄마들의 공감을 얻었다.

2019년 띵굴시장은 '띵굴스토어'로 새로운 변신을 시도하고 있다. 세 번째 라이프스타일 편집숍 매장까지 오픈하며 새로운 플랫폼으로 성장하고 있다. 브랜드와 사람, 그들을 위한 새로운 공간으로 확장하는 것을 보면 콘텐츠 플랫폼에서 커머스 플랫폼으로, 또 공간 플랫폼으로 성장하고 있는 모습을 볼 수 있고, 향후에도 새로운 라이프스타일 플랫폼으로 지속 성장할 것이라 생각한다.

무너지지 않는 1일 1콘텐츠의 힘

에스테틱 화장품을 블로그로 구매해본 사람들에게 '스킨이즈굿(skin is good)'은 대명사처럼 불릴 때가 있었다. 그 시작은 3만 명의 이웃을 가진 '베로니카의 소소한 일상'이라는 블로그였다. 처음에는 여행, 맛집 등의 블로그로 시작하여, 2014년부터 에스테틱 화장품 사용 후기와 함께 판매를 시작했다. 에스테틱에서 일하는 친한 언니를 통해 베로니카의 이웃들에게만 30~60% 할인가로 구입하게 도와줄 수 있다고 하자, 비밀 댓글이 몇백 개가 달렸다. 에스테틱 화장품은 비밀에 싸인 상품과 사용 노하우가 있었는데, 이를 블로그에 하나하나 자세히 풀기 시작했고, 궁금해했던 이웃들이 비밀 댓글을 통해 제품을 구매하기 시작했다.

이후 '스킨이즈굿'이라는 쇼핑몰 사이트를 오픈해 블로그에서 콘텐츠를 보고, 사이트에서 구매를 할 수 있도록 시스템을 만들었다. 몇 년간 에스테틱 화장품은 홈케어 트렌드로 붐이 일어나며 구매가 폭발적으로 늘어났고, 진짜 효과 있는 스킨케어 제품을 구매하는 사이트로 유명해졌다.

이후 '라뮤즈'라는 자체 브랜드를 론칭하고, 홈쇼핑에 진출하며 법인으로 전환되었다. 지금도 수입 브랜드 유통뿐만 아니라 자체 브랜드들도 운영하고 있다. 스킨이즈굿의 블로그를 지금도 눈여겨 보는 이유는 콘텐츠를 제작하는 그 꾸준함이 대단하기 때문이다.

이제는 인스타그램과 유튜브 등 새로운 스타일의 플랫폼이 생겨나고 있지만, 스킨이즈굿의 블로그만큼은 예전 그대로 아주 디테일한 데일리 뷰티 노트를 발행하고 있다. 매일 새벽 조간 신문을 배달하는 것처럼 매일 콘텐츠를 발행한다는 것은 상당히 어려운 일이다. 그럼에도 불구하고 꾸준하게 지켜나가는 것을 보면, 여전히 파워 블로그이자 앞으로 어떤 플랫폼이 등장해도 넘어지지 않을 것 같은 견고함을 느낄 수 있다.

플랫폼이 변화할 때 대부분의 사람들은 새로운 형식에 적응하지 못하고 도태되었으나 이들은 살아남았다. 네이버에서 시작된 세 명의 파워 블로거는 여전히 소비자들에게 영향력을 끼치는 인플루언서로 활동하고 있다. 새로운 물결이 다가오면 그 파도에 몸을 맡기고 새롭게 재탄생해야 성장할 수 있다. 성장하는 사람들은 작은 구멍도 놓치지 않고, 100가지 새로운 시도에 1가지 성공하더라도 끊임없이 새로움을 추구한다. 한번 반짝 나타났다 사라지는 것이 아니라 오랫동안 지속적인 성장을 할 수 있는 방향으로 나아가야 미래가 있다. 기업도 사람도 꾸준하게 새로운 것을 배우고 매일 실천해야 성공을 경험할 수 있다.

5

인스타그램 뷰티 셀러들의 성장 스토리

거대한 화장품 쇼핑몰이 된 인스타그램

한 장의 사진으로 팔로워의 마음을 사로잡는 인스타그램 콘텐츠는 감각적인 사진 한 장에 모든 마케팅이 동원된다. 초기의 인스타그램은 특히 패션과 뷰티, 여행과 관련되어 프리미엄 라이프를 즐기는 여성 유저들에 의해 성장해왔다. 마치 연예인의 화보를 보는 듯한 패션 스타일과 자연스러운 뷰티 셀카는 많은 설명이 필요 없이 한 컷의 사진으로 팔로워들의 마음을 사로잡았다.

인스타그램 커머스가 꽃을 피우며 시장을 성장시킬 수 있었던 카테고리는 단연 뷰티, 화장품 부분이었다. 옛날 동네마다 엄마들의 참새방앗간이었던 종합 화장품 매장이 이제 모바일 속으로 들어왔다. 8, 90년대에는 동네마다 종합 화장품 소매점들이 있어, 그 가게 언니가 동네 엄마들에게 질 좋은 화장품을 추천해주고, 10만 원 이상 사면 가겟방에서 마사지 서비스를 1회씩 해주곤 했다.

한번 바르면 주름이 쭉 펴진다는 독일산 영양크림, 피부가 매끈해 보이는 일본산 파운데이션 등 화장품 가게 언니가 좋다고 추천하면 그대로 믿고 쓰던 시절이었다. 그러나 90년대 백화점이 성장하고 2000년대 미샤, 더페이스샵 등 저렴한 원브랜드 숍이 유행하며, 동네 곳곳에 아모레퍼시픽이 운영하는 화장품 매장이 들어서면서, 추억의 종합 화장품 매장들은 점차 사라지게 되었다.

화장품은 상담사 혹은 컨설턴트가 판매에 매우 중요한 역할을 맡는다. 어떤 이유로 개발되었는지, 얼마나 질 좋은 원료가 사용되었는지, 연구를 얼마나 오랫동안 해온 제품인지 등등 디테일한 스토리가 꼭 필요한 제품이기 때문이다. 그래서 백화점처럼 고급 화장품을 판매하는 유통에서 뷰티 어드바이저(Beauty Advisor)라고 불리는 매장 직원들은 많은 교육을 받고, 고객들에게 상담해주는 노하우가 매우 중요한 경력이 된다.

백화점의 화려하면서도 단정한 뷰티 어드바이저들의 그루밍(Groomimg: 헤어와 메이크업으로 손질하고 꾸미는 것) 실력은 연예인 뺨치는 수준이다. 이러한 상담 스킬과 완벽한 그루밍을 통해 이들은 여성 고객들에게 인정받고 신뢰를 얻는다. 이렇듯 뷰티 제품을 판매한다는 일에 상담 여성의 역할은 매우 중요하다.

뷰티 제품 판매에 큰 영향을 끼치는 또 다른 여성상은 바로 여배우, 연예인들이다. 유명 여배우 혹은 가수가 사용한 립스틱은 '○○○ 립스틱'으로 불리며 큰 히트를 치는가 하면 여배우들이 건조한 차 안에서 사용한다는 마스크팩은 1일 1팩 열풍을 이끌었다. 또 비비크림의 시작은 청담동 여배우들의 민낯 비밀에서 시작되었고, 얼굴이 건조해지지 않도록 수시로 뿌린다는 미스트는 한국 여성들이 꼭 가져야 하는 '머스트 해브 아이템(Must Have Item)'이 되었다.

리얼 뷰티 라이프의 아이콘이 되다

친절한 상담과 유명인의 리얼 뷰티 케어 노하우 공개. 이 두 가지는 화장품 판매에 절대적인 두 영역인데, 그 역할을 이제는 많은 인플루언서들이 담당하고 있다. 많은 여성들의 워너비인 유명 인플루언서가 본인만의 뷰티 노하우를 전달하면 곧바로 폭발적인 반응이 일어난다. "피부 트러블이 났을 때 관리숍 원장님의 노하우를 전수받아 홈 케어를 해봤더니 이렇게 좋아졌어요"라는 리얼 뷰티 스토리가 인스타그램 팔로워들에게 신선하게 다가오는 것이다. 실제로 유명 뷰티 인플루언서들은 브랜드 교육 및 화장품 임상, 원료와 테크닉을 열심히 배우고 공부해 이를 팔로워들에게 전달하며 전문가로 성장하고 있다.

고객이 된 팔로워들은 일명 '믿고 쓰는 화장품'을 인플루언서 뷰티 셀러에게 구매한다. 그리고 자신이 워너비로 생각하는 셀럽 언니가 1:1로 친절하게 카톡 상담을 해주며 신박한 제품과 노하우를 전달해준다. 고객들은 크게 감동한다. 뷰티 셀러들은 모델이자 카운슬러의 역할을 동시에 맡으며 소통의 달인으로 고객들의 마음을 이런 식으로 사로잡았다. 자연스럽게 소통하며 고객들과 공유하는, 지금의 트렌드에 딱 맞는 마케팅 노하우는 글로 배운 것이 아니라 스스로 깨우쳐서 진화하는 과정을 보여주었다.

인플루언서 커머스 마켓에서는 특히 에스테틱 화장품의 스킨케어 카테고리가 급성장했다. 대부분의 인플루언서들은 과한 메이크업이 아닌, 거의 '생얼'에 가까운 피부 표현을 보여주었고, 본인만의 패션 스타일과 맛집, 여행 등을 공유했다.

한국 여성들만큼 생얼에 공을 들이고, 생얼에 투자하는 나라는 없다. K-beauty의 중심에는 한국 여성들의 어려 보이는 동안 피부와 마치 생얼인 듯 생얼이 아닌 메이크업 기법이 자리한다. 한국 여배우들은 실제 민낯도 동안 피부지만, 드라마 속 얼굴도 거의 본연의 얼굴인 것 같은 투명하고 자연스러운 메이크업을 한다.

이러한 속성이 뷰티 인플루언서들에게도 동일하게 적용되어 스킨케어 노하우가 큰 관심을 받고, 메이크업도 스킨케어 기능성이 가미된 피부 표현 제품들이 인기를 얻었다. 전 세계의 관심을 받는 한국 여성의 동안 피부 비결을 뷰티 셀러들이 리얼 라이프로 보여주며 좋은 가격의 프로모션으로 제공하고 있다.

반면 영상으로 본인의 뷰티 케어 노하우 콘텐츠를 만들어내는 유투버들은 메이크업 카테고리에 주력하고 있다. 영상으로 보여줄 수 있는 시각적 다양성이 중요하기 때문이다.

새로 쓰는 완판의 신화

처음 작은 중소 유통업체에서 시작했던 인플루언서 커머스가 한 단계 성장했음을 보여준 사례는 2017년 아모레퍼시픽에서 진행한 '소셜 셀러' 컬래버레이션이었다. 그동안 크리에이터 협찬 광고를 주로 하던 대기업에서 뷰티 셀러와 공동 프로모션을 하는 경우는 많지 않았는데, 유명 뷰티 셀러인 '고밤비'와 함께 아리따움 립스틱 팔레트 500세트를 한정 판매해 3분 만에 완판시킨 것이다.

그 뒤 아모레퍼시픽은 일부 뷰티 셀러들과 함께 소셜 셀러 프로모션을 진행하며, 이니스프리 프로모션 사이트로 이들을 유입시켰다. 이후 기업들은 유튜브 크리에이터와의 컬래버레이션만이 아니라 뷰티 셀러와 셀링 프로모션을 할 수 있는 사업적 기회를 알게 되었고 다양하게 시장을 확장시켰다.

뷰티 셀러들은 네이버 블로그에서 2014년 인스타그램으로 옮겨

아모레와 컬래버레이션에 성공한 인플루언서 커머스 출처: 아리따움

오면서 새로운 얼짱 시대를 열어 소매업에 활기를 불어넣고, 새로운 직업과 창업의 길을 만들어냈다. 초반에 이들은 직장 생활을 병행하기도 하고 경력이 단절되었던 주부들도 시작하는 등 스스로의 길을 만들고 시장을 형성했다.

그동안 내가 만나왔던 많은 뷰티 셀러들은 까다롭게 상품을 선택하고 고객들과 정성스럽게 진심으로 소통하며 한 장의 사진에도 심혈을 기울이는, 그 누구보다도 치열하게 시간을 다퉈가며 일하는 프로들이었다. 존경스러울 정도로 열정과 노력을 다하며 본인만의 모바일 스토어를 가꾸어나가는 진정한 판매자라 할 수 있었다.

지금은 2018년을 기점으로 유명 셀러들이 본인만의 기업으로 성장해 법인화한 모습을 볼 수 있다. 빠른 시간에 간이 사업자에서 일반 사업자로, 법인 사업체로 성장하는 그들을 보면 시장 규모를 예상할 수 있다. 지금은 성숙된 시장의 CEO들로 본인들의 정체성을 확립하고 브랜드로 성장해나가고 있다.

고객의 입장에서 본다면 이보다 더 재밌는 쇼핑 엔터테인먼트가 없을 정도로 인플루언서들은 쇼핑에 즐거움을 더했다. 그것이 자본으로 이루어진 광고가 아니라, 스스로 만들고 진화시켜온 점이 이 시장의 매력이자, 앞으로도 성장 가능성이 무한할 것이라고 예상되는 부분이다.

6

인플루언서가 만든 파워 뷰티 브랜드

소비자와 함께 만드는 화장품

새로운 시장은 새로운 성공 사례를 만든다. 인스타그램으로 꽃피게 된 뷰티 시장은 새로운 히든 챔피언들을 탄생시켰다. 뷰티 셀러들은 화장품 유통으로 커머스를 처음 시작하여, 제조하는 수준까지 발전하며 새로운 브랜드로 시장에 활력을 만들어냈다.

발 빠른 제조사들은 직접 뷰티 셀러들에게 ODM(Original Development Manufacturing: 제조업자 개발 생산) 혹은 OEM(Original Equipment Manufacturing: 주문자 상표 부착 생산) 제안을 하며 시장을 키웠다.

제조사와 판매자 간의 간격이 좁아지자, 유통 마진과 중간 관리비가 빠져 소비자 판매 가격을 많이 내릴 수 있었다. 가격과 프로모션뿐 아니라, 인플루언서의 뷰티 라이프스타일이 새로운 콘셉트의 화장품을 탄생시키고 있다. 이는 화장품을 개발하는 단계가 기존의 전통적인 화장품 회사와는 달랐기 때문에 가능한 일이다.

전통적인 화장품 회사에서 공급자 주도 형태로 새로운 소재와 형태, 디자인을 연구하며 새로운 콘셉트의 화장품을 개발한다면, 뷰티 셀러들은 소비자 주도로 제품을 개발한다. 본인의 라이프를 먼저 공개하고, 고객들의 니즈가 무엇인지 끊임없이 소통하고, 물어보고, 피드백을 받아 마치 고객과 함께 공동 개발을 하듯 콘셉트를 만들어간다.

어떤 피부 문제가 있는지 묻고, 어떤 상품이 나왔으면 좋겠는지, 어떤 디자인이 마음에 드는지 물어보는 과정들은 고객들에게 마치 자신이 참여해 개발한 듯한 소속감을 들게 했다. 미리 함께 샘플 테스트도 해가며 나오기만을 함께 기다리는 모습은 기존 개발 방식과는 순서가 반대였지만, 역으로 론칭과 동시에 완판이 되는 새로운 기록들을 만들어냈다.

뷰티 셀러들의 바잉 파워가 대단한 점은 화장품 최소 생산 수량은 일반인이 감당하기에는 어려운 수준인데, 이들에게는 충성고객(Loyal Customer)들이 있었기 때문에 이런 수량의 소화가 가능하다는 점이다. 게다가 1차 판매 후 고객 반응이 좋을 경우 품절에 품절이 이어져, 제조사도 놀랄 정도의 규모로 성장한다. 이러한 재고 리스크를 감당할 수 있는 인플루언서들이 늘어나고 있다.

글로벌 브랜드로 성장하는 인플루언서 뷰티 브랜드

인플루언서와 히트 제품은 온라인에서 큰 인기를 얻자 보수적이고 전통적인 백화점 화장품 섹션에서도 팝업 스토어를 얻으며 오프라인으로 진출하기 시작했다. 그 시작은 자연주의 화장품 콘셉트의 '그라운드플랜'이다.

100% 물 타지 않은 미스트로 출발한 그라운드플랜은 약국 화장품을 표방하며, 가족 중심의 스토리로 고객들의 큰 사랑을 받고 있다. 중국에서도 큰 인기를 얻으며, 한때 신사동 매장에서는 중국인들이 캐리어로 사간다는 이야기가 나돌 정도였다.

'알루미늄 용기 미스트'로 유명해진 그라운드플랜은 '바리에디션(구 바가지머리)'에서 시작된 1세대 온라인 의류 쇼핑몰이 출발점이다. 세 자매가 운영하며 오랫동안 고객들과 SNS를 통해 소통하면서, 뷰티와 패션이 시너지를 이룬 좋은 비즈니스 모델이 되었다.

브랜드 모델인 동생의 희고 고운 피부에 대한 고객들의 관심과 언니의 임신으로 가족들이 함께 사용할 화장품을 고민하며 탄생시킨 첫 제품이 미스트였다. 아토피 피부에도 효과가 있다는 입소문을 만들어낼 정도로 히트를 쳤다.

또 모던하고 심플한 패키지가 현재의 디자인 트렌드와 잘 맞아 인스타그램 초반 히트 상품이 되었다. 브랜드 공식 계정에는 팔로워들이 잘 모이지 않는다는 불문율이 있음에도 6만 명 이상의 팔로워들이 모여들었고, 모델의 계정은 18만 명이 넘는 메가 인플루언서다. 그라운드플랜은 이러한 SNS의 인기를 통해 백화점의 작은 매장 팝업으로 시작해 정규 매장까지 발전하하게 되었고, 지금은 자연주의, 가족 중심주의를 표방하는 단단한 브랜드로 성장하고 있다.

소통은 나의 힘

또 다른 소통의 여왕이라 불릴 수 있는 의류 쇼핑몰 '핑크시크릿'의 박현선 대표는 '라비앙 코스메틱'을 론칭했다. 2005년 싸이월드부터 시작된 그녀의 소통 능력은 14년이 지난 지금도 더욱 발전하고 있다. 이미 오랫동안 오피스룩 스타일로 여성들의 사랑을 받고 있었던 박 대표는 인스타그램에 오면서 더욱 활발하게 고객들과 소통한다. 의류 쇼핑몰, 화장품 론칭, 발레리나로서의 역할이 다양함에도 수시로 인스타그램 라이브를 통해 13만 명의 팔로워들과 쌍방향 소통을 하는 모습은 대단할 정도다.

'니들 패치(Needle Patch)'라는 다소 생소하고 어려운 제품을 성공으로 이끌면서 화장품 시장에 새로운 히든 챔피언이 된 라비앙 코스메틱은 30~40대를 위한 안티에이징 카테고리에서 큰 사랑을 받고 있고, 홈쇼핑에서도 성공적인 안착을 했다.

니들 패치는 피부과에서 맞는 주름 개선 주사를 콘셉트로 상용화한 제품이다. 고농도 유효 성분 자체를 마이크로 니들(Micro Needle: 유효 성분을 인체에 전달하는 미세한 침) 형태로 고형화해 패치로 만들어 피부 개선 효과를 주는 제품인데, 사실 고객들을 이해시키기 쉽지 않은 제품이다. 가격도 다소 높고, 사용 방법도 유의점들이 있어 전문적인 상담이 필요한 제품군에 속한다고 할 수 있다.

그러나 다소 어려운 제품을 선택한 이유도 오랜 내공을 통해 고객들과 소통을 해온 자신감에서부터 나왔으리라 생각된다. 오랫동안 연구되어온 좋은 제품이 고객들에게 잘 전달될 수 있었던 것이 인플루언서의 소통 능력으로 화장품 시장 전반에 좋은 시그널이 작용한 것이라 볼 수 있다.

한국 여성의 동안 비밀

인스타그램에서 일명 '물광 언니'로 대표되는 브랜드가 있다. '티르티르'라는 이름의 이 브랜드는 꾸준하고 일관되게 물광 피부를 표현해주는 제품들을 선보이고 있다. 반짝반짝 빛나는 물광 피부를 인스타그램을 통해 보여주며 늘 수분이 부족한 한국 여성들의 사랑을 받아오고 있는 브랜드로, 최근 중국에도 론칭되었다.

한국 여성들의 스킨케어에서 수분이란 동안 피부에 빠질 수 없는 핵심 포인트다. 사계절이 건조할 수밖에 없는 환경에 노출된 한국 여성들은 수분 관리에 최선을 다한다. 물광이라는 단어는 해외에서도 'Mulgwang'이라 표현되며 K-beauty의 중요한 콘셉트로 매체들에 소개되고 있다.

16만 명의 팔로워를 이끄는 티르티르의 대표는 이러한 한국 여성들의 물광 사랑을 잘 살려내어 화장품 콘셉트에 일관성 있게 담아 오랜 시간 브랜드 철학으로 삼고 성공으로 이끌어냈다. 최근 이벤트

개최에는 네이버 실시간 검색어 1위, 동시간대 방문자 수 30만 명, 2만 개 판매로 일 매출 33억을 달성했다고 한다.[1)]

이러한 파워풀한 영향력은 메가 인플루언서인 티르티르 대표에게서 나온다. 전통적인 유통 방식으로는 이루어내기 힘든 성과다. 기존의 톱 다운 형식의 마케팅이 아닌, 공유 형식의 쌍방향 마케팅은 앞으로도 더욱 진화할 것이다.

밀레니얼 세대의 스타일 아이콘

인스타그램 쇼핑 속 인플루언서들이 치열하게 스킨케어에 올인하는 동안 새로운 인플루언서와 브랜드가 등장했다. 유명 뮤지션 '개코 부인'으로도 유명하며 36만 명의 팔로워를 이끄는 '유이라'의 김수미 대표가 그 주인공이다.

메이크업 카테고리가 약했던 인스타그램 쇼핑에서 유이라의 탄생은 새로운 시장의 활력을 가져왔고, 김 대표는 겟잇뷰티 프로그램의 MC자리까지 맡으며 오프라인과 온라인의 양 시장에서 모두 사랑받고 있다. 두 아이의 엄마이기도한 김 대표는 밀레니얼 세대가 열광하는 외모와 패션 스타일로 20대부터 40대까지 폭넓은 세대의 워너비 스타로 등극하여 트렌드를 이끌고 있다.

SNS 대란 아이템이 된 톤업 크림과 레드 립스틱은 김 대표의 하

1) "실검 1위 등극 '티르티르' 연말 이벤트 성황리 종료, 일매출 33억 달성", 〈제주일보〉(2018.12.16.) 참조.

얀 얼굴과 빨간 입술을 연상시켜 고객들에게 큰 사랑을 받고 있다. 그동안 보여주었던 김수미 대표의 라이프스타일을 그대로 녹여내어 화제의 메이크업 브랜드가 탄생하게 되었다.

새로운 브랜드의 탄생은 제조, 유통, 마케팅 시장에 큰 활력이 된다. 최근 화제가 되는 브랜드들은 유명 인플루언서의 이름을 따거나 광고를 통해 만들어지는 것이 아니라, 진짜 인플루언서의 리얼 라이프에서 탄생했다.

지금의 쌍방향의 정보 공유형 브랜드 소통 방식은 가장 트렌디한 고객인 밀레니얼 세대가 원하고 열광하는 커뮤니케이션 방법이다. 새로운 파워 브랜드의 탄생을 눈여겨봐야 미래의 마케팅 공식을 만들 수 있을 것이다.

7

인플루언서들이 만든 메가트렌드, 이너 뷰티와 건강기능식품 시장

몸속 건강한 아름다움을 위하여

화장품 시장이 성숙해진 후, 이너 뷰티 트렌드가 눈에 띄게 성장하고 있다. 2017년은 건강기능식품 시장이 폭발적으로 성장하며 이너 뷰티(Inner Beauty: 먹는 화장품을 통틀어 이르는 말. 내부에서부터 건강한 피부를 가꾼다는 뜻으로 붙은 이름) 카테고리를 성공으로 이끌어냈다. 그 입소문의 근원에는 파워풀한 인플루언서들의 파워풀한 판매와 홍보가 있었다.

인플루언서 마켓에서 처음 눈길을 끌었던 이너 뷰티 브랜드는 '공미(空美)'였다. 비우면 아름다워진다는 슬로건을 내세운 공미는 한의원에서 개발한 붓기 차로, 몸속 순환과 배출에 도움을 주었다.

내가 처음 공미를 본 것은 면세점에서 아나운서들의 붓기 관리 아이템이라고 광고하던 모습이었는데, 어느새 SNS 시장으로 들어와 있었다.

파워 인플루언서 셀러들이 판매를 시작하며 SNS 시장에 이너 뷰티와 건강기능식품에 대한 관심이 커졌다. 앞서 의류와 화장품 구매를 하던 고객들은 또다시 '믿고 사는 식품' 구매로 이어졌다. 그동안 이너 뷰티 시장은 오랫동안 성장 가능성을 예견했던 분야였지만 아직 본격적인 시장이 형성되지는 않은 상태였다.

아침마다 붓는 얼굴과 저녁이면 붓는 다리에 대한 여성들의 고민은 아주 오래된 이야기다. 붓기를 빼기 위한 다양한 민간 요법과 도구들, 화장품 등이 붓기 해결을 위해 존재했고, 여성들 사이에 관심의 대상이었다. 붓기는 주로 30대를 넘어가며 활동량이 줄어들고 혈액 순환이 잘 안 될 때 나타난다.

여성들에게 자주 나타나는 생리통, 생리불순, 수족냉증 같은 신체의 혈액순환과 연관되는 문제들은 하복부 체온을 따뜻하게 해주고 온몸의 순환을 시켜주는 것이 중요하다. 붓기는 부종으로 이어지고 이를 빨리 빼내지 못하면 살이 찌듯이 더욱 단단해져, 여성들에게 붓기는 건강과 다이어트에 직결되는 초기 알람 신호가 된다.

공미의 이너 뷰티 식품들은 SNS 마켓에서 처음 선보이며 파워 인플루언서들과 적극적인 컬래버레이션을 통해 마케팅에 성공했다. SNS에서 크게 히트치며 홈쇼핑에 진출했는데, 제품 판매를 맡았던 파워 뷰티 셀러와 광고 홍보 영역을 맡았던 인플루언서를 게스트로 출연시켰다.

홈쇼핑 방송 전부터 인플루언서들은 본인들의 출연을 홍보하며 방송의 '프리마케팅(Premarketing)'에 성공했고, 방송 당시 담당 한의사와 함께 출연하며 본인들의 경험담과 그동안의 고객들 반응을 공유했다. 또한 실시간 라이브 방송도 진행해 고객들의 소통을 이끌어내며, 당시 NS홈쇼핑 앱 서버 다운 및 목표 수량 대비 188.9% 콜 달성이라는 목표치 이상의 성과를 달성했다. 이후 공미를 잇는 다양한 한방 붓기 차가 출시되며 한방 붓기 차 시장을 형성하고, 혼합 음료로 만들어지는 이너 뷰티, 건강기능식품 카테고리를 성장시켰다.[2)]

SNS 대란을 일으킨 칼라만시

건강에 도움을 준다는 혼합 음료 시장은 다이어트 시장으로 변화하며 다양한 음료들이 출시되었는데 그중에서도 칼라만시는 가장 큰 히트 아이템이 되었다. 미국, 유럽, 일본 등에서 슈퍼 푸드로 알려져 있다는 칼라만시는 만다린과 금귤과의 신맛이 나는 과일이다.

칼라만시의 전국적인 열풍으로 칼라만시 소주, 칼라만시 젤리, 칼라만시 음료수, 칼라만시 아이스크림 등 다양한 제품이 등장했는데, 칼라만시를 처음 소개하고 입소문을 크게 냈던 제품들은 인스타

2) "자임이 선보이는 한방디톡스 건강식품 공미, NS홈쇼핑서 첫 론칭 성공적으로 마치고 매진 기록", 〈브릿지경제〉(2017. 11. 10.) 참조

그램 쇼핑으로부터 시작됐다.

유명 인플루언서 셀러들이 본인의 다이어트 비법으로 칼라만시 원액을 꼽으며, 운동과 함께 다이어트 일기를 함께 공유했다. 이미 미디어를 통해 칼라만시를 접해보았던 고객들은 믿고 그들의 경험을 구매했고, 상당 기간 칼라만시 원액 다이어트가 유행을 했다.

인플루언서들이 박스째 구매해 냉장고에 구비해두고 상시 먹는 사진들을 올리면, 고객들도 박스로 구매하는 형태가 되면서 구매 단위가 커졌다. 화장품 구매와는 또 다르게 구매가 쉽게 이루어졌다. 바로 먹는 식품이고, 부작용의 우려가 크게 나타나지 않아 구매량이 화장품에 비해 10~20배 정도 차이가 날 정도로 판매되었다. 그러다 보니 너도나도 판매하고자 하는 인플루언서 셀러들이 많아졌고, 시장은 날로 성장했다.

칼라만시가 고객들의 신뢰를 얻을 수 있었던 것은 인플루언서의 적극적인 홍보와 판매에도 있었지만, 제약사에서 만들어진 상품이었기 때문에 가능한 부분도 있었다. 초반부터 제약사에서 만들어진 원액임을 적극적으로 노출하고 태그에도 제약사 이름을 내걸 정도로 고객들의 신뢰를 얻고자 노력했다. 마치 허가 받은 건강기능식품이 아닐까 생각될 정도로 본인들의 경험과 제조사의 이미지가 고객들에게 강하게 어필된 것이다.

이후 칼라만시가 곤약 젤리로도 출시되고, 이후에는 다양한 다이어트 곤약 젤리들이 시장에 선보이게 되었다. 다이어트 곤약 젤리는 일본 여행에서 사야 할 필수 아이템으로 떠올랐고, 일본에서는

SNS 다이어트 식품의 붐을 일으킨 칼라만시

이미 식이조절을 위해 포만감을 도와주는 간식으로 유명했다.

제약사와 건강기능식품 제조사들은 저칼로리 곤약에 다이어트에 도움이 되는 성분들을 첨가해 다이어트 곤약 시장을 넓혀갔다. 특히 여름 전후로는 모두가 곤약 젤리를 판매한다고 할 정도로 쉽게 판매되고 쉽게 구매되는 다이어트 식품계 슈퍼 루키가 되었다.

폭발력과 잠재력이 강한 시장

이러한 이너 뷰티 시장의 성장에는 이너 뷰티에 미래 동력을 투자한 화장품 제조사와, 화장품과 건강기능식품에 큰 관심을 보이며 상품을 개발한 제약사들이 있기에 가능했다. 한국 최대 화장품 제조 회사인 한국콜마는 CJ헬스케어를 인수하며 제약, 건강기능식품 분야에 투자하고, 중국에 건강기능식품 공장을 설립하고 있다.

한편 제약사들은 전문 분야인 의약품 이외에 생수, 커피, 혼합 음료, 식품, 화장품 등에 투자하며 사업을 다각화하고 있다. 의약품 개발에는 오랜 시간과 큰 비용이 투자되어 회수될 때까지 아주 오랜 시간이 걸리지만, 회전 속도가 빠른 식품류는 개발에도 빠르게 투입될 수 있고, 투자비 대비 현금 흐름이 비교적 빠르기 때문이다. 이제는 건강한 음식의 HMR에도 도전하는 제약사들이 있어 앞으로 건강한 식품에 대한 상품은 더욱 다양화될 것으로 예상된다.[3)]

붓기 차와 칼라만시 열풍 이후 제약사와 제약 유통사들이 SNS로 대거 진출하며 시장 규모가 커지게 되었다. 여성들을 주요 타깃으로 하는 건강보조식품이 대거 등장했다. 여성을 위한 프로바이오틱스 유산균, 먹는 콜라겐, 칼로리 커트 다이어트 보조제 등이 대표적인 상품이다.

또 인플루언서 마켓의 주요 고객 중 아이를 키우는 엄마들이 많기 때문에 아이들을 위한 홍삼이나 비타민류의 제품들도 많이 판매되고 있다. 다양한 제조사 기획 상품이 등장하고 있고, 판매하는 셀러들과 구매하는 소비자들도 많아져 건강 관련된 식품 시장은 앞으로도 성장할 것으로 예상된다. 그러나 히트 상품을 단순히 카피만 해서는 인플루언서들에게도 고객들에게도 환영받지 못하므로 지속적인 새로운 상품 개발이 필요하다.

---

3) "제약사는 '약'만 판다?… 음료 · 화장품 넘어 식품까지 진출", 〈스페셜경제〉(2019.01.09) 참조

8

인스타그램 커머스에서 성장하고 있는 나만의 케렌시아, 소확행 트렌드

세상에서 가장 행복한 나만의 공간

최근 점점 더 개인화되어가는 삶은 여러 가지 유통과 마케팅에 변화를 일으키고 있다. 공동의 가치보다 나라는 개인의 가치를 더욱 중요하게 생각하는 2030 세대들이 많아지고 있다. 최근 시행된 근무 시간 단축으로 삶의 가치에서 워라밸(Work and Life Balance)을 중시하며 저녁 있는 삶을 즐기는 트렌드도 널리 확산되는 추세다.

저녁 시간 새롭게 배움의 장소로 옮겨 또 다른 인생을 즐기는가 하면, 반대로 누구와의 만남도 거부하고 집에서 SNS로만 교우하거나 혼자만의 휴식을 취하기도 한다. 1인 가구가 늘어나고, SNS로 소통하는 지금 세대는 세상의 중심이 자기 자신이고, 본인의 만족을 위한 삶의 선택이 가장 중요하다고 생각한다.

삶에서 의식주는 기본권에 해당한다. 한동안 매체에서 관심 갖던 패션과 뷰티 프로그램들의 유행은 지나고, 지금은 먹방을 기본으로 하는 음식 관련 프로그램들이 많이 생겨났다. 2015년부터는 본격적인 인테리어 방송이 시작되고, 최근에는 부동산 프로그램까지 생겼다. 미디어에서 시작되는 트렌드는 떠오르는 이슈로 부각되며, 다양한 방송으로 분화되고, SNS와 관련 서적 발간에도 큰 영향을 끼친다.

때마침 세계 최대 가구 매장인 '이케아(IKEA)'가 한국에 론칭되고 몇 해 동안 인테리어 붐이 크게 일어났다. 여러 매체와 SNS에서는 집을 가꾸고 인테리어 공사를 하는 것이 큰 예산이 필요한 것이 아니라 소액으로도 가능하며 심지어 셀프로도 가능한 것임을 앞 다투어 소개하며 다양한 콘텐츠를 생성했다.

본인만의 취향을 가득 담은 공간을 SNS에 업로드해 온라인 집들이 형식으로 소개하기도 하고, 보석처럼 모아놓은 정보들을 공유하는 것이 트렌디한 콘텐츠로 자리 잡게 되었다. 자연스럽게 해외의 자료들도 많이 공유되면서, 인테리어 디자인 트렌드로 북유럽 스타일이 큰 인기를 얻었다.

인스타그램에 #북유럽인테리어 태그만 10만 개가 넘는다. 다음으로 나오는 검색어는 #홈스타일링 #신혼인테리어 #온라인집들이 등이 따라온다. 평수도 다양하게, 각 공간 콘셉트에 맞게 다양한 사진들을 볼 수 있는데, 이렇게 홈스타일링이 유행하며 인테리어 소품,

소형 가전, 주방 용품 구매에 대한 문의가 폭발적으로 많아졌다.

케렌시아(Querencia)란 스페인어로 '피난처' 혹은 '안식처'라는 뜻으로, 원래 투우장의 소가 마지막 일전을 앞두고 잠시 쉴 수 있도록 마련해놓은 공간을 뜻한다. 지금은 일상에 지친 사람들이 몸과 마음을 쉴 수 있는 재충전의 공간이란 뜻으로 쓰인다.

지금의 사회인들은 잠시 쉬는 것도 사치일 정도로 바쁜 생활을 하며 지내는데, 외부에서의 자극이 많을수록 집에서 안식을 취하려는 욕구가 높아져 본인만의 집 혹은 방을 안락한 케렌시아로 꾸며 휴식을 취하려고 한다. 이제 집과 방은 단순히 잠을 자고 생활하는 공간이 아니라, 본인의 취향으로 꾸며놓고 매일 잠깐의 힐링을 할 수 있는 공간으로 변화하고 있다.

이러한 트렌드로 집 컬러를 바꾸고, 비싸지 않지만 모던한 가구로 변화를 주고, 개인의 취향을 담은 소품으로 장식하고, 깔끔하게 청소하고 정갈하게 정돈한 후 은은한 향기가 나는 캔들이나 디퓨저로 마음의 안식을 주고, 트렌디한 주방에서 자기만을 위한 혼밥 혹은 가족 식사를 준비하는 일이 라이프 트렌드로 자리 잡고 있다.

삶의 트렌드가 바뀌며 쇼핑의 카테고리도 무한하게 넓어지고 있다. 라이프스타일을 주요 콘텐츠로 삼는 인플루언서들도 큰 영향력을 가지고 있고, 이들이 선보이는 새로운 아이템에 팔로워들의 문의는 구매로 연결되고 있다.

인테리어 소품, 소형 가전, 주방용품, 홈 프레이그런스(Home Fragrance) 카테고리가 다양한 상품들로 채워져, 여러 플랫폼에서 판매되고 있다. 이러한 홈 관련 카테고리 역시 라이프스타일에 자연스럽게 콘텐츠가 녹아 있을 때 빛을 발하는 제품이기 때문에 인플루언서들의 역할이 중요하다.

아이폰 하나로 마치 화보처럼 연출하고 촬영하는 라이프스타일 인플루언서들은 여느 매거진보다 훨씬 더 구매 욕구를 올려주기도 한다. 특히 혼자 사는 1인 가구와 주부들은 라이프 관련 인플루언서에게 구매를 많이 한다. 마치 모바일 홈쇼핑을 보듯, 주로 가족들을 재운 밤 시간에 구매가 많이 이루어진다.

최근 다이슨이라는 영국 프리미엄 가전에 대한 인기가 높아진 것도 이러한 트렌드와 맞닿아 있다. 사람들은 청소기 성능과 디자인에 열광하며 100만 원에 가까운 돈의 지불도 아끼지 않았다. 몇십만 원짜리 헤어드라이어는 많은 이들이 자신의 화장대에 있었으면 하고 꿈꾸는 드림 헤어드라이어가 되었다. 다이슨의 영향으로 디자인 가전에 대한 니즈가 분명히 늘어나고 있고, 고객들은 같은 성능이라도 모던한 스타일의 가전 제품을 원하고 있다.

중국산 샤오미, 차이슨(차이나+다이슨을 합친 말로 디자인이 비슷한 중국산 저가형 제품)의 직구가 늘어나고, 일본의 심플한 가전 브랜드 '플러스마이너스제로'가 인기를 끄는 것도 같은 맥락이다. 기술의 발전으로 성능은 상향평준화되면서, 밀레니얼 세대들이 원하는 모던한 디자인이 인기를 끌고 있다. 최근 수입 가전 업체에서도 인스타그램 커머스와 타 유통 채널을 병행하는 추세다.

북유럽 인테리어 소품과 주방용품은 특히 주부들의 인기를 얻고 있고, 주로 유럽 지역은 소품 위주, 호주나 일본 등의 국가에서는 주방용품과 친환경 제품이 인기를 끌고 있다. 최근 패션 인플루언서와 북유럽 인테리어 소품 브랜드가 컬래버레이션으로 특이한 디자인의 유리잔을 오픈했는데, 출시하자마자 문의가 빗발치고 오픈 직후 바로 품절되는 사례가 벌어지면서 라이프 콘텐츠뿐 아니라 패션 콘텐츠를 다루던 인플루언서들도 라이프스타일로 확장해나가고 있다. 유명 인플루언서, 패션숍 대표, 연예인이었던 진재영이 운영하는 모바일 숍도 리빙 섹션에 관심을 보이고 있다. 앞으로도 인테리어와 소품 시장은 더욱 성장할 것이다.

나만 아는 행복, 향기

홈 프레이그런스 부분은 캔들이나 디퓨저가 주를 이루고 있다. 5년여 전부터 뷰티 섹션 중에서도 리빙 카테고리 제품들의 수입이 확대되면서 이 분야는 지속적으로 성장해왔다.

사실 인테리어의 마지막을 완성시킨다는 홈 프레이그런스 부분은 온라인으로 전달하기 어려운 상품에 속한다. 그러나 인플루언서들이 라이프스타일에 녹여내며, 같은 취향자들이 모여 이를 즐기는 온라인 공간에서는 경우가 다를 수 있다. 일단 그들의 라이프를 신뢰하고 구매를 하는 고객들은 상상만으로도 본인과 취향이 같을 것을 예상하고 구매한다. 그리고 결과에 만족하면 더욱 충성도가 높아진다.

홈 프레이그런스 제품들은 유럽 등 문화생활의 일부로 여겨질 수 있는 아이템이며, 인플루언서의 콘텐츠로 충분히 판매가 가능한 제품군에 속한다. 2015년에 내가 뷰티 편집숍을 운영할 때 우연히 한 여배우가 매장에서 핸드메이드 캔들을 구매한 후 본인의 블로그에 '힐링 해주는 작은 행복'이라고 포스팅을 한 적이 있다. 그 이후 캔들은 그 여배우의 이름이 닉네임이 되어 몇 년간 히트 상품으로 판매되기도 했다.

소확행(작지만 확실한 행복) 트렌드가 다양하게 발전하며 한국인의 취향도 세분화되고 있다. 인플루언서 커머스는 이러한 소확행 트렌드에 딱 맞는, 새로운 큐레이션 쇼핑몰이 된다.

SNS 속에 다양한 디자인 상품, 한입 사치품인 고급 디저트 등 세분화된 취향자들의 모임들이 만들어지며 그들만의 커뮤니티가 형성되고 있다. 상품이 특이할수록, 많은 곳에서 만나볼 수 없는 상품일수록 트렌드 리더들이 모이게 된다. 독특한 취향으로 사람이 모여 커뮤니티가 형성되는 인플루언서 커머스 플랫폼은 이제 필수 마케팅 유통 채널이 되었다.

9

유튜버들은 어떻게 돈을 벌까?

6세 유튜버가 100억 건물을 샀다고?

한동안 실시간 검색어에 올랐던 이슈는 유튜브 키즈 채널 '보람튜브'의 가족 회사가 강남의 빌딩을 매입했다는 소식이었다. 6살 보람이가 주인공인 보람튜브의 월 수익이 30억대 이른다는 뉴스로 사람들은 또 한 번 놀랐다.

인터넷 검색창에 '유튜버'라는 검색어를 넣으면 연관 검색어로 꼭 등장하는 단어가 '유튜버 수입'이다. 1인 크리에이터가 유튜브라는 플랫폼을 통해 수익을 창출한다는 뉴스가 자주 보도되고, 예능에서도 가끔 이 주제로 대화를 나누기도 한다. 그러다 보니 일반인들도 유튜버들이 어떤 방법으로 얼마를 벌고, 플랫폼을 어떻게 활용해서 수익을 창출하는지 궁금해한다.

가장 많이 알려진 바는 영상 광고 수익이다. 2017년 한국방송통신전파진흥원 기준에 따르면, 유튜브 채널 광고 수익 1위는 '팜팜 토이즈'로 약 31억 원, 2위 '캐리와장난감친구들' 약 19억 원, 3위 '도티TV' 15억 원, 4위 '허팝Heopop' 12억 원, 5위 '대도서관TV' 약 9억 원으로 발표되었다.

실제 지금의 톱 크리에이터들은 1인 크리에이터이긴 하지만, 회사를 운영하는 곳이 많기 때문에 실제 매출과 수익에는 조금씩 차이가 있을 수 있다. '억대 수익'이라는 자극적인 메시지를 담은 뉴스를 보다 보면 유튜브는 황금 광산을 가진듯해 보인다. 그렇다면 진짜 실상은 어떨까?

2018년 한국방송광고진흥공사(KOBACO)가 발표한 〈MCN 브랜디드 콘텐츠의 광고 효과 분석〉 보고서에 따르면, 2016년 말 기준 국내 크리에이터는 약 1만 명에 달하는데, 수익이 연 1억 원 이상 되는 사람은 그중 1%인 100명 정도라고 한다. 나머지 99%에 해당하는 9,900명은 0원부터 수천만 원까지 천차만별인데, 대부분 월 100만 원 이하라고 발표되었다. 유튜브 채널을 운영해본 이들은 뉴스에 나오는 수억 원 대의 유튜버는 흔한 경우가 아니고 오히려 수익을 내기 어렵다고 이야기한다.

유튜브는 기본적으로 구독자 1,000명, 1년간 4,000시간 이상 시청되어야 광고 수익을 받을 수 있는 자격이 주어진다. 동영상 시청시간과 조회수에 따라 광고 비용이 책정되며 광고를 건너뛰기하지 않고 완전히 시청할 경우에만 애드센스 알고리즘으로 조정해 수익을 배분받는다. 유튜브 광고 매출은 유튜브 플랫폼이 45%, 크리에이터가 55%로 수익 배분을 하며, 크리에이터는 55% 중에서 30%를 MCN 사업자에게 수수료로 준다. 일반적으로 '유튜브 45%, 크리에이터 40%, MCN 15%' 선의 비율로 수익을 배분한다.

또 다른 수익처는 '브랜디드 콘텐츠'라고 부르는 영상 속 자연스러운 PPL 광고 혹은 브랜드 제품이나 서비스를 소개하는 광고 홍보 영상이다. 브랜드에서는 광고 제작 및 집행 예산으로 사용하며, 크리에이터의 전문성, 구독자 수, 영상의 질 등을 분석해 단가를 정한다. 그러나 브랜드 광고 영상을 수주할 수 있는 크리에이터도 극히 일부다.

광고주들이 돈을 지불하는 광고는 결과에 대한 보장을 바라보는 광고 시장이기 때문에 톱 크리에이터들에게만 주어지는 기회가 된다. 대다수의 크리에이터들은 제품 협찬을 받거나 소액의 브랜디드 콘텐츠를 제작할 기회를 얻을 수 있다. 콘텐츠 기획, 영상 촬영, 편집, 업로드까지 브랜드가 원하는 질에 맞추기 위해서는 개인의 역량이 특출하게 좋거나, 구독자들과 활발한 커뮤니케이션으로 바이럴이 보장되어야 가능한 일이다.

마지막으로, 2017년 유튜브는 라이브 스트리밍 중 크리에이터를 직접 후원하는 '슈퍼챗(실시간 후원)' 서비스를 오픈했다. 생방송 진행 중 어느 구독자가 일정 금액 후원을 하면, 채팅창 상단에 프로필과 후원 금액 알람이 뜨고 댓글이 나타난다. 1달러에서 500달러까지 후원 가능하고, 금액에 따라 0초부터 5시간까지 구독자의 후원 내용이 채팅창에 뜰 수 있다.

이 서비스는 유튜버와 구독자 간의 보다 친밀한 커뮤니케이션을 유도하고 크리에이터가 양질의 콘텐츠를 제작할 수 있도록 재원을 마련하기 위해 만들어졌다. 이 또한 수익 분배는 크리에이터 70%, 유튜브 30%로 분배되고, MCN 회사 내 소속이라면 크리에이터 수익에서 다시 분배된다. 슈퍼챗 가능 조건은 구독자 1,000명 이상, 구독자는 18세 이상의 슈퍼챗 허용 국가 거주민이어야 한다.

최근 중앙선거관리위원회가 유명 정치인이 유튜브 방송에서 슈퍼챗 방식으로 모금 활동을 하는 것에 대해 가이드라인을 발표했다. 정치자금법상 각종 선거 입후보자들은 영상 앞에 나오는 애드센스, 브랜디드 콘텐츠인 PPL 등은 가능하지만, 슈퍼챗은 안 된다는 내용이다. 후원 기능이 활성화가 된다면 새로운 수익 모델이 될 수 있지만, 불법 자금이나 후원을 받기 위한 자극적인 방송 콘텐츠 등이 문제로 부각되면서 아직까지 적극적으로 활성화되지 못하는 실정이다.

유튜버는 모두 돈방석에 앉을까?

최근 모든 광고 마케팅의 중심에 유튜브가 있다고 해도 과언이 아닐 정도로 광고주와 플랫폼 유저들이 유튜브에 모여들고 있다. 영상 미디어와 검색 엔진을 합친 새로운 플랫폼으로 발전하면서 세대를 불문하고 모바일로 이동 중이다.

영상을 공유하는 기능에서 벗어나 10대에게는 검색 수단으로 사용되고, 50대 이상의 장년층은 새로운 엄지족이 되어 유튜브를 성장시키고 있다. 구독자가 10만 명이 넘는 인기 채널이 현재 1,300개에 달하며, 매년 2배수로 증가하고 있어 앞으로도 세대를 불문하고 많은 이들이 참여하고 성장시킬 것으로 예상된다.

많은 이들이 새로운 플랫폼으로 모여들고 있는 것은 틀림없는 사실이나 이 속에서 수익을 창출하는 것이 그리 쉬운 일은 아니다. 영상을 활용하는 SNS 플랫폼은 사진을 사용하는 SNS보다 상당한 노력과 시간 투자, 기술 등이 필요하다. '유튜버 수입'이라는 유혹적인 단어만 보고 뛰어들기에는 생각보다 험난한 제작 환경이 존재한다.

최근 유튜버들이 많이 만드는 영상 중 하나는 '구독자 ○○○○명, 유튜브 수익 대공개'다. 많은 유튜버들이 수익 공개 영상을 만들고 있는데, 영상마다 조회수가 상당히 높다. 많은 사람들이 궁금해하는 내용인데, 막상 영상을 보면 "구글의 복잡한 알고리즘으로 예상보다 수익 내기 어렵다"라는 결론이다.

또 최근에는 오픈마켓, 스토어팜 등 쇼핑몰 운영자나 현재 활동하는 셀러들이 크리에이터로 등장하며, 온라인 쇼핑몰 사업 노하우와 관련된 콘텐츠들이 만들어지고 있다.

약 27만 명의 구독자를 가진 '신사임당' 채널은 온라인 셀러, 쇼핑몰 창업과 관련해서 다양한 이슈를 만들어 관심을 받고 있다. 창업 시작부터 실제 운영까지 본인의 모든 노하우를 공개한다는 단순한 영상물인데, 이커머스와 관련된 사람들 사이에서 떠오르는 유튜브 채널이 되었다.

유튜브 콘텐츠와 관련해서는 다양한 주제의 영상물들이 만들어지고 그에 따른 수익 창출 방식이 만들어지고 있는데, 아직까지 커머스로는 발전되지 않았다. 나는 향후 유튜버들이 수익을 창출할 수 있는 새로운 분야는 유튜브 커머스라고 생각하고, 이제 막 시작점인 모바일 홈쇼핑 영역에 새로운 비즈니스 기회가 있다고 본다.

2018년 여름, 유튜버 대도서관과 리더스코스메틱이 진행한 유튜브 라이브 방송은 마치 예능 프로그램 한 편을 보는 듯 재미있는 진행으로 화제가 되었다. 단독 프로모션을 대도서관 TV를 위해 오픈하고, 대도서관 집에서 혼자 진행하는 홈쇼핑을 진행하여 남성용 화장품 세트를 생방송 내에 완판시켰다. TV홈쇼핑 콘텐츠를 유튜브의 문법으로 재미있고 솔직한 방송으로 풀어낸 사례다.

55만 명의 3050세대 여성들의 지지를 받는 'MKTV 김미경TV'에서는 2018년 10월 부츠 공동 구매를 진행했다. 방송을 보던 구독자들의 댓글 요청으로 문의가 많아 특별 제작 상품을 해당 브랜드와 컬래버레이션으로 1주일간 공동 구매를 진행했다. 수익금은 전액 기부한다는 특별한 의미도 있었지만, 유튜브에서도 커머스의 기회가 시작되고 있음을 엿볼 수 있는 대목이었다.

앞서 플랫폼 커머스의 시작은 순수하고 실용적인 콘텐츠로 시작해 광고, 홍보 콘텐츠로 발전, 최종적으로 이커머스 채널로 발전한 것을 알 수 있었다. 유튜브 채널이 가져올 모바일 홈쇼핑 영역은 전 세대를 아우르는 온라인 마켓으로 부상할 수 있다고 생각한다. 최대 미디어 전쟁에서 승자로 떠오르는 유튜브에 세일즈 기회가 있다. 빠르게 시작하는 사람이 시장을 이해하고 성공 사례를 만들 수 있듯이 지금 바로 시작해보길 권한다.

3장

인플루언서 커머스를 위한 기본 전략

1

Company: 당신은 인플루언서 플랫폼 마케팅을 할 각오가 되어 있는가?

인플루언서 커머스를 시작할 수 있을까?

현재 기업의 마케팅, 영업 담당자에게 인플루언서 마케팅은 선택이 아닌 필수가 되었다. 기업에서 대중과 소비자에게 말하고자 하는 이야기를 인플루언서가 본인의 플랫폼을 통해 전달해주고 있기 때문이다.

이러한 인플루언서 마케팅 중에서도 커머스 플랫폼을 이용하려면 여러 가지 사전 준비가 필요하다. 내가 그동안 만났던 많은 기업 중에 인플루언서 커머스 플랫폼을 이용할 수 있는 기업은 생각보다 많지 않았다.

다양한 기업들이 론칭 의뢰를 하기도 하고 상담도 요청했는데,

결과적으로 각 기업의 외부, 내부 환경 분석이 필요했다. 각자 상황에 맞게 전략 변화를 줄 수 있다면 충분히 시도하여 성공을 계획해 볼 수 있다.

먼저 리더의 관심과 의지가 중요하다. 리더는 회사의 대표가 될 수도 있고, 각 팀의 파트장이 될 수도 있고, 프로젝트 담당자가 될 수도 있다. 기업의 상품과 서비스가 인플루언서를 통해 판매되어도 법적인 문제가 없는지 검토를 하고, 시장에 진입했을 때 경쟁력이 있는지 생각해보아야 한다.

먼저 상품에 대한 다양한 법적 준수 사항을 체크해야 한다. 피부과나 성형외과에서 하는 시술권 등은 온라인 판매가 금지며, 핸드메이드 캔들의 경우도 정식 생산품 인허가 받지 않으면 판매를 할 수 없다. 또 전안법(전기용품 및 생활용품 안전관리법)이 강화되어 전자 및 의류까지도 국가 통합 인증 마크인 KC마크를 증명할 수 있어야 하고 공식 수입사, 병행 판매사 등의 판매 허가는 어떤 종류로 받았는지도 확인이 필요하다.

또, 상품의 제조상에도 문제가 없는지 확인이 필요하다. 제조 현황을 확인하다 보면 개별 기업만의 스토리를 만들 수도 있어서, 브랜딩의 기초라 생각하고 제조 부문의 꼼꼼한 팩트 체크가 필요하다. 제조 시설은 어떤 인증을 받았는지, 다른 제조 상품과 어떻게 다른지, 상품이 만들어지는 공간에 대한 자세한 정보 등은 후에 고객 응대에도 큰 도움을 받을 수 있다. 우리 자신이 어디서 태어나고 어떻게 자라왔는지에 대한 이야기가 궁금한 것처럼 소비자들도 기업이 어떤 땅에서 시작하고 어떻게 기업 환경을 가꿨는지 알고 싶어 한다.

그리고 어떤 연구에 의해 개발이 된 상품인지, 연구원은 어떤 의도와 목적으로 이러한 상품을 개발하게 되었는지, 연구소에서 그동안 개발된 제품에는 어떤 것들이 있는지도 정리해 두면 좋다. 특별히 연구 시설은 제조 부분에서 사람 뇌의 역할을 하는 곳이기 때문에 내부적으로 소통을 많이 해두고 자료를 공유해야 한다. 기술 개발과 연구에 대한 투자와 인적 관리는 좋은 상품이 나오게 되는 첫 시발점이기 때문이다.

좋은 브랜드의 탄생은 결국 상품력에 있다. 마케팅으로 포장만 잘해서 판매하는 것이 아니라 공공의 선을 위해 정말 질 좋은 상품을 개발할 때 성공하는 브랜드로 갈 수 있다. 이러한 점을 꼭 유념해 각 기업의 상품에 대해 객관적인 평가와 경쟁력을 확인해야 한다.

인플루언서 시장의 기초 문법 익히기

개별 기업에 대한 기본적인 탐색이 끝났다면 본격적으로 시장을 연구해보자. 인플루언서 커머스 플랫폼의 정의와 형태에 대해 조사하고, 다양한 플랫폼 속 인플루언서들을 찾아보며 트렌드를 읽는 것은 수학 문제 풀이에서 공식을 이해하는 것과 같다. 시장에서 읽히는 공통적인 공식과 그 문법을 이해해야 향후 다양하게 전략을 풀어낼 수 있다.

인플루언서 마켓의 이해관계가 생각보다 복잡하고 전후 맥락을 읽어내는 능력이 필수적이라, 오랫동안 관찰하며 이해도를 높이는 것이 좋다. 인플루언서들은 큰 기업보다는 중소 규모의 소상공인들이 많기 때문에 기업 대 기업 간의 거래 방식이 조금 다를 수 있다.

또 소비자의 시각으로 개별 기업과 인플루언서 마켓 시장, 혹은 특정 인플루언서와의 궁합을 잘 생각해봐야 한다. 모든 상품이 판매되고 거래되며 시장에 진입과 동시에 폭발적인 반응을 만들 것이라 생각하면 안 된다. 특히, 최근에 의뢰하는 기업들 중에는 단순하게 인플루언서 마켓 진입과 동시에 판매 물량이 클 것이라 예상하는 회사들이 있다. 마치 인플루언서 마케팅이 마법처럼 사람들을 홀려줄 것으로 착각하는 것이다. 이런 기업들은 실망하는 경우도 적지 않다. 고객들이 미동도 하지 않는 제품들이 생각보다 많기 때문이다.

새로운 마케팅과 영업의 시작에 내부 조직이 문제가 되는 경우들도 종종 있다. 중견 정도의 기업의 경우가 특히 그렇다. 제조와 개발을 위주로 하는 작은 회사의 경우는 마케팅과 영업을 같이 운영하는 경우가 많아 의사결정에 큰 무리가 없다.

그러나 중견기업의 경우는 온라인 영업, 홈쇼핑 영업, 오프라인 영업으로 나뉘어 각자의 가격과 프로모션이 다르게 책정되는 경우가 있고, 각 거래선의 니즈를 맞춰주다 보면 스케줄, 가격, 프로모션의 정리가 안 되는 사례들이 종종 있었다. 오픈마켓과 인플루언서 마켓 프로모션 가격이 다르다든지, 현재 버스 광고하는 아이템과 세일즈를 주력으로 푸는 아이템이 다르다든지 하는 일들이 잦다. 이런 경우에는 회사 내부에서 조율이 안 맞춰지기 때문에, 판매자들과 잦은 불화가 생겨 일 진행이 어렵다.

모바일 속 입소문 전략과 그 명암

몇 달간 론칭 준비를 하고서도 뒷수습이 안 되어 지속적인 거래를 하지 못하는 기업들은 내부에 주로 문제의 원인이 있다. 이러한 이유로 팀 리더는 확고한 의지가 있어야 내부 조직 간의 문제없이 일을 진행할 수 있으며, 각 거래선들끼리의 조율도 가능하다.

최근에 인플루언서 마켓을 진행하기 전 한 번 더 생각해야 할 이슈가 생겼다. 바로 임블리 호박즙 사건이다. 인플루언서 마켓은 고객들과의 커뮤니케이션이 모두에게 오픈되어 있고, 그들의 팬심이 구매에 큰 영향력을 발휘하는 독특한 세일즈 채널이다. 기회와 위험의 요소가 그 부분에 있다.

여러 사람들의 노력으로 한 인플루언서와의 협업이 잘 되어 기업의 매출과 홍보에도 도움이 된다면 이 시장의 장점을 경험하는 일일 것이다. 하지만 폭발적인 사랑을 받는 만큼 공개적인 질타를 수 없이 받을 수 있다는 부분도 간과하면 안 된다.

여러 가지 문제점도 있지만 내가 인플루언서 마켓을 반드시 경험해보라고 추천하는 이유는 따로 있다. 마케팅 중에서도 입소문 전략(Word of Mouth)의 새로운 형태를 가장 진화된 SNS에 맞게 집행해볼 수 있기 때문이다. 과거 가까운 지역 내의 커뮤니티 형성으로 만들어지던 입소문은, 블로그 리뷰 형태로 디지털화되었고, 인스타그램과 유튜브로 발전하며 새로운 커뮤니티를 형성하고 있다. 각각의 형태에 맞는 입소문 알고리즘을 알아내기 위해서는 찾아보고, 직접 경험해보고, 실행해보고, 스스로 진화할 수밖에 없다.

최근 인플루언서 마케팅의 부정적인 부분들만 부각시키는 뉴스들이 나오고 있다. 이런 과정은 기존 네이버 마케팅에서도 한 번은 겪었던 일들로, 오히려 시장이 안정화되고 성숙되어가고 있다는 뜻으로 보인다. 앞서 내가 상품 기획과 생산 분야에서 소비자들을 위한 '공공의 선(善)'을 생각하라고 했는데, 마케팅과 유통도 똑같다. 진심으로 이 좋은 상품이 고객들에게 전달되어, 많은 이들의 삶을 만족시켜준다는 선의를 생각하며 새로운 전략을 세워 새로운 시장에 뛰어들기 바란다.

이 시장에서 배운 알고리즘은 또 다른 진화된 새로운 유통과 마케팅의 알고리즘을 배울 수 있는 기회를 가져다줄 것이다. 이것이 내가 10년 넘게 새로운 마케팅을 공부하고, 여러 사람들에게 추천하고, 함께 해보자고 손을 내미는 업무적 신념이다. 이제, 진심으로 새로운 인플루언서 마케팅을 해볼 마음이 생기는가?

2

Product: SNS 핫 아이템, 무엇을 팔까?

인플루언서 마켓에서 무기가 될 아이템 찾기

새로운 시장으로 뛰어들 마음과 각오를 다졌다. 자, 이제 무엇부터 해야 할까? 본인의 손에 어떤 무기가 있는가? 일명 SNS 핫 아이템이라 불리는 제품이 있는가? 자신의 양손을 확인해보자. 모든 영업과 마케팅의 출발에는 제품, 즉 판매 가능한 상품이 있어야 한다.

내가 고등학교를 졸업하고 잠시 유학을 준비할 때, 아버지께서 진로를 함께 고민해주셨다. 외국어 고등학교에서 불어를 복수전공했던 나에게 프랑스 유학은 어떻겠냐며, 세계적인 화장품 산업국인 프랑스를 추천해주셨다. 그 이야기와 함께 인류가 망해도 3B 산업은 망하지 않는다며, Beauty(미용), Baby(육아), Beast(반려동물) 산업군에 대해 말씀해주셨다. 그 후로 한국에서 대학교를 진학했지만, 화장품 회사에 관심을 두고 취업 준비를 했고, 화장품 산업에서 커리어를 쌓으며 후회 없이 일했다.

현재는 이전보다 다양한 카테고리 상품들의 마케팅을 진행하지만, 위에서 말한 3B 산업에 대한 확신은 여전하다. 3B 산업 소비자는 대부분 여성들이고, 소비에서 여성들은 상당히 주체적이고 적극적이다. 그래서 여성을 대상으로 하는 새로운 상품과 서비스에 대한 마케팅은 늘 연구 대상이 된다.

'백화점에서 남성들의 패션과 뷰티 쇼핑이 늘고 있다'는 뉴스를 종종 접하지만, 과거와 비교한 결과지, 실제 자본주의 사회에서 강력한 구매 결정권자는 여전히 여성이다. 그래서 여성들의 삶을 잘게 쪼개어 그들에게 무엇이 필요한지 상상을 해볼 필요가 있고, 그 니즈를 반영한 상품으로 여성들의 마음을 사로잡아야 한다.

여성들도 다양한 프로파일로 분류하여 연령별, 지역별, 직업군별 등으로 세분화한다. 그리고 각 프로파일의 구체적인 하루 24시간, 매월 있는 기념일 혹은 이벤트 전후 행동 분석, 계절별 라이프스타일의 흐름 등으로 세부적인 삶을 분석하고, 이해하고, 상상해보는 것이 중요하다.

이런 연구를 토대로 구매 행동 패턴을 파악하여 익힌 후 심리 상황까지 떠올려본다면, 어딘가 비어 있는 상품적 니즈를 발견한다든지, 더 강하게 밀고 나가야 할 상품들이 눈에 보인다. 여성의 삶과 마음을 세분화하여 패턴화해보면 새로운 제품 기획부터 마케팅 포인트까지 잡아낼 수 있다.

여성 마케팅의 핵심에 입소문 마케팅을 다시 한 번 언급할 수밖에 없다. 여성들은 본능적으로 타인에 대한 관심과 무언가를 주변인과 나누고 싶어 하는 마음을 갖고 있으므로, 결국 SNS를 이용하는 여성 고객들이 결국 상품도 구매하고 강력한 입소문을 만들어내기 때문이다. 현재 모바일 시대 여성들은 친구를 직접 만나서 수다를 떨기보다는 카카오톡을 이용해서 더 많은 이야기와 정보를 공유하며, 페이스북, 인스타그램을 통해 익명의 관계인에게도 많은 정보를 나누고 강력한 입소문 네트워크를 형성한다. 그렇기 때문에 인플루언서 플랫폼 마케팅에도 여성에 대한 소비 심리와 라이프스타일 탐구는 필수적으로 필요하다.

상품을 보는 눈과 상품을 소비하는 방식에서 여성의 생활 방식과 심리를 이해하지 못하면, 제품과 서비스의 매출은 기대하기 어렵다. 사람과의 관계, 스토리텔링, 다양한 이벤트 등은 여성 소비심리에 큰 축을 담당하고 있어 상품을 기획하고 소싱할 때 단순히 상품에 대한 기능적인 측면만 보면 실패로 이어질 수 있다.

여성들은 기본적으로 소비를 일상의 즐거움이라 생각하고, 적극적으로 주변인과 함께 즐긴다. 본인의 만족과 불만족을 적극적으로 표현하는 데 SNS 플랫폼을 이용하고 있기 때문에, 그것을 통해 여성에 대해서 디테일하게 연구해야 한다.

SNS 절대 강자, 뷰티

조금 더 구체적으로 생각해본다면, 3B 산업 중에 인플루언서 커머스에서 가장 핫한 아이템은 한동안 뷰티(Beauty)였다. 뷰티의 영역에 단순히 마스크팩 혹은 기능성 화장품만 있는 것은 아니다. 스킨케어, 메이크업, 바디케어, 헤어케어, 향수까지 다양한 아이템들이 있다. 그리고 화장품의 기능을 더해주는 스킨케어 디바이스, 메이크업 툴 같은 기구의 사용이 높아지고 있다. 미용 기구는 이미 몇 년 전부터 한국 시장에 출시되었지만 큰 관심을 받지는 못했는데, 로레알에서 클렌징 기구인 클라리소닉, LG전자에서 고주파 기구 프라엘을 출시하며 보다 대중적으로 변화하고 있다. 또, 이너 뷰티에 해당되는 먹는 화장품, 다이어트 식품도 뷰티 카테고리에 해당될 수 있다.

한국 여성의 경우 지리적으로는 사계절을 지내야 하며, 실외 활동보다는 바쁘게 학교에서 공부하거나 실내 사무실에서 근무하는 여성들이 많다. 피부의 겉과 속이 건조해질 수밖에 없는 삶의 환경을 가졌다. 그럼에도 많은 한국 여성들은 피부 가꾸기와 메이크업에 공을 들여 '완벽한 생얼'에 가까운 피부 트렌드를 지속적으로 만들어내고 있다. 마치 방금 깐 달걀 속처럼 매끄러운 피부를 만들어주는 스킨케어와 메이크업 제품은 아직도 다양한 레시피와 제조방식, 기획으로 소비자 입맛에 맞게 상품으로 만들어지고 있다.

어느 회사에서 대박이 났다는 화장품 혹은 이너 뷰티 성분과 포뮬러를 벤치마킹하지 말고, 여성들이 SNS에서 공유하는 아주 작은 뷰티 습관을 통해 새로운 화장품을 기획한다면 새로운 트렌드를 만들어갈 수 있다.

국민 육아템

육아(Baby) 시장은 공동 구매 형태의 쇼핑이 잘 자리 잡고 있고, 의류, 장난감, 화장품, 서적, 식품 등이 다양하게 유통되고 있다. 공동 구매의 시작을 유아용품부터 시작하는 엄마들이 적지 않다. 자녀가 생긴 이후로 여성들은 본인을 위한 구매보다는 아이를 위한 구매에 적극적으로 참여하게 된다. 결혼과 육아 생활 이후로 본격적인 주부가 되면서 쇼핑 정보도 훨씬 더 늘어나게 되는데, 다양한 루트로 여러 상품을 구입하면서 아이가 생긴 이후로는 집 앞에 택배 상자가 없는 날이 없을 정도다.

유아기 엄마들은 특히 오프라인 쇼핑이 어렵기 때문에 모바일 쇼핑에 더욱 집중한다. 그리고 사용 후기, 성분, 출처가 더욱 중요한 상품이라 SNS 입소문에 더욱 크게 반응한다. 한번 유행하는 아이템이 '국민 육아템'이 되기도 하고, 부작용이나 위험 성분 검출로 인해 시장에서 바로 사라지기도 한다. 영유아 카테고리는 아이들이 좋아하는 상품을 구매하기도 하지만, 적극적으로 주부가 편해질 수 있는 아이템을 찾기 때문에, 아이가 좋아하고 엄마는 편해지는 상품을 기획하고 소싱해야 한다.

성장하는 반려동물 산업

1000만여 개의 반려동물(Beast) 시장은 현재 관련된 인구가 더욱 증폭되고 있고, 다양한 기업에서 신규 사업으로 준비하고 있어 앞으로 관련 산업이 크게 확대될 전망이다. 어느 기저귀 회사는 반려동물용 배변 시트를 만들고, 제약 회사에서는 반려동물이 오랫동안 살 수 있도록 건강기능 약품을, 어느 식품 회사는 동물들이 건강한 식생활을 할 수 있는 사료와 수제 간식을 준비한다. 딩크족과 1인 가족이 늘어나면서 반려동물과 진짜 가정을 이루는 사람들이 늘어나고, 사람과 함께 동물들의 평균수명도 늘어가고 있다.

마치 유아기 엄마들처럼 반려동물을 키우는 사람들은 적극적으로 반려동물 관련 용품을 구매하고 네트워크를 조성하여 온오프라인상에서 만나고 있다. 그리고 반려동물의 사진과 스토리는 대부분의 사람들이 좋아하는 콘텐츠로 사랑받는다. 이런 콘텐츠는 인플루언서 플랫폼 마케팅에 잘 어울리는 아이템으로 선정되어 향후 반려동물 시장은 더욱 커질 것으로 예상된다.

인플루언서 마켓에서는 당연히 더욱더 다양한 카테고리와 상품들이 유통되는데, 4장에서 이를 좀 더 다양한 실전으로 다룰 예정이다. SNS 핫 아이템을 기획할 때 다시 한 번 기억했으면 하는 이슈는 두 가지다. 첫 번째는 다양한 여성의 삶을 분석하여 심리를 이해할 것, 두 번째는 제발 대박 난 옆집 상품을 카피하지 말고 새로운 탐색을 통해 해결되지 못한, 아직 만나지 못한 숨겨진 니즈를 찾아내야 한다는 것이다.

3

People: 파트너가 될 인플루언서 찾는 방법과 팀 전략

파트너가 될 사람은 누구인가

앞서 인플루언서 커머스에 도전할 마음도 먹고, 고객들에게 선보일 아이템도 선정되었다. 그다음은 시장에 진입 여부를 결정할 수 있는 파트너를 찾아야 한다. 누구와 어떻게 일을 시작해야 하는 것일까? 나와 파트너가 될 사람은 누구일까?

모든 사업에서 중요한 것은 나와 비전을 함께 나눌 파트너와의 만남이다. 인플루언서가 콘텐츠형 홍보를 해주던 시대를 지나 판매까지도 함께하는 전략적 파트너가 되다 보니 그들과의 만남은 더욱 중요해졌다. 단순 유통 파트너의 개념이 아닌, 마케팅 및 홍보를 함께하는 역할의 인플루언서는 향후 브랜딩에도 큰 영향을 끼친다.

먼저 인플루언서 파트너를 찾기 위해서는 일단 오랜 시간 추적 관찰이 필요하다. 인스타그램에 가입한 후 다양한 키워드로 인플루언서들을 찾아 구독하다 보면 그들의 라이프가 보이고 콘텐츠 스타일, 유통하는 제품, 커머스 진행 일정, 고객들의 리뷰 등이 보인다. 그리고 지금 당장 커머스를 하지 않아도, 향후 커머스로 발전할 수 있는 인플루언서들도 있어서 오랜 시간 관찰하는 것이 우선이다.

인스타그램 검색을 하다 보면 시간을 잡아먹는 귀신처럼 느껴진다. 콘텐츠를 보다 보면 1시간, 2시간이 금방이다. 브랜드 담당자들은 수시로 확인도 필요하지만, 시간을 정해서 인플루언서들의 라이프와 커머스 형태를 조사하고 관찰해놓아야 한다. 과거의 스타일과 현재의 스타일도 비교하고 경쟁 업체가 어디인지도 분석하려면 절대적인 시간 축적이 필요하다. 추적 관찰을 통해 해당 인플루언서의 커머스 운영 형태를 몇 가지로 정리해볼 필요가 있다.

인플루언서 커머스를 분석하는 일곱 가지 방법

첫 번째, 인플루언서의 콘텐츠 콘셉트와 판매하고 있는 제품 확인

라이프스타일을 보다 보면 패션, 뷰티, 육아, 푸드 등 그들의 콘셉트가 보인다. 한 가지 카테고리만 하는 것이 아니라 복합적으로 판매하는 인플루언서들도 많다. 제일 중요한 것이 콘셉트와 제품이고, 이를 통해 자신의 브랜드 제품과 궁합이 잘 맞을지, 시너지를 이

룰지 예측해볼 수 있다. 콘셉트가 불분명한 인플루언서들은 오래 사업을 지속시키기 어렵다.

두 번째, 일정과 판매 횟수도 체크

새로운 상품을 얼마 기간의 간격으로 론칭하는지, 재구매를 위한 프로모션 일정은 어떻게 되는지, 한 달에 판매하는 횟수가 몇 회나 되는지 등 숫자로 읽혀지는 정보들을 읽어내야 한다. 인플루언서들은 평균 향후 1~3개월간의 일정들을 미리 계획해놓는 경우가 많다. 또 주로 판매하는 시간대도 잘 체크해둔다. 이렇게 하면 대상 고객들이 움직이는 시간을 알 수 있다.

세 번째, 고객의 프로파일 유추

인플루언서의 나이와 라이프스타일에 따라 고객층이 달라질 수 있다. 연령, 구매 품목과 패턴, 구매 목적, 앞서 이야기한 소비자의 행동 분석을 콘텐츠와 댓글 반응, 고객들의 피드백을 통해 유추해볼 수 있다. 향후 제안해볼 우리의 상품이 파트너의 고객에게 어울리거나 잘 맞을 것이라는 강한 믿음을 전달하려면 앞서 우리가 먼저 그들의 고객들을 읽어내고 이해해야 한다. 물론 본인의 고객에 대해서는 인플루언서 본인이 제일 잘 알겠지만, 상대를 설득하고 제안하기 전에 먼저 예측할 수 있어야 한다. 이를 토대로 파트너와 이야기를 나눈다면 서로의 생각 공유가 더욱 쉬워질 수 있다.

네 번째, 인플루언서의 다양한 활동 영역 검토

지역적으로 한국인지 해외인지, 어느 지역에서 거주 혹은 활동하는지, 어떤 공부를 하거나 직업을 가졌었는지, 어떤 가족 구성원으로 생활하는지 등 그들의 삶의 백그라운드를 알고 있다면 상품 제안을 할 때 매칭이 쉬울 수 있다.

다양한 삶의 활동 영역을 살펴본다면 그곳에서 그들의 신념을 살필 수 있다. 작은 삶의 근거를 찾아 콘텐츠로 녹이는 스토리들이 많기 때문이다. 인플루언서 본인 스스로도 생각하지 못한 사소한 디테일을 보고 연락을 한다면, 진심으로 생각하는 파트너로 받아들일 수 있을 것이다.

다섯 번째, 프로모션과 이벤트 분석

판매하는 제품이 다른 유통 채널에서 판매되는 가격은 얼마인지, 할인율은 어떻게 되는지, 1차 판매, 2차 판매 가격이 다른지, 사은품으로는 어떤 구성이 있는지, 후기 이벤트와 사전 이벤트는 어떻게 진행하는지 등을 살핀다. 당일 결제와 배송하는 방식에 대해서도 체크해본다.

여섯 번째, 개인인지, 팀인지, 파트너 인플루언서가 있는지 확인

지금까지 인플루언서들은 2~3명으로 구성된 팀 판매제를 많이 해왔다. 특정 제품에 대해서는 5명이 공동으로 홍보하고, 공동으로 프로모션 오픈을 함께해서 보다 많은 고객들에게 좀 더 큰 목소리를 내기도 한다. 이런 경우 팀들 간의 네트워크가 중요하기 때문에 인플루언서들 간의 관계에 대해 관심을 가질 필요가 있다.

마치 유명 걸그룹이 그룹 활동, 몇 명의 유닛 활동, 개인 활동을 하는 것처럼 인플루언서 커머스 팀들도 비슷하게 운영되기도 한다. 팀제는 전략적으로 좋은 방법이 될 수 있지만, 각기 니즈가 다른 인원들을 함께 운영하기가 쉽지는 않다. 이들을 컨트롤하고 중재하는 회사의 역할도 중요하고, 각 개인을 팀으로 엮어내기 위한 강력한 제품도 필요하며, 시너지를 낼 수 있는 고객 이벤트 진행도 필요하다.

일곱 번째, 구독자 수, 좋아요 수, 댓글 수 확인

이것은 숫자를 허수로 표기할 수 있기 때문에 큰 의미를 두지 않아도 된다. 작은 돈으로 이러한 허수를 바로 구매해 만들어낼 수 있다. 이 방법에 대해서는 여러 뉴스를 통해 알려지기도 했기 때문에, 시간을 들여 관찰한다면 속사정을 유추할 수 있다.

어느 유명한 인플루언서의 경우, 팔로워 및 좋아요 숫자가 매우 높았는데, 실제로 상품을 판매했을 때 결과가 상당히 저조했다. 이것은 그녀의 아름다운 얼굴과 몸매를 보러 오는 남성 팔로워가 많았기 때문이다. 유명한 제품을 열심히 판매했지만 그녀의 팔로워에는 실제 고객으로 이어질 여성들은 없었다. 따라서 구독자 수나 좋아요 수, 댓글 수가 적음에도 진성 고객들이 있을 수 있기 때문에 시간을 두고 관찰해야 한다.

이제 분석이 끝나 접촉이 필요한 인플루언서에게는 이메일, DM(쪽지 형태의 Direct Message), 카카오톡 등으로 연락을 해보자. 처음에는 직접 접촉이 되지 않더라도 같이 일하는 스태프에게 꾸준하게 연락을 취한다면 인플루언서와 직접 소통을 할 수도 있다. 연락이 된 후에는 인플루언서와 이메일과 전화로 회사와 상품을 소개하고, 만나서 면대면 미팅을 진행하며 파트너십을 만들어나갈 수 있다.

앞으로 함께 미래를 만들어갈 파트너를 찾는 일에는 시간과 정성이 필요하다. 정량적인 분석과 정성적인 분석이 함께 이루어져야 한다. 한 사람과의 관계를 형성하는 데 마음이 담긴 노력이 필요한 것처럼 비즈니스적으로만 관계가 형성되지는 않는다.

최근 기업들이 인플루언서 커머스에 관심이 많아 빅데이터를 활용한 애플리케이션도 등장했다. 효율이 높은 인플루언서를 찾아 자동 추천해주고, 최적의 매칭을 시켜줄 수 있는 효과적인 마케팅 툴들이 개발되고 있다. 이러한 툴을 통해 즉각적인 매출을 보장한다는 기사를 보면서 이 분야에 오랜 경험을 가진 나는 반은 맞고 반은 틀리다는 생각을 했다.

인플루언서 커머스 플랫폼은 생각보다 감정과 감성이 필요한 영역이다. 데이터를 분석해서 최적의 매칭을 찾을 수 있을 것 같지만, 결국 사람과 사람을 연결시키는 일이기 때문에 사람의 마음과 손을 여러 번 거쳐야 비전을 함께 공유하는 파트너를 찾을 수 있다. 디지털 혁신 앞에 나와 있는 사람들이지만 결국 깊은 신뢰를 조금씩 쌓아나가는 것이 무엇보다 중요하다.

4

Contents: 콘텐츠와 노출의 치열한 싸움

호감 있는 브랜드를 만드는 콘텐츠의 힘

'어디선가 본 것 같아', '뭔가 익숙하고 편안한 느낌인데', '들어본 적 있는 것 같아'…… 누군가가 느끼는 그 작은 느낌을 위해 기업들은 광고 및 홍보 노출에 많은 비용을 투자한다. 위와 같은 사소한 경험 한번으로 그 브랜드에 대해 인지하게 되고, 인지도는 호감 및 비호감의 감정을 만들어내며, 그 호감도는 후에 브랜드를 선택 및 구매하게 하는 중요한 단서를 제공하기 때문이다.

광고(Advertisement)를 한다는 것은 브랜드에 관한 콘텐츠를 만들어 미디어를 통해 효율적으로 노출시킨다는 뜻이고, 홍보(Public relation)는 콘텐츠를 통해 다양한 사람들과 관계를 만들고 쌓아간다는 것을 의미한다.

그렇다면 콘텐츠는 무엇인가? 마케팅에서 흔히 쓰는 말인데, 쉽게 말한다면 콘텐츠는 브랜드의 제품과 서비스의 핵심적 가치와 정보들을 다양한 소재와 언어로 새롭게 풀어서 말하는 것이다.

예를 들어, 아이폰 신제품 영상을 만들어서 유튜브에 광고를 한다면 '광고 콘텐츠'를 만드는 것이고, 아이폰의 이미지와 어울리는 인플루언서와 계약해서 그의 SNS에 사용 후기를 올린다면 그것도 아이폰에 대한 콘텐츠가 되는 것이다. 또한 보도 기사 혹은 뉴스를 통해 발표할 수도 있고, 브로슈어, 리플렛 혹은 인쇄되는 다른 매체를 통해 상품과 서비스에 대한 스토리를 콘텐츠화 할 수도 있다.

콘텐츠의 궁극적인 목표는 상품의 가치를 높이는 데 있다. 그렇기 때문에 콘텐츠는 해당 상품을 만드는 기업과 관련된 모든 소재를 기획 포장하고 상품화시켜 새로운 부가가치를 만들어내는 원재료다. 장인정신을 가진 CEO의 성공 스토리 인터뷰가 상품의 탄생을 설명해주는 콘텐츠로 사용될 수 있는 것처럼 말이다. 이렇게 스토리로 기억되는 브랜드 이미지는 소비자가 쉽게 기억하고, 호의적인 인상을 남긴다. 또한 독특한 연상을 통해 긍정적인 브랜드로 인지도를 창출해낸다.

결국 콘텐츠 노출의 의미는 누군가에게 브랜드를 익숙해지게 만들어 인지도를 높이는 것인데, 디지털 세상 속의 노출은 마치 모래알 속 진주를 찾는 것처럼 어려운 일이다.

과거에는 TV, 신문, 잡지 등의 광고와 홍보 기사, 고객에게 보내는 레터 형식의 DM, 브로슈어가 고객에게 상품과 서비스를 노출시키는 것이 주요 커뮤니케이션 툴이었다. TV 채널 갯수와 신문, 잡지 지면의 양은 정해져 있었고, 그 안에서 예산을 조율하며 효과적인 노출을 해왔다. 그러나 이제 TV 채널은 공중파를 이겨낸 종편이 여럿 발전해 광고할 수 있는 수많은 프로그램이 생겼고, TV보다 유튜브 영상 광고에 더 신경 써야 할 정도가 되었다.

또 페이지가 정해져 있던 인쇄매체에 비해 지금의 무한한 디지털 페이지들은 감히 숫자를 헤아릴 수 없을 정도로 늘어났다. 또 과거 전문가만이 콘텐츠를 만들던 시절이 아니라 일반인 누구나 콘텐츠를 만들어 무한한 웹, SNS 세상에 업로드가 가능하다 보니, 노출되고 기억되기란 상당히 어려운 일이 되었다.

노출이라는 소리 없는 전쟁

본격적인 디지털 마케팅이 시작되면서, 광고 홍보의 예산은 훨씬 더 올라갔지만 노출도는 떨어졌다. 네이버 유료 광고 혹은 오픈마켓 광고는 '돈 잡아먹는 귀신'처럼 예산을 쏟아 부어도 메인 페이지에 노출되기 어렵고, 메인 페이지 노출은 막대한 투자 비용을 들여 광고 효율을 분석하고자 하는 일명 '부자 브랜드'만 집행 가능하게 되었다. 새로 시작될 카카오톡 비즈보드(카카오톡 메신저 광고) 상품 가격도 종류에 따라 20억, 5억, 2억으로 정해졌다. 전 국민이 사용하는 카카오톡에서 사용자 경험을 기반으로 노출되는 광고의 가격과 가치가 그만큼 높다는 뜻이다.

지금은 노출도 싸움에서 밀리면 시작조차 할 수 없는 마케팅 전쟁이 시작되었다. 인플루언서 세일즈 마케팅에서 노출도 경쟁 역시 소리 없는 전쟁과 같다. 브랜드에게는 노출도가 높은 인플루언서와의 전략적 협업이 중요하고, 인플루언서에게는 본인의 영향력을 지속적으로 극대화시키고 콘텐츠를 치밀하게 노출시키는 것이 중요하다. 고객들은 상업적인 공간이지만 상업적이지 않은 콘텐츠에 더 많은 호감을 표시한다.

인플루언서들은 많은 팔로워들에게 노출이 가능하기 때문에 이미 세부적 목표가 설정된 전략적 노출이 가능하다. SNS상에 노출과 함께 바로 쇼핑을 할 수 있는, 쇼핑할 마음이 있는 팔로워들에게 보여지는 콘텐츠이기 때문에 구매 전환율이 높다.

구매 전환율은 마케터들에게 중요한 투자 결과 지표이다. 최근에는 퍼포먼스 마케팅이라 불리며 실제 효율에 기반을 둔 다양한 효율 분석을 측정하고 있다. 다양한 플랫폼이 진화하며 노출, 콘텐츠, 예산이 복잡하게 서로 영향을 주며 진화하고 있어서 마케터들은 데이터 분석에 힘을 쏟고 있다.

돈이 되는 콘텐츠

세일즈에 최적화된 커머스형 인플루언서들이 올리는 콘텐츠는 금액으로 환산하기 어렵지만 매출로 직결되는 콘텐츠라는 최고의 가치를 가진다. 인플루언서들은 스마트하게 노출도를 조율하며 최적의 매출을 위해 콘텐츠를 스토리와 이미지로 가공한다. 또 SNS에 맞는 짧은 영상으로 제작하기도 한다.

이때 소비자들의 눈에도 상품이 새롭고 정보 내용이 신박하다면, 최적화된 알고리즘으로 아직 팔로잉하지 않은 타인들에게 자연스럽게 노출되는 경우도 있다. 이러한 노출은 계획적으로 하기는 어렵지만, 의미 있는 콘텐츠가 되어 자연스럽게 크게 확산된다. 또 이러한 자연스러운 노출은 신규 고객 창출과 성장하는 매출로 직결된다. 마치 한 방의 홈런과도 같은 콘텐츠 노출의 정석이다.

한 예로, 헤어 볼륨을 자연스럽게 높여주는 스타일링 상품에 대한 론칭 준비를 하고 있었다. 헤어 볼륨은 연령을 불문하고 한국 여성들의 스타일링을 장식해주는 마지막 포인트다. 얼굴이 더 작고 갸름해 보이며, 동안으로 보일 수 있게 하는 팁이기 때문이다. 나는 오랜 뷰티 경력으로 소비자들의 니즈와 상품에 대한 자신감은 있었지만, 이러한 상품을 처음 경험하고 소개하는 인플루언서의 경우 긴가민가하고 있었다. 상품에 대한 스터디 후 짧은 시연 영상을 제작하여 인스타그램에 업로드하자, 위와 같이 최적화된 영상 노출로 자연스럽게 메가 바이럴이 일어났다. 소비자들이 본능적으로 상품과 콘텐츠를 알아본 것이다. 볼륨 스프레이 완판은 당연한 결과였다. 이후에도 매출은 늘어나 스타 상품으로 자리 잡을 수 있었다. 이 외에도 소비자들에게 본능적으로 다가갈 수 있는 콘텐츠로 세일즈를 성공시킨 경험들이 여럿 있다.

소비자들은 세일즈 인플루언서들의 콘텐츠가 상업적인 내용이라는 것을 알면서도 광고 같지 않게, 자연스럽게 다가오기를 바란다. 유튜브에 스폰서라고 뜨는 네이티브 광고(Native Advertising: 마치 정보 뉴스처럼 보이는 온라인 광고)는 콘텐츠와 광고가 적절히 어우러진, 비교적 거부감 없는 콘텐츠로 노출되는 광고를 말한다. 이러한 네이티브 광고 역시 일반 광고에 비해 10배 이상의 클릭을 유도한다. 마케터와 인플루언서는 각자의 파트를 나누어 노출도를 극대화시킬 수 있는 캠페인을 전략적으로 함께 만들어나가야 한다.

한편으로 어떠한 인플루언서 SNS 채널이든지 다양한 업체들이 경쟁하고 있다는 것도 잊지 말아야 한다. 5만~10만 명의 팔로워를 품은 인플루언서들을 섭외하기 위한 기업 간의 경쟁이 치열하고, 인플루언서들은 소비자들에게 반감을 사지 않을 자연스러운 콘텐츠를 업로드하기 위해 세심하게 고민한다. 이러한 상황 속에 자신의 기업 콘텐츠가 최적화되어 노출되려면, 마케터는 데이터 분석뿐만 아니라 심리를 읽는 감각까지 키우는 슈퍼 스태프가 되어야 한다.

5

Price: 가격 조율의 시작부터 끝까지

차가운 머리로 만드는 가격

대기업이나 소상공인이나 사업가들은 이익이 얼마나 남을지 항상 생각하고 판단한다. 다만 다른 것은 어느 정도 규모가 갖춰진 기업의 경우 장기적 이익과 단기적 이익을 같이 생각할 수 있는 시간과 금전적 여유가 있고, 기업의 규모가 작을수록 단기적 이익만을 생각하는 경우가 많다. 자금과 비용의 상황이 다르고 기업의 목표가 다르기 때문이다.

가격과 마진을 조율하는 순간은 여러 가지 이해 상충과 이익을 계산해보는 논리적인 시간이 된다. 기업이 생각하는 이익에는 무형과 유형의 재무적 숫자가 있다. 유형적 이익은 엑셀 혹은 계산기로 두드려서 보이는 딱 떨어지는 숫자다.

공급자(기업)는 먼저 제조 비용과 마케팅 및 운영 비용을 더해 상품의 공급가를 만들고, 생산비에 운영 마진을 붙인다. 공급받은 사람(인플루언서)은 공급가에 판매마진을 붙여 소비자에게 판매하고 거래 이익을 만든다. 마진에 수량을 곱하면 전체 이익이 계산되는 단순한 구조다.

무형의 이익에는 기업과 인플루언서 각자의 상황을 숫자가 아닌 텍스트로 생각해볼 수 있다. 기업의 경우 신규 상품을 일반 오프라인 혹은 타 채널 온라인 유통사와 전략적 제휴를 통해 판매했을 경우의 기회비용이 있을 수 있다. 어디에서 마케팅과 세일즈를 시작했느냐에 따라 앞으로의 운영 방향이 정해질 수 있기 때문에 이러한 기회비용은 생각해보아야 한다.

앞서 말했던 것처럼 인플루언서 판매가 시작되면 타 유통 채널과 가격이나 프로모션으로 부딪힐 수도 있고, 광고 홍보 방식도 변할 수 있다. 물론 인플루언서 채널만 고집할 일은 아니기 때문에, 기회비용에는 본사 운영 인력을 배치해 노동력을 운용하는 것까지 포함해 생각해야 한다.

또 재고 관리, 자금 회전 시간 등의 금융 비용도 고려해볼 수 있다. 인플루언서 세일즈에서의 장점 중 하나는 재고 및 생산 관리가 계획적으로 이뤄질 때 자금 회전 시간을 줄여 금융 비용을 줄일 수 있다는 점이 있다.

정확하게 떨어지는 금액은 아니지만, 종합적인 분석을 해본다면 무형의 이익을 주는 것인지, 손해를 보는 일인지 알 수 있다. 반대로 재고 및 생산 관리가 불규칙하고 불안하게 운영된다면 남아도 남지 않는, 궁극적으로 손실을 보는 경우도 있다.

마지막으로 브랜드 자산에 적용되는 무형적인 이익이 있다. 신규 상품이 고객들에게 빠르게 노출되어 인지도를 높이고 브랜딩을 구축하는 것은 쉽지 않은 일이다. 반면 인플루언서 세일즈를 통해 빠르게 타깃 고객에게 인지도를 높이고 브랜딩을 할 수 있는 기회를 가질 수 있다. 이런 경우는 브랜드 자산을 구축하는 기회에 대한 무형적 이익과 기타 마케팅 비용을 줄일 수 있는 유형적 이익이 생긴다. 그러나 자칫 인플루언서 한 명에 의해 기업과 브랜드의 평판이 나빠질 수도 있는 무형적 손실에 대한 리스크도 염두에 두어야 한다.

이러한 유형적, 무형적 이익을 종합적으로 분석해보면, 얼마만큼 투자를 하고 향후 기대 이익을 얻을 수 있을지 감이 올 것이다. 공급하는 자와 공급받는 자의 마진 금액 속에는 각자의 기업 미래가 달려 있다. 소중한 마진을 통해 각 기업이 장단기적 목표를 세울 수 있다. 당장 눈앞에 보이는 얼마의 금액이 중요한 것이 아니고 장기적인 사업을 생각하며 가격을 조율해야 한다.

시장에서 제대로 된 가격으로 평가받기

내가 가끔 안타까워하는 부분은 제조보다 판매를 위한 마진이 훨씬 높다는 것이다. 소비재 상품은 유통 채널에서 가져가는 마진이 제조 마진의 몇 배에 달한다. 판매할 상품은 넘쳐나는데, 제대로 판매할 역량이 되는 사람과 채널은 적은 것이 현실이기 때문이다. 마치 모바일 커머스에서 쿠팡, 위메프 등 몇 개의 업체가 독식하는 것처럼, 홈쇼핑이나 오프라인 유통 채널도 마찬가지다.

상품을 기획하고 제조하는 것, 판매하는 것 중 어느 것이 더 어렵다고 단정 지어 답할 수 없다. 그렇지만 가격을 조율하다 보면, 상당 부분 판매 채널에 가격 주도권을 주는 경우가 많다. 인플루언서와 가격 조율을 할 때도 마찬가지다. 가끔 유통에서 통상적으로 만드는 가격의 구조를 파괴하는 경우들이 있다. 이런 경우는 진행을 하면 할수록 손해를 보거나 주변 유통 가격까지 무너뜨리는 일이 생긴다. 조급한 마음으로 가격 조율을 해서는 안 되는 이유가 바로 여기에 있다.

마진율은 카테고리 상품마다 크게 다르다. 전자, 의류, 뷰티, 식품 모두 다르지만, 업계에서 정해진 공급사, 도매상, 소매상의 마진율이 대부분 정해져 있는 편이다. 최근 인플루언서 세일즈의 추세가 제조사에서 소매상으로 바로 연결되는 경우가 많아 그곳에서 가격 파괴가 일어나기도 한다. 유통 단계가 짧아지면서 중간 마진이 없어진다.

유통 단계의 축소로 가격이 낮아지는 것이 장점만 있는 것은 아니다. 중간 도매상의 역할에는 상품 유통 이외에 상품 기획과 시장을 읽는 힘, 넓은 영업 스킬이 있기 때문이다. 각자 본인이 속한 영역의 범위 안에서 이성적인 마진율을 설정해야 한다.

간혹 인플루언서들이 독점 계약을 요청하며 가격 조율을 해오는 경우도 있다. 이런 경우에는 앞서 말한 유형, 무형적 이익을 계산하고 계약서를 쓰는 것이 좋다. 간혹 가격 조율을 최하로 하고 구두상 단독 계약을 맺은 후, 판매가 저조할 때 책임을 지지 않는 경우가 있기 때문이다. 이처럼 제조사와 인플루언서 간의 단독 계약을 맺을 경우 분명히 여러 위험 요소가 있다. 특별히 인플루언서의 SNS상의 숫자만 보고 계약을 맺고, 가격 주도권을 처음부터 주는 것은 절대 지양해야 한다.

소비자가 선택하는 가치와 가격

마지막으로 가격을 조율할 때 놓쳐서는 안 되는 것이 소비자다. 서로의 마진을 얼마에 가져갈 것인지 생각하기 이전에 시장에서 받아들일 소비자 판매 가격이 중요하다. 소비자 가격은 경쟁사의 비슷한 제품 가격과 비교해서 단순하게 뚝딱 만들어지는 것이 아니다. 스마트해진 지금의 소비자들은 끊임없이 비교하고 분석해, 이 상품을 얼마에 구매하는 게 합리적인지를 공급자들보다 더 꼼꼼하게 따진다. 똑똑해진 소비자들은 상품이 어떻게 제조되고, 유통되며, 어떤 부분에서 가격이 적당한지 생각하며 디테일하게 구매를 결정한다.

파격적으로 싼 가격의 제품을 구매하기도 하고, 비슷한 상품군도 상당히 비싼 가격에 구매하기도 한다. 마치 올리브영에서 화장품을 사면서 백화점에서도 비슷한 군의 화장품을 구매하는 것과 같다. 브랜드마다 서열화시키고, 어떤 품질과 소구(訴求, Appeal) 포인트에 자신이 돈을 더 지불할지 고객들은 영민하게 가격 범주를 스스로 만들어놓고 있다. 그래서 가격을 조율할 때, 결국은 공급자의 마진보다도 판매할 수 있는 가격인지, 소비자에게 가치를 선사할 수 있는 가격을 만들어냈는지를 먼저 살펴보아야 한다.

상품과 서비스의 가격이 원가로만 정해지는 것은 아니다. 가끔 커피의 원가와 화장품의 원가를 밝히며 폭리를 취한다는 기사를 접할 때면 마음이 씁쓸해지곤 한다. 치열한 소비재의 경우 앞서 다룬 다양한 이슈로 많은 노동 인력의 노력과 마케팅 활동 비용이 들어가기 때문에 단순 원가로 비교하기는 어렵다.

결국 가격은 상품 혹은 서비스의 가치를 얼마만큼 만들어냈는지에 대한 결과적 수치다. 그렇기 때문에 가격 조율은 밀당(밀고 당기기) 기술이 필요하다. 제조사, 도매상, 소매상 각자가 하는 역할에 대한 고찰이 필요하고, 서로를 설득시켜야 한다. 또 유통업계를 흔드는 가격 조율은 장기적으로 시장을 망치는 일이기에 지양하며, 업계에서 선순환을 할 수 있도록 가격 합의는 합리적이고 종합적인 분석을 통해 선진적으로 만들어나가야 한다.

6

Promotion: 최소 비용으로 기획하는 완벽한 프로모션

경영학의 기본으로 프로모션 짜기

경영학에서 마케팅의 기본은 4P로 배운다. Product(상품), Place(유통 판매 채널), Price(가격), Promotion(프로모션). 이 네 가지 요소를 시작으로 마케팅 믹스 전략을 기획한다. 그중에서도 프로모션은 판매를 촉진하여 세일즈를 극대화시키는 전술로 사용된다.

내가 화장품 회사에서 마케터로 근무할 때 매달 중요한 업무 중 하나가 프로모션 기획이었다. 전체 상품 숫자가 500여 가지에 매달 신제품이 추가로 론칭되고 있어, 어떤 제품을 어떻게 밀어 세일즈를 견인하고 나머지 상품들도 밀리지 않고 전체 매출을 관리할 수 있는지를 놓고 치밀한 전략을 짜는 것이 중요했다.

가장 쉬운 프로모션의 방법은 가격 할인일지도 모른다. 그러나 가격 할인은 당장의 이익은 생기겠지만 한번 꺾인 가격은 다시 되돌리기가 상당히 어렵고, 고객들은 꺾인 가격만 기억하기 때문에 정가 판매가 어려워진다. 인플루언서 세일즈 시장에서 모두가 진행하는 파격적인 가격 할인 프로모션이 있지만 할인율을 처음부터 파격적으로 노마진 전략으로 가다 보면, 앞으로 팔고 뒤로 까지는 손해를 경험하게 된다. 가격은 앞으로 내려갈 일만 있지 올라가기란 '하늘의 별 따기'기 때문이다.

오픈마켓에서도 가끔 역마진의 최저 가격 프로모션을 볼 수 있다. 쿠팡은 타 유통채널과의 경쟁 우위를 점하고, 고객을 유인하기 위해 기저귀와 분유로 최저가 전략을 쓴다. 기저귀 매입 가격에서 판매 가격을 빼보면, 쿠팡에서 사용한 프로모션 비용을 산출할 수 있다. 차액만큼 프로모션 비용을 쓰는 것이다.

가끔 역마진, 노마진 세일도 진행하고, 고객들에게 파격적 최저 가격을 경쟁력으로 소구하기도 하지만, 매일 판매할 제품의 가격은 최대한 지켜주는 것이 좋다. 가격 할인 이외에도 집행할 수 있는 프로모션들이 많이 있기 때문이다. 가격 할인 프로모션은 마지막 재고라든지, 정말 단 한 번의 기회로만 제공할 수 있는 상품에만 한정하는 것이 좋다.

파격 가격 할인 이외에 1+1의 프로모션도 흔히 볼 수 있는 프로모션 중 하나다. 마트에서도 자주 시행되는 프로모션이다. 특정 상품 1개 구매 시 같은 상품을 하나 더 주는 이벤트로 주로 사용 빈도

수가 많은 생활용품에 적용될 때가 많다. 결국 50% 가격으로 판매하는 것과 같은 이치지만, 50% 단품으로 판매하는 것보다는 1+1 프로모션은 선물 같은 기분이 들기도 하고, 주변에 나눠 쓰는 기회를 만들기도 하며, 소비자들이 상품 소비를 조금 더 자주 할 수 있게 빈도를 높이기도 한다. 1+1이나 덤 증정은 상품 회전율이 높아져 재고를 소진하기에 좋다.

또 고객들에게 링크 세일즈(Link Sales: 연관된 다른 상품으로 연결 판매)를 할 수 있도록 자사 브랜드 제품이 생활에 연결될 수 있는 고리들을 찾아내 제안할 수도 있다. '궁합이 잘 맞는 커플 제품', '시너지를 낼 수 있는 1, 2, 3단계' 등을 만들어, 고객들이 하나 이상의 제품을 사용하게 기회를 제공하는 것이다. 화장품 카테고리에서는 꼭 필요한 전략으로, 스토리텔링을 통해 프로모션을 전할 수 있다. 실제 소비자 경험과 리뷰를 토대로 만들 수도 있다.

이렇게 짝꿍 제품이 구성되거나 보완하고 시너지를 내줄 수 있는 제품 단계가 만들어지면, 이 제품들을 주제로 프로모션 키트를 만들어볼 수 있다. 본품에 꼭 사용해볼 제품 샘플을 덤으로 준다면, 샘플을 테스트해본 소비자가 구매로 연결될 수 있을 것이다. 또, 테스트 제품들로 샘플 키트를 만들어 구매 고객에게 증정하여 향후 다른 제품의 고객으로도 연결시킬 수 있다. 링크 세일즈를 위해 상품 간의 시너지 향상에 관심을 갖고 고객에게 제안할 팁을 꾸준히 만들 수 있어야 하고, 이를 바탕으로 샘플 증정 혹은 프로모션 키트를 만들어 특정 라인을 권해볼 수 있다. 어느 한 제품만 스타 상품이 되고 나머지는 들러리가 되지 않도록 상품 담당은 다양한 프로모션 구성을 믹스해보고, 고객이 실제로 관심을 가지는지 지속적으로 테스트해보아야 한다.

상품을 뛰어넘는 매력적인 사은품 전략

인플루언서 시장에서 장기적으로 가는 브랜드들은 꾸준한 신제품을 론칭하며 하나의 카테고리를 형성해간다. 먼저 론칭에 성공한 제품은 후속 제품과 연결되어 판매될 수 있는 프로모션을 기획하고, 어느 한 제품이 죽지 않도록 지속적인 전체 프로모션 관리를 해주어야 한다.

GWP(Gift With Purchase)라고 불리는 '매력적인 사은품' 전략은 고객들이 많이 접할 수 있는 프로모션 중 하나다. 예를 들어, '특정 제품 구매 시 여행 가방 증정', '10만 원 이상 구매 시 머그컵 증정'이라는 프로모션이 있다면 구매 시 증정되는 상품이 GWP, 즉 사은품이 된다.

배보다 배꼽이 더 큰 매력적인 사은품으로 프로모션에 성공하는 브랜드로는 '스타벅스'가 있다. 스타벅스커피코리아의 GWP는 인기 있는 시즌 아이템이 많은 것으로 유명하다. 다이어리 한 권을 받기 위해 커피를 10잔 이상 마셔야 하는데도, 그것을 받기 위해 커피를 마시고, 지인들과 쿠폰을 교환하기도 한다. 도장을 꽉 채운 프로모션 카드를 선물하기도 한다.

GWP는 보통 시즌 유행 아이템을 제작하거나 누구에게나 유용한 생활용품을 구매해서 프로모션용으로 사용하기도 한다. 추가 예산이 들어가지만 전략적으로 한정 세트에 국한되게 GWP 프로모션을 제공한다면, 매달 새로운 제품과 함께 사은품도 관심의 대상이 될 수 있다. 의미 없는 재고 처리용 제품을 GWP로 사용하는 것은 소비자들에게 특별한 관심의 대상이 될 수 없기 때문에 전략적 고민이 필요하다.

나는 화장품 마케터로 매달 GWP를 기획하고 제작하며 창작의 고통을 경험했다. 가방, 파우치, 텀블러, 여름 물놀이용품, 겨울 방한용품, 인형, 머그컵 등 샘플 제작을 위해 명품 매장의 아이템까지 구매하는 등 매달 어떤 아이템을 고객들에게 선물할까 숱한 밤을 보내며 기획해왔다. 이렇게 하여 다양한 성공을 거두며 고객들의 사랑을 받아본 경험을 갖고 있어 지금까지도 단순한 프로모션은 재미가 없게 느껴진다. 그래서 지금도 고객들이 받아서 기뻐할 만한 아이템을 GWP 프로모션으로 전략을 짠다. 고객들에게 구매 감사의 선물을 한다는 것은 작은 비용으로 큰 효과를 누릴 수 있는 전략이다. 고정 고객을 형성시킬 수 있고, 재구매를 이끌어낼 수도 있다.

또 효과적인 프로모션으로는 세일즈 행사 전과 후에 진행할 수 있는 이벤트가 있다. 특히 인플루언서와 세일즈 행사를 잡는다는 것은 사전에 고객들이 기다리는 제품에 더 큰 기대감을 만들어줄 수 있는 이벤트로, 특정 하루 혹은 이틀 정도 특별한 혜택을 준다는 큰 의미가 있다. 행사 후에는 후기 이벤트를 통해 소비자들의 다양한 피드백에 감사 인사를 하는 이벤트를 기획할 수 있다.

사전 이벤트로는 기대감을 향상시킬 수 있도록 몇 명의 고객들을 선정해 이들에게 먼저 샘플을 제공한 후, 피드백을 전체 공개로 공유하도록 안내한다. 이러한 이벤트는 실제 구매에 도움이 되기도 하고, 마치 축제의 전야제처럼 먼저 사용한 사람들의 스토리로 콘텐츠를 만들 수도 있다.

사후 이벤트로는 후기 이벤트가 중요하다. 실제 구매 고객의 후기는 협찬 및 가공된 후기와는 비교할 수 없는 가치를 지니기 때문이다. 구매 예정자가 자료를 찾아볼 때 협찬 후기는 건너뛰고 실제 후기의 피드백에 더 큰 신뢰를 갖는다. 협찬 후기도 비용이 들기 때문에, 협찬 후기를 진행하는 것보다 구매 고객에게 구매 후기 이벤트로 보답하는 것이 훨씬 더 효율적인 이벤트가 될 것이다.

사전 바이럴 이벤트와 후기 이벤트 선물이 매력적이어야 한다는 점도 잊지 말아야 한다. 나는 사은품 전략을 오랫동안 고민하고 집행했던 경험으로 여성 고객들이 좋아할 만한 시즌 아이템은 늘 눈여겨보고 소싱해놓는 편이다. 특별히 봄에는 화사한 핑크빛 아이템, 여름에는 해변 혹은 여행용 아이템, 가을에는 피크닉, 겨울에는 따뜻한 아이템을 생각하며 친한 친구에게 보내는 작은 선물을 연상해 본다.

사전 및 사후 이벤트는 인플루언서와 긴밀한 협력이 필요하다. 어떤 프로모션을 언제, 누구의 비용으로 진행할 것인지 협의를 해야 한다. 보통 인플루언서는 사전 이벤트에 신경을 많이 쓰고, 브랜드는 사후 이벤트에 더 신경이 많이 쓰인다. 그리고 어느 누가 모든 비용을 다 부담하는 것보다 양사가 협의하여 지속적으로 운영하는 것이 성공적인 프로모션을 완성시키는 방법이다.

7

CS: 고객 만족 100%까지 상담, 결제, 배송의 모든 것

진정성 있는 CS가 답이다

인플루언서 커머스에서 CS(Customer Service, 대고객 서비스)는 절대 놓쳐서는 안 되는 부분이다. 인플루언서 커머스는 CS로 시작하고, CS로 마무리된다. 긴밀하고도 정성스러운 커뮤니케이션으로 고객의 최대 만족을 이끌어내야 성공한다.

보통 기업들은 CS 전담 부서를 가지고 있다. 큰 기업들은 대부분 콜센터를 운영하고, 전화 상담 직원을 연결시킨다. 웹사이트의 게시판 혹은 이메일로도 CS를 처리하며, 최근에는 카카오톡의 채팅 상담이나, 기업만의 전용 메신저로 챗봇(Chatbot)을 연결시키기도 한다.

인플루언서 커머스에서 CS의 시작은 SNS의 댓글 혹은 DM이다.

구매에 관심이 생기는 제품에 관해서 문의를 하게 되면 고객과의 연결이 된 것이다. 마치 어느 매장에 구경하는 손님이 들어오는 것과 같다. 구매를 하지 않더라도 관심을 갖는 고객에게 정성스러운 응대를 하는 것은 당연한 일이다. 더구나 온라인상에서는 얼굴 표정과 목소리가 없이 한 줄의 문장으로 표현되고 저장되기 때문에 더욱 조심스러워야 한다.

간단한 질문으로 시작해 조금 더 구체적인 상담이 이뤄질 때에는 카카오톡 채팅으로 넘어간다. 그곳에서는 궁금한 정보도 문의하고, 사진을 전송하여 상황 파악을 할 수도 있고, 목소리로 메시지를 전달하기도 한다. 이런 과정을 통해 마치 친구와 메신저 채팅을 하는 듯 친밀감이 생기고, 나중에는 인생을 상담하는 단골 고객 관계로도 발전하게 된다. 이런 친밀한 채팅 상담이 인플루언서 세일즈의 중요한 고객 관리 영업 스킬이 된다.

인플루언서 커머스 공간도 대부분 업무 시간이 있다. 평일 오전 10시에서 5시 사이 CS 답변은 실시간으로 하는 편이다. 업무용 핸드폰을 사용하거나 PC로 상담을 하기 때문에 거의 실시간으로 답을 해주는 편이다. 답변이 없는 것은 매장 문을 닫은 것과 같기 때문에 대부분 인플루언서들은 하루 종일 PC나 핸드폰을 붙잡고 있다.

가끔은 불통의 인플루언서들을 만나기도 한다. 답변이 많이 늦어지거나 SNS상에서와 다른 태도로 상담에 응하는 인플루언서들도 있다. 본인 피드에는 적극적으로 콘텐츠를 올리면서, CS는 뒷전이거나, 판매 후 태도가 돌변하는 이들도 있다. 이렇게 영업의 기본이 안 되어 있는 곳들에서 문제가 발생한다. 지금은 이런 곳은 소비자들이 알아서 차단시켜버리지만 초반에는 종종 일어나는 일이었다.

상품을 구매하고 난 후에도 상담은 지속적으로 이루어진다. 배송 관련 문의, 제품 사용법, 파손 제품, 불량품, 환불 등 고객들은 할 말이 많다. 가끔 주문은 쉽게 받고 결제 후 처리가 불편한 곳들이 있는데, 채팅 불가, 전화 연결 불가, 댓글 및 게시판 답변 지연 등으로 고객을 불쾌하게 만든다. 당연한 말이지만 꾸준한 성장을 위해서는 판매 후 상담에 더욱 신경을 써야 한다. 사람은 들어올 때보다 나갈 때가 아름다워야 하는 법이다. CS에 정성을 들이는 인플루언서는 고객들에게 사랑받을 자격이 있다.

1초 만에 끝내는 간편결제

1인 마켓이 인플루언서 커머스 시장으로 발전하며 1인 마켓의 사장님과 고객들이 편리하게 결제할 수 있도록 시스템도 플랫폼화하고 있다. 2012년에 1인 마켓이 블로그에 처음 등장했을 때는 개인 통장에 현금 결제만 가능했다. 계좌 이체만 가능했고, 현금영수증이 발급되는 것도 한참 뒤의 일이었다. 이때는 댓글로 이체 내역을 남겨놓는 방법으로 서로 확인했고, 곧 구글 엑셀폼을 이용해 주문서를 만들기 시작했다. 주문 입금 내역을 사람이 일일이 확인해야 했다. 이체 오류, 환불, 교환 처리 등이 수기로 처리되고 블로그 댓글, 전화 통화, 문자로 추가적으로 연락을 했다.

이때는 판매자도, 구매자도 쇼핑몰의 개념으로까지는 생각하지 못했던 시기라 탈세가 이뤄지기도 했다. 현금영수증 미발급과 현금 매출 누락으로 부가세나 종합소득세에서 탈세가 많이 이루어지고, 비용 처리도 불분명하게 되어 상품 매입인지 개인 소비 상품인지 구분이 불분명했던 시절이다. 그로 인해 탈세 의혹을 받으며 문제가 발생한 블로거들이 생겼고, 점차 소비자들의 요청에 의해 카드 결제, 현금영수증 발급도 수기로 시작되었다.

2015년 이후, 불편한 수기 주문서와 결제에서 벗어나 '블로그페이'라는 결제 시스템을 도입하며, 인플루언서의 성장은 한 번 더 도약을 이뤘다. 인스타그램 프로필에 결제 페이지와 주문서 링크를 연동시켜 쇼핑몰 없이도 주문과 결제를 완료하는 시스템으로, 홈페이지 관리까지는 하기 어려운 1인 사업자들에게는 최적이었다.

인플루언서들은 주문서 생성과 입금 관리가 편리해졌고, 고객들은 카드 결제가 편리해지며 많은 이들이 인스타그램 쇼핑에 동참했고, 카드 매출이 폭발적으로 늘어났다. SNS 쇼핑이 플랫폼화될 수 있었던 계기는 결제의 편리함이 한몫을 했다. 2016년 블로그페이가 확산되면서 세일즈 이벤트가 있는 날은 하루 종일 긴장의 연속이었다. 하루에 몇만 명이 동시 접속하고 동시 결제가 이뤄지다 보니 오류가 생겼고, 오류가 생기면 고객들이 쇼핑에 불편을 느끼기 때문이다. 고객들이 느끼는 사소한 불편들을 빠르게 해결하지 못하면 그들의 발걸음을 다시는 돌리지 못할 수도 있기 때문에 지금까지 시스템이 업그레이드되고 편리화될 수 있었다.

현재는 인플루언서 시장의 성장을 주목한 기업들이 시스템과 솔류션을 발전시키고 있다. 온라인 쇼핑몰이 통합 솔류션을 개발해 국내 이커머스를 성장시킨 '메이크샵'에서 1인 창업자를 위한 SNS 전용 모바일 플랫폼 '마이소호'를 론칭했다. 모바일 쇼핑몰 구축부터 판매, 결제, 세금 관리까지 원스톱으로 관리할 수 있게 된 것이다. 모든 SNS 채널에 결제 링크 기능을 제공해, 고객은 빠르고 간편하게 결제를 할 수 있고, 관리자는 쉽게 운영할 수 있다. 시스템이 편리하기 때문에 업무에 들어가는 시간과 비용도 알낄 수 있어 성장 속도를 높일 수 있다.

가끔 뉴스 기사에 현금 결제 유도, 현금영수증 미발급, 카드 결제 거절, 탈세, 불통 등 1인 마켓에 대한 단점들이 등장하는데, 이렇게 기본적인 운영도 안 되는 곳은 누구도 이용해서는 안 된다. 이제는 그것이 비정상적인 운영 방법이라는 것을 많은 이들이 잘 알고 있고, 똑똑해진 소비자들이 먼저 알고 거르고, 또 국세청에 신고도 하고 있다.

칼배송은 기본 중의 기본

2017년도 스타트업계 뜨거운 이슈였던 '샛별배송'은 온라인 커머스의 경쟁이 치열해지며 물류의 혁신으로 평가받고 있다. 우리나라는 국토가 크지 않고 물류가 발달되어 1일 생활권에 들어와 있다. 인플루언서 커머스에서도 물류가 핵심 경쟁력 중 하나로 발전해왔다. 결제와 마찬가지로 배송 경쟁에서 우위를 선점한 인플루언서들은 고객들의 만족을 이끌어 큰 성장이라는 결실을 만들어냈다.

세일즈 행사 날 주문서를 만들고, 결제를 확인하고, 상품을 매입하면 입고까지 2일이 걸리고, 하나하나 손수 포장하여 배송을 내보내면 빨라야 1주일이고, 오래 걸리면 고객 배송이 10일까지도 걸렸던 시절이 있었다.

결제와 마찬가지로 2016년부터는 모든 것이 빨라졌다. 배송 전담팀이 생겨났고, 세일즈 행사 전에 모든 제품을 입고시켜놓은 후 주문서 정리가 몇 시간 안에 마무리가 되니, 주문과 동시에 포장이 들어가 당일 배송이 시작되었다. 이제 경험이 있는 인플루언서들과 기업들은 '칼배송'을 위한 사전 준비를 1주일 전에 완벽하게 해놓는다.

고객을 만족시키는 서비스들이 하나둘씩 업그레이드되며 SNS 쇼핑 시장이 크게 성장할 수 있었다. 정성스러운 고객 상담, 편리한 결제 시스템, 빠른 배송 서비스는 인플루언서 시장의 디테일을 완성시켜주었다. 이제는 모두가 당연하게 생각하는 서비스지만 그 과정 속에는 수많은 인력들의 노력이 있었다. 지금도 부족한 부분들은 채워지고 있고, 새로운 혁신이 이 시장을 성장시킬 것으로 예상된다. 소비자들은 이 쇼핑 세계를 즐겁게 누리기만 하면 된다. 기업들이 빈 공간을 찾아 끊임없이 보완하고 수정하고 업그레이드할 것이기 때문이다.

8

Evaluation: 성공인가 실패인가? 성적표를 분석하고 다음을 준비한다

성공인가 실패인가

'성공이냐, 실패냐'는 그동안의 경험을 바탕으로 세일즈 이벤트의 결과를 직감적으로 1시간 안에 분석해볼 수 있다. 콘텐츠를 올리고, 홍보를 하고, 사전 이벤트를 진행할 때부터 이미 감은 잡을 수 있고, 세일즈 이벤트 오픈 직후 1시간이면 매출이 어느 정도까지 가능할지 알 수 있다. 결과를 예측하는 감각은 정량적 평가와 정성적 평가 두 가지를 종합적으로 분석하는 연습을 통해 길러질 수 있다.

평가에 앞서 기업과 인플루언서 모두 시작할 때 나름의 목표를 가지고 있었을 것이다. 매출액, 고객 숫자, 브랜드 인지도와 호감도 등 생각해둔 목표를 정리해둘 필요가 있다. 모든 캠페인은 목표와 결과를 숫자와 텍스트로 저장해 분석을 습관화해야 한다. 매번 분석 결과 리포트를 저장해두면 성공과 실패 여부를 떠나서 의미 있는 내부 자료가 되어준다.

네 가지 정량적 평가 방법

먼저 정량적 평가는 숫자와 수치로 평가하는 결과다. 첫 번째로 가장 궁금한 결과는 '매출'이다. 몇 개가 판매되었는가? 총 매출액은 얼마인가? 명확하게 성공과 실패를 말할 수 있는 결과다. 처음 론칭하는 제품일 경우는 매출 예상이 어렵다. 미리 타사와 비교한 목표치를 선정해두거나, 기업과 인플루언서가 현재 판매 중인 타 품목과 비교해서 매출 혹은 판매 수량에 대한 목표를 설정해둔다. 첫 론칭이 아니라면 예측은 좀 더 쉬워진다. 론칭 때와 다른 인플루언서가 판매하더라도 대략적인 소비자들의 구매 패턴을 감안하면 목표치를 설정할 수 있다.

"매출은 인격이다"라고 말할 정도로 매출은 각 회사의 지위를 나타낸다. 매출이 많이 나오는 인플루언서들에게는 큰 기업도 을이 되고, 누가 판매해도 매출이 잘 나오는 스타 상품을 가진 기업은 인플루언서들에게 갑이 된다. 그러나 영원한 갑도, 을도 없는 법이다. 단순하게 갑과 을로 관계를 표현했지만, 현재 매출만으로 서로의 관계를 정의할 수는 없다. 한두 번의 매출 결과로 서로를 평가하지 않아야 오랫동안 유통업계에서 좋은 평판을 가지고 일을 할 수 있다.

두 번째는 '고객 숫자'다. 판매 결과에 대한 고객 숫자는 CRM (Customer Relationship Management) 분석을 통해 다양하게 분류해보고 의미를 분석해볼 수 있다. 고객을 관리하고 그들의 정보를 재가공하는 CRM 분석 자료는 빅데이터가 아니더라도, 작은 모수의 고객이라도 최소한의 정보로 만들 수 있어야 하고, 이는 기업 내부에 큰 자산이 되어준다.

아직 인플루언서 커머스 고객 데이터는 CRM 프로그램으로 시스템화되어 있지는 않은 상태다. 고객의 정보를 인플루언서와 협의하에 함께 분석해서 리포트를 만들어놓는 작업을 해놓을 필요가 있다. 지금은 단순한 지표지만 신규 고객이 몇 명인지, 재구매 고객이 몇 명인지, 고객의 거주 지역이 어디인지 정도는 분석한다. 그리고 고객별 객단가를 분석하여 판매 주기와 구매 단위를 분석해, 다음 프로모션에 활용하도록 한다. 향후 시스템을 발전시켜 고객들의 프로파일을 다양하게 분석하여 시뮬레이션을 돌려본다면 불필요한 비용을 줄이고 정확한 타깃팅이 가능할 것이다.

세 번째는 '사이트 방문자 수'다. 최종 구매를 웹사이트에서 할수도 있고 결제창만 만들어둘 수도 있고 블로그 페이지에 연결시켜 할 수도 있는데, 이때 방문자 수, 트래픽을 확인하면 방문자 수 대비 구매전환율을 계산해볼 수 있다. 1만 명이 방문해서 100명이 구매를 했는지, 3,000명이 방문해서 300명이 구매를 했는지 효율성에 대한 분석이 가능하다. 평소 방문자 수를 함께 체크해두고 비교 분석한다.

결과가 성공적일 때는 포털 사이트에서 변화가 일어난다. 고객들은 구매 직전 다른 채널에서 추가로 정보 검색을 하기 때문에 네이버 검색어에 변화가 온다. 급격히 검색량이 늘어나면 브랜드, 상품명, 인플루언서와 함께 연관검색어가 만들어지기도 한다. 사전 바이럴이 잘되면 세일즈 이벤트 전에 이미 연관검색어가 만들어져 소비자의 관심을 느낄 수 있다. 또 인스타그램의 해시태그(#) 검색어도 많아진다. 요즘은 해시태그에서도 연관검색어가 만들어지기도 한다.

SNS 수치들은 꼭 그 증감을 표시해둔다. 팔로워 숫자가 늘어났다면 좋은 의미로 분석할 수 있다. 신규 고객이 늘어나고, 해당 제품에 대한 바이럴이 성공적이었다고 볼 수 있고, 향후 동참할 수 있는 핵심층이 확보된 것과 같다. 또 좋아요, 공유, 댓글 수도 트래킹해두면 허위 숫자가 얼마나 되는지 알 수 있으며, 이 숫자를 토대로 구매율을 분석할 수 있다. 콘텐츠의 내용이 얼마나 동감을 일으키고 신뢰를 얻는지에 대한 종합적인 분석도 가능하다.

마지막 네 번째로 콘텐츠에 대한 '정량적인 분석'이 필요하다. 홍보를 언제부터 시작했는지, 콘텐츠를 몇 번 업로드했는지, 주기는 어떻게 되는지에 대해서다. 이 수치가 크게 중요하지는 않지만, 다음 스케줄을 준비할 때 일정을 예상할 수 있다.

깊이 있는 정성적 평가

정성적인 평가는 텍스트로 저장된다. 먼저 세일즈를 위한 콘텐츠가 브랜드의 메시지와 일치하는지 방향성에 대한 평가다. 사전에 자료 공유는 최대한 많을수록 좋고, 이 공식 자료가 소비자에게 어필할 수 있는 콘텐츠로 재가공되어 SNS에 업로드된다. 이때 기업의 브랜드 자료는 다소 어렵고 딱딱하다 보니, 소비자의 시각에서 재미있게 풀어내는 것은 인플루언서의 역할이다.

꼼꼼한 인플루언서들은 브랜드 메시지에 대해 공부를 많이 하고 질문도 많다. 그만큼 정성을 다하는 콘텐츠는 고객도 바로 알아본다. 상품에 대한 정보 전달력은 인플루언서 스타일에 따라 많이 달라진다. 기업 자료보다도 더 공부를 많이 해서 다양한 정보를 소비자에게 전하는 인플루언서의 노력을 보면, 매출 결과와 무관하게 감동을 받기도 한다. 그리고 다행히도 이러한 노력은 대부분 매출로 연결이 된다. 자세한 정보가 필요한 전자제품, 화장품, 건강기능식품은 특히나 공부한 만큼 콘텐츠가 탄탄하게 나오고 CS 상담, 매출에도 큰 영향을 준다.

고객을 사로잡는 이미지와 영상 제작의 퀄리티도 정성적인 평가 대상이다. 직관적으로 제품을 표현하는 한 장의 이미지는 열 마디의 말보다 강할 때가 있다. 또 영상은 앞으로 마케팅 툴로 피할 수 없다. 처음부터 좋은 퀄리티의 영상이 나오지는 않겠지만, 핸드폰이라도 촬영하여 생동감 있게 제품을 소개한다면 한 번 더 바이럴이 될 확률이 높다.

소통 방법에도 정성적 평가를 해볼 수 있다. 고객과의 소통을 늘려가는 방법 중 라이브 채팅이 있다. 진정성 있는 쌍방향 커뮤니케이션에 유튜브, 인스타그램 모두 라이브 소통이 중요하다. 고객들의 질문도 받고 시연도 하면서 고객 친밀도와 행사 참여도를 높이기 위한 방법이다. 라이브 소통이 중요한 것은 알지만 생각보다 쉽게 실천할 수 있는 방법이 아니다 보니, 고객들은 라이브 소통을 하는 인플루언서에 많은 관심을 준다.

미래를 위한 성적표 공유

실패와 성공은 정량적, 정성적 평가의 종합적 분석을 통해 투자 대비 효율이 있었는지, 브랜드 자산인 인지도와 호감도가 형성되었는지 갈무리해볼 수 있다. 그러나 단 한 번의 기회와 결과로 이 시장을 평가할 수 없기 때문에 기업 내부 자료로 보관하고 다양한 시도를 통해 스터디하기 바란다. 평가를 통해 보완할 수 있는 부분을 찾아내고 새롭게 제안할 수 있는 상품과 서비스를 재점검해야 한다.

마지막으로 분석된 자료를 인플루언서와 함께 공유하고 서로에 대해 피드백을 주고받는 것이 중요하다. 이 자료를 바탕으로 본인의 기업과 궁합이 맞는 인플루언서 팀이 형성될 것이다. 만약 실패를 하더라도 똑똑한 인플루언서는 기업의 정성스러운 분석 자료를 통해 새로운 기회를 받아들일 것이다. 그리고 발 빠르게 다음을 약속할 것이다. 신뢰감을 바탕으로 지속적인 기회를 만들어나가기 위해 모두가 함께 결과를 분석하고 미래를 그려나가야 한다.

9

Agency: 직접 할까? 맡길까? 믿을 수 있는 파트너 대행사 활용 전략

지금이라도 시작해야 하는 이유

나는 지난 몇 해 동안 인플루언서 커머스 시장에 참여해 그 성장에 일부 기여를 해왔다. 특히, 최근에는 인플루언서 마켓 관련 기업, 대행사, 스타트업이 눈에 띄게 늘어나고 있는 모습을 보게 된다. 2018년을 기점으로 데이터 분석 앱과 함께 등장한 스타트업들을 보며 이 시장이 앞으로 어떻게 변화할지 새로운 시각으로 바라보고 있다.

MCN 전문 기업, 비디오 커머스로 퍼포먼스 마케팅을 하는 기업, 중국 유통사, 빅데이터 분석 및 프로그램 개발사 등이 인플루언서와의 광고 및 홍보의 영역을 넘어 브랜드와 매칭시켜 커머스 네트워크를 만들어내는 사업을 더하고 있다. 그만큼 마케팅 비즈니스 영역에서 인플루언서 커머스에 관심이 집중되고 있음을 실감한다.

뿐만 아니라 대기업의 소비재 브랜드 담당, 백화점 MD, 다양한 영역의 제조사와 브랜드, 타 유통 채널 MD들, 콧대 높다는 해외 브랜드 기업까지도 인플루언서 커머스라는 새로운 유통망에 대한 관심도가 높아졌다.

최근 1년간 300개가 넘는 브랜드와 미팅을 가졌다. 처음 이 사업을 시작할 때는 좋은 상품을 하나하나 수소문해서 찾아다녔는데, 이제는 다양한 많은 기업들이 직접 우리 회사로 찾아와 미팅을 요청하고 있다. 그렇게 많은 기업들을 만나서 각 상황에 맞는 상담을 진행하다 보면 상품과 서비스는 달라도 기업에서 해결해야 하는 문제가 무엇인지 비슷한 고민들을 들어볼 수 있다.

그 고민의 시작과 끝을 함께 연구하며 문제를 하나씩 해결해나가다 보니 이제는 그동안 겪은 경험이 사업의 노하우가 되었다. 파도처럼 오르락내리락했던 시장 상황도 결국 우상향 곡선을 그려왔음이 보이고, 앞으로의 시장 전망에 대해 더욱 확신을 갖게 되었다.

그 확신으로 감히 인플루언서 커머스 플랫폼은 이제 시작이라고 말하고 싶다. 지난 몇 년간 아주 작은 시작으로부터 시장이 형성되었고, 이제는 공중파 뉴스에서 다뤄질 만큼 이슈화되는 유통 채널로 자리 잡았다. 개인화와 글로벌화가 가속화되는 이 시대에 1인 미디어의 영향력은 전 세계적으로 더 커질 것이며, 모바일 디바이스, 빅데이터, AI, 블록체인, 가상화폐의 발달과 함께 새로운 비즈니스 모델로 혁신하고 변화할 것으로 예상한다.

이런 이유로 지금도 이 시장으로의 진입이 늦지 않았다고 말할 수 있다. 인플루언서라는 매개체와 지금의 소비자 패턴을 읽기 위해서 지금이라도 이 시장에 뛰어들어 경험부터 해보라고 이야기하고 싶다. 그 알고리즘과 트렌드를 읽고 경험을 쌓아야만 그 다음을 준비할 수 있다. 새로운 기회에서 큰 열매를 따고 싶다면, 좋은 밭부터 일궈놓아야 새로운 씨도 뿌릴 수 있는 법이다. 비옥한 토양을 만들어놓고 좋은 씨앗을 심어놓는다면 시간이 지나 꽃과 열매가 열려 수확할 수 있다.

인플루언서 커머스를 진행하는 방법은 기업 내부에서 직접 유통 채널을 관리하는 방법과 전문 에이전시와 협업하는 방법이 있다. 여러 기업들의 사례들을 보건데, 두 가지 방법을 함께 쓰는 것은 추천하지 않는다. 닥쳐오는 여러 가지 이슈에 대응할 때 상당한 혼선이 오고, 주도권의 열쇠를 누가 갖는가에 대한 소모적인 신경전이 발생해 결국 좋은 결과가 나오지 않기 때문이다.

기업에서 인플루언서 세일즈 마케팅 직접 운영하기

먼저 기업 내부에서 직접 진행하는 방향은 기업의 장기적인 전략으로 계획할 수 있다. 새로운 유통을 경험하고, 네트워크를 쌓고, 노하우를 저장하는 내부 팀을 조직화해놓는다면 기업의 큰 자산이 될 것이다. 담당 직원 혹은 팀을 꾸려 인플루언서를 섭외하고 행사를 마무리하는 것까지 직접 진행한다면 커뮤니케이션 단계를 줄일 수 있고, 유통 단계도 짧아져 거래 비용을 줄일 수 있다.

이 책에 담긴 기본기만 잘 익힌다면 직접 진행해도 큰 무리 없이 실행해볼 수 있다. 시간이 오래 걸리고 시행착오가 있겠지만, 기업에 다양한 카테고리나 상품이 있다면 다양하게 프로모션을 제공할 수도 있고 소비자와 인플루언서에게 줄 수 있는 혜택들을 직접 의사결정할 수 있어 좋다.

다만, 내부 인력 운용에 어려움을 겪을 수도 있다. 긴 호흡으로 일해야 하는 자리기 때문에 담당자가 감당해야 할 업무가 상당하고, 종종 인플루언서와의 커뮤니케이션에 문제가 발생했을 때 중간 조율자가 없어 부딪히는 일들에 어려움을 겪을 수 있다. 또 인플루언서에게 문제가 발생했을 때 중간 방파제 없이 쓰나미가 바닷가 마을을 집어삼키듯 기업에 직접적인 영향을 끼치기도 한다.

파트너 에이전시 활용하기

반면 파트너 에이전시와 함께하면 운영 노하우를 보다 빠르게 토털 패키지로 제공받을 수 있다. 가장 큰 장점으로 인플루언서 시장을 운영하는 조직화된 팀이 있다는 점과 참고할 수 있는 다양한 기업 사례를 보유하고 있다는 점이다.

먼저, 판매 분석 시스템을 가지고 브랜드와 셀러 매칭에 최적화를 찾아준다. 오랫동안 추적 관찰한 내용을 바탕으로 인플루언서의 팔로워와 인플루언서들의 네트워크를 분석해 그들의 프로필을 검토하고 1차 필터링을 해준다.

또 과거 거래 내역이 있다면 축적된 판매 데이터를 통해 제품과 매칭시키며, 고객 DB를 활용하여 타깃팅 가능한 고객 집단을 추려낼 수 있다. 우리 회사에서도 커머스형 인플루언서를 다양한 필터링으로 분류하여 효율적인 매칭에 힘쓰고 있다.

전문 에이전시는 기업과 인플루언서 간의 조율을 해주는 커뮤니케이터 역할과 동시에 상품을 유통하고 거래하는 트레이더(Trader) 역할도 한다. 공급업체(Distributor)로 독점적 총판을 맡는 경우도 있고, 지사(Agent)로 운영되기도 한다. 이 과정에서 재고를 배분하고 가격 및 판매 조건 등을 조율하며 운영 과정에서 얻는 인플루언서와 소비자들의 피드백들을 분석해 상품 기획에도 적극 참여한다.

또 마케팅에 적극적으로 참여해 타깃 고객을 분석하여 퍼포먼스 마케팅을 지원하기도 한다. 유튜브, 인스타그램용 동영상 촬영과 편집 등 바이럴 영상을 제작 지원하여 시너지를 낼 수 있도록 하고, 체험단 진행, 네이버와 인스타그램 후기 이벤트 등 토털 패키지로 전방위 캠페인화한다.

샛별배송급의 신속한 배송과 CS를 통한 사후 고객 서비스 관리까지 원스톱으로 기업과 인플루언서를 지원한다. 이러한 에이전시가 만들어내는 가치사슬(Value Chain)은 인플루언서 커머스 시장에서의 효율을 극대화시킨다. 중간 과정이 효율화되어 새로운 부가가치가 형성되면 기업은 상품 개발에 대한 집중을, 인플루언서는 판매를 위한 집중을 최대치로 올릴 수 있기 때문이다.

인플루언서 커머스 에이전시는 대부분 수익 대비 수수료로 움직이기 때문에 마케팅 에이전시보다 비용적으로 부담이 없어 더욱 효율적이다. 그러나 절대 잊지 말아야 할 부분이 있다. 에이전시가 많은 인플루언서 리스트를 보유하고 있고, 다양한 히트 상품을 갖고 있어 빅데이터를 통해 자동 매칭을 해준다고 해도 완벽하게 성공을 보장받을 수 없다.

그보다는 소수의 자기 편으로 만들어진 인플루언서 팀과 자신의 회사가 만드는 제품이라 생각하는 상품과 소비자를 생각하는 진정성의 기획이 있다면, 숫자적으로 적더라도 놀라운 기적을 만들어 낼 수 있다. 믿을 수 있는 파트너 에이전시를 찾는다면 하나의 원 팀(One Team)으로 지낼 수 있는 MD, 마케터, 영업 직원들과 진심을 나누는 소통이 중요하다.

4장

인플루언서 커머스로 매출 10배 올리기

1

뷰티: 1세대 인플루언서 커머스의 성공과 미래

입소문에 가장 민감한 화장품 산업

몇 년간 SNS 광고, 홍보, 유통의 트렌드를 견인한 카테고리는 단연 뷰티 산업이라고 할 수 있다. 네이버 블로그로부터 시작된 뷰티 업계의 디지털 마케팅은 새로운 브랜드를 탄생시키고, 일반인 뷰티 전문가들을 배출하고, 다양한 뷰티 아이템이 개발될 수 있는 환경을 조성해 전 세계인의 관심을 받게 된 K-beauty라는 글로벌 트렌드를 만들어냈다.

페이스북, 인스타그램, 유튜브로 이어진 새로운 플랫폼에서도 뷰티 영역의 활약으로 전체적인 뷰티 산업이 성장할 수 있었다. 특히나 SNS라는 플랫폼은 젊은 여성들이 좋아하는, 디지털로 수다를 떨 수 있는 매체가 되기도 하고 본인의 라이프를 공유하기도 하는 등 입소문의 근원이 된다. 외모를 아름답게 꾸며 셀카를 올리고, 다양한 정보를 지인들과 공유하는 SNS 플랫폼은 뷰티 상품과 궁합이 맞을 수밖에 없다.

뷰티 관련 상품은 깊은 스토리가 중요하다. 1차적으로는 이 상품을 어떻게 사용해야 하는지, 어떤 피부에 어떻게 써야 효과가 나는지, 다음으로 그 효과를 나타내기 위한 기술은 어떻게 개발되었는지, 얼마나 귀한 재료로 만들어졌는지, 주변의 지인들이 많이 쓰고 만족하고 있는지, 어디 가면 구매할 수 있는지 스토리텔링을 기반으로 하는 설명과 상담이 필요한 제품이다.

전통적으로 뷰티 상품은 뷰티 어드바이저(Beauty Advisor)의 상품 스토리텔링 및 대고객 상담 스킬이 중요하다. 고객들 한 명 한 명에게 심도 있는 카운슬링을 바탕으로 화장품을 추천하는 것이 상품에 대한 만족도를 높일 수 있는 방법이다. 과거에는 백화점, 방문 판매, 종합 화장품의 매장 직원이 그 역할을 했다면 지금은 인플루언서들이 그러한 역할을 대신하고 있다. 면대면의 상담이 아니라, 다양한 플랫폼을 통해 뷰티 관련 콘텐츠를 제작해서 구독자들과 소통하는 방법으로 말이다. 앞으로도 인플루언서와 뷰티는 따로 떨어뜨릴 수 없을 정도로 가깝게 동반 성장할 것이다.

화장품 산업은 지금 숨고르기 중

국내 최대 화장품 회사인 아모레퍼시픽 서경배 회장이 국내 주식 부자 2위로 올라서고, 새로운 신진 브랜드 '스타일난다'가 6000억에 글로벌 No.1 화장품 기업인 로레알에 매각되고, 수십억을 벌어들이는 뷰티 유튜버, 뷰티 셀러들이 대거 등장해 성공 신화를 만들어내던 대한민국 뷰티 업계가 최근 1년은 침체되어 있다.

화장품 업계는 이대로 성장을 멈출 것일까? 이제 더 이상 고객들은 화장품을 원하지 않고, 화장품 업계에 새로운 기회는 나타나지 않을까? 절대 그렇지 않다. 화장품은 여성들에게 의식주와 같은 필수품이고, 오랫동안 잡혀온 소비의 형태기 때문에 크게 바뀌지는 않을 것이다. 시장은 파도와 같아서 올라갈 때가 있고, 내려올 때가 있다. 지금의 뷰티 업계는 성공에서 내려와 잠시 숨 고르기를 하고 있을 뿐이다.

한국 여성들의 화장품 문화는 오랜 시간 동안 다양한 제품으로 피부관리를 해온 인문학적 역사가 있다. 그렇기 때문에 갑자기 피부관리에 소홀하고, 10개 쓰던 제품을 1개로 줄이는 큰 소비문화의 변화로는 이어지지 않을 것이다.

지금의 문제는 고객들이 SNS 플랫폼이 성장하며 많은 콘텐츠에 노출되어 더 이상 자극에 반응하지 않고, 비슷한 정보가 넘쳐나 그 정보의 홍수에 지치는 단계에 와 있다는 것이다. 또 시장을 이끌어갈 새로운 킬러 상품이 부족하고, 최근 벌어지고 있는 과대 광고와 허위 광고에 대한 불신이 소비자들의 구매 욕구를 꺾는 상황이다.

여성들이 화장품을 더 이상 소비하지 않는 것이 아니라 믿고 구매할 콘텐츠와 유통 채널이 부족하고, 기존의 플랫폼들은 소비자들에게 더 이상 쇼핑의 즐거움을 선사하지 못하고 있는 것이다. 소비자들은 새로운 즐거움을 원하는데, 지금 상황은 쇼핑의 즐거움을 찾을 수 없다는 데 큰 문제가 있다. 시장(Market)은 살아 움직이고 진화하는 진행형(~ing)이기 때문에 새로운 마케팅(Marketing)의 기회를 만들어 시장에 새로운 바람을 불게 해야 한다.

다양해지는 홈 뷰티 트렌드

뷰티 업계 새로운 바람을 만들어낸 홈 에스테틱의 트렌드는 집에서 전문가의 손길을 직접 경험할 수 있는 다양한 상품들을 개발해냈고, 최근에는 '셀프 뷰티 디바이스'로 불리는 가정용 뷰티 기기 시장이 매년 10%씩 성장하고 있다. LG경제연구소에 따르면, 2013년 800억 원이었던 홈 뷰티 디바이스 시장 규모가 2019년에는 5000억 원을 돌파할 것으로 예상되며, 글로벌 시장에서도 매년 20% 성장하고 있어 향후 시장 전망이 밝다.

뷰티 디바이스들은 이미 몇 년 전부터 편집숍에 등장했지만, 큰 관심을 받지는 못하다가 LG전자에서 피부 코어 탄력을 살려주는 LED 마스크인 프라엘을 론칭하며 시장에 활력이 생겼다. 그동안 인기를 얻었던 미용 기기 제품들은 이영애 맛사지 롤러로 불리던 '리파캐럿', 로레알에서 선보인 전동 클렌저 '클라리소닉' 정도였는

데 이제는 의료 기술이 뷰티 기기에 접목되며 정보 기술(IT)과 뷰티가 결합된 '뷰티 테크 시장'이 본격적으로 열리고 있다.

LED 기술이 적용된 'LG 프라엘 마스크'와 아모레퍼시픽의 '메이크온 스킨 테라피'를 기점으로 고주파, 원적외선 등 의료와 피부에 관련된 특허 기술들이 접목된 기기들이 늘어나 홈 뷰티 시장은 더욱 커질 것이다.

그렇기 때문에 홈 뷰티 디바이스와 시너지를 낼 수 있는 보다 전문화된 스킨케어 상품들이 함께 개발되어 시장의 크기를 같이 키워야 한다. 성형외과 혹은 피부과에서 사용되는 의료 기구, 시술의 원료들이 에스테틱에서 사용되는 화장품의 형태로 개발되어 홈 디바이스와 결합된 상품으로 구성된다면 셀프케어의 완벽한 패키지로 완성될 것이다. 네일 시장에서의 셀프케어 트렌드가 성장하고 있고, 네일숍에서 고가에 시술하던 젤(Gel) 네일이 집에서도 시술 가능하도록 다양한 도구들이 선보이고 호응을 얻는 것처럼 말이다.

집에서 즐기는 합리적인 홈 뷰티 패키지는 인플루언서와의 협업과 궁합이 잘 맞는다. 집에서 해결하는 뷰티 힐링의 콘텐츠 제작에 인플루언서들은 적합한 모델이며, 다양한 스토리텔링으로 디바이스와 화장품의 사용법과 홈 뷰티 라이프스타일을 소개해줄 수 있다.

직접 시연하고 집에서 힐링하는 모습을 라이브로 진행하며 고객들의 궁금증을 풀어주는 소통을 진행한다면 '나만의' 공간에서 홀로 즐기는 홈 뷰티 케어 시장은 더욱 성장할 것으로 보인다. 시장의 규모에 비해 아직까지 개발되지 않은 홈 뷰티 디바이스 콘텐츠에 관심을 가져야 하는 이유가 여기에 있다.

뷰티 시장의 도약을 준비하기 위해서 지금 고객들이 어느 부분에 피로감을 느끼고, 어떤 뷰티 트렌드를 원하는지 리서치가 필요하다. 젊은 여성 고객들이 관심 갖는 사회적 이슈, 휴가를 보내는 방법, 경제활동의 주체로서 어느 영역의 소비 지출이 늘어나는지, 반응하는 예능과 드라마, 밀레니얼 세대의 워너비 아이콘은 누구인지, 환경에 대한 관심 등 다양한 방법으로 분석하다 보면 뷰티 제품이 어느 부분의 혁신을 맡아서 그녀들을 풀어줄 것인지 길이 보일 것이다.

소위 업계에서 대박 난 상품이라 불리는 제품을 OEM, ODM 공장을 통해 카피하지 말자. 이미 지나간 트렌드일 뿐이며, 시장에 넘쳐나는 비슷한 콘셉트의 제품들은 결국 고객들의 구매 욕구를 떨어뜨려 또다시 시장의 동력을 멈추게 할 것이다.

2

육아용품: 공동 구매의 시작은 육아용품부터

저출산 시대 프리미엄 베이비

'저출산'으로 머리 아픈 2018년 대한민국의 출산율은 0.98명으로 OECD 꼴찌, 1명이 채 안 된다. 역대 최저 출산율로 매년 저출산의 기록이 갱신되고 있다. 그러나 '베이비 페어(Baby Fair)'는 엄청난 인기를 끈다. 2018년 베이비 페어에 약 8만 명의 관람객이 방문했는데, 그 다음 해인 2019년에는 약 10만 명이 방문했다. 저출산 수치와는 다르게 베이비 페어 방문 관람객이 증가하고 있다.

이 두 가지 상반된 이슈를 통해 볼 수 있는 소비 트렌드는 육아 소비 시장이 양극화되고, 고급화되고 있다는 점이다. 아이를 낳지 않는 부부들이 많아지지만, 일단 아이를 낳은 부부들은 육아에 매우 깊은 고관여 소비를 하고 있다.

육아 정보, 육아용품, 교육으로 이어지는 육아 관련 소비 시장은 저출산 시대에 태어난 아이들에게 맞춰져 발전되고 있다. 저출산으로 소비자 숫자는 줄어들지만, 1명의 아이에게 집중하는 온 가족들의 소비 성향으로 지갑의 크기는 커지고 있다.

육아를 위한 상권과 교육을 위한 특구의 존재는 더욱 프리미엄화되어간다. 어린 자녀를 둔 부모를 위해 모바일 쇼핑의 크기는 더욱 크고 빠르게 성장하고 있고, 유아기 어린아이들과 부모의 주말 놀이로 활용할 수 있도록 오프라인 쇼핑몰의 엔터테인먼트 프로그램들이 다양하게 양적, 질적 성장을 하고 있다. 또한 특수한 교육 특구를 형성하는 일부 학군 밀집 지역의 집값은 절대로 떨어질 수 없는 특수성으로 더욱 치솟고 있다. 저출산에도 불구하고 육아 시장이 흔들리지 않고 있는 것이다.

대부분 공동 구매를 시작하게 되는 시기가 육아의 시작 시기와 비슷하다. 첫아이 출산 후에는 대부분 엄마들이 쿠팡의 로켓 배송과 SNS 공동 구매로 쇼핑을 한다. 아이와 함께 있기 때문에 외출이 자유롭지 못해 모바일로 쇼핑을 해결할 수 있는 방법을 찾고, 아이의 사진과 함께 SNS 공동 육아를 시작하게 된다. 또 공동 구매를 통해 저렴한 가격으로 육아용품을 구매한다.

비슷한 또래의 아이들은 어떻게 크고 있는지, 아이에게 필요한 것은 무엇인지, 비슷한 지역에 살고 있는 아기 엄마들은 누구인지, 어떤 제품들로 육아를 하는지 육아에 관해 궁금한 모든 것들을 모바일 속 SNS와 쇼핑몰로 해결하고 있다.

육아는 장비빨

제품 닉네임으로 앞에 '국민' 글자가 붙는 육아용품들이 있다. '국민 젖병', '국민 문짝', '국민 기저귀함', '국민 아기띠' 등 다양한 아이템 앞에 붙는 수식어는 그만큼 출산 준비물로 무조건 구비해야 한다는, 대부분의 육아 맘들이 구매해서 경험해본 제품이라는 뜻이다. 업체에서 스스로 짓는 네이밍이 아니라, 육아를 하는 엄마들 사이에서 입소문이 난 제품들로 커뮤니티나 SNS에서 자연스럽게 '국민'이라는 수식어를 상장처럼 달아준다.

스테디셀러로 오래가는 제품도 있고, 떠오르는 신예 육아 상품들이 생겨나면서 육아 시장은 트렌드를 타고 빠르게 돌아간다. 필자도 5년 만에 둘째 아이를 임신하고 출산하니, 첫째 아이 때와는 전혀 다른 새로운 육아용품 시장에 놀란 적이 있다. 또래 아이를 키우는 엄마들과 소통하기 위해서는 새로운 육아 아이템에 대한 적응이 필요했다.

인스타그램의 해시태그에 #육아는장비빨, #육아는템빨, #육아는아이템빨이라는 콘텐츠가 무려 약 58만 개의 사진과 글로 올라와 있다. SNS 헤비 유저인 엄마들이 육아용품을 얼마나 많이 구매하고 얼마나 많은 정보를 공유하는지 알 수 있는 키워드다.

이러한 육아 소통 속에 인기를 얻는 인플루언서들이 탄생했다.

첫 번째는 예쁜 아이를 육아하는 엄마로, 일명 랜선 이모들이 팬덤을 형성하는 인플루언서다. 다양한 연령층의 랜선 이모들이 육아 프로그램을 함께 시청하듯 이들의 콘텐츠를 소비하고 열렬한 팬이 된다. 이 경우는 실질적인 육아용품 소비 고객층보다는 귀여운 아이 얼굴을 보고 싶어 하고, 육아를 대리 경험하는 일반인들이 팔로워로 구성된다.

두 번째는 야무진 살림과 육아 솜씨로 엄마들의 워너비로 등극하고, 라이프스타일과 관련된 정보를 공유하는 인플루언서다. 아이보다 엄마에 대한 관심이 높아 이들은 마켓형 인플루언서로 성장하거나, 본인이 개발한 아이템으로 브랜드를 론칭해 사업화한다. 경험을 바탕으로 하는 상품 소싱 혹은 신제품 개발이 실질적 사용자인 엄마 소비자층들의 구매를 촉진시킨다.

육아 시장을 이끄는 이들 인플루언서들은 아이 관련 상품을 판매하다 보니 본인의 아이를 통해 까다로운 검증을 하고, 자신 있게 추천하기 위해서 조심성 있게 상품을 골라낸다. 같은 엄마의 마음으로 진심으로 추천할 수 있어야 판매가 가능하고, 그러한 마음이 통했을 때는 다른 엄마들의 전폭적인 신뢰와 지지를 받는다.

육아 시장은 신생아, 유아, 키즈, 초등학생까지 대상 범위로 하며, 패션, 뷰티, 식품, 장난감, 교육 등 다양한 카테고리가 연령층별로 세분화되어 있다. 신생아부터 시작된 SNS 쇼핑이 아이가 초등학생으로 성장할 때까지 이어져, 엄마들은 전문적이고 트렌디하고 행복감을 느낄 수 있는 다양한 용품을 구매하고 판매하고 정보를 공유하는 것을 즐긴다. 육아와 관련된 브랜드와 상품을 소비자들에게 전달하는 데 SNS 마켓만큼 최적화된 공간은 없다.

아이 대신 반려동물 키워요

육아 시장과 비슷하게 주목받는 산업이 또 있다. 바로 반려동물 산업이다. 저출산과는 반대로 반려동물 시장은 매년 커지고 있고, 아이를 낳지 않고 강아지나 고양이를 마치 자식처럼 키우는 젊은 부부들이 많고, 1인 가구면서 가족으로 입양하는 경우가 많아졌다.

가족 또는 자식과 같은 가족 구성원으로 받아들이고 있어 이들을 양육하는 사료, 의약품, 미용 용품, 놀이 상품, 펫 케어 서비스가 성장하고 있고, 유망한 산업으로 주목받고 있다. 반려동물을 입양하는 절대적인 인구가 늘어나다 보니 구조적으로 시장이 성장할 것으로 예측되고 있고, 이 중에서도 사료와 간식 분야가 가장 성장할 아이템 1순위로 꼽히고 있다. 단순히 먹이를 주는 개념이 아니라 영양과 건강을 생각하고 맛까지 고려되어 개발되는 추세다.

반려동물들도 가족과 같은 보살핌을 통해 음식과 건강관리를 받다 보니 수명이 늘어나 20년 이상 가족들과 한 집에 산다. 아이가 태어나 대학을 갈 정도의 절대적 시간을 함께 보내는 반려동물은 친구나 가족 이상의 깊은 유대 관계를 갖는다. 특히, 밀레니얼 세대들은 반려동물에 대한 애착이 강하고 그들을 위한 지출에 적극적이다.

앞서 육아와 관련되어 인플루언서가 탄생하듯 반려동물을 키우는 인플루언서들도 비슷한 유형으로 발전한다. 보편적으로 귀여운 동물에 대한 관심은 더욱 많은 일반인들에게 노출된다. 직접적인 세일즈로 더 큰 발전을 할 수 있는 시장이다. 아직은 시작 단계지만 미래 확장성이 높아 기대가 되는 시장이다.

반려동물들도 이제 건강하고 맛있는 식사와 프리미엄 케어를 받고 있다. 육아와 마찬가지로 반려동물을 위한 다양한 상품을 테스트하고, 주기적으로 구매하기 위한 공동 구매 채널의 역할로 SNS 마켓이 최적화되어 있다. 사람의 마음을 움직이는 반려동물 콘텐츠는 일반인들이 보편적으로 좋아하고, 반려동물을 키우는 사람들은 몰입도가 더욱 깊다.

반려동물을 위한 영양과 맛의 밸런스를 찾은 수제 식품 및 간식, 건강한 삶을 위한 영양제는 주인 가족들의 관심도가 크다. 말을 할 수 없는 동물들은 일단 먹어보아야 구매를 할 수 있기 때문에 샘플링이 중요하고, 여러 종류 샘플들을 정기 구독 형태로 보내주는 서브스크립션(Subscription) 비즈니스를 할 수 있다. 그리고 식사와 영양제는 주기적으로 섭취를 하기 때문에 그 후 공동 구매로 진행하고, 그 외 다양한 라이프스타일 제품들을 연계하고 제안할 수 있다.

가족과 아이를 생각하는 엄마의 마음은 똑같다. 잘 먹이고 잘 재우고 잘 입혀서 잘 클 수 있도록 다양한 아이템들을 찾고 경험하고 장단점을 공유한다. 소비자들이 양질의 쇼핑 정보를 원하고 구매 후 적극적으로 본인의 경험을 공유하는 현대 소비 시장에서 인플루언서 마켓은 마케팅과 세일즈의 중심에 서 있다. 가장 예민하지만 가장 흔들림 없는 시장으로 평가되는 육아 관련 SNS 마켓에서 고객들의 신뢰를 얻을 수 있다면 진정한 국민 브랜드를 탄생시킬 수 있다.

3

건강기능식품: 폭발적으로 성장하는 카테고리

전 세대가 원하는 웰에이징

최근, 라이프스타일에서 안티에이징(Anti-aging)이 아닌, 웰에이징(Well-aging)이 화두가 되고 있다. 젊은 세대들은 최대한 건강하고 아름답게, 멋지게 나이를 들어가고 싶다는 욕구가 있고, 시니어 세대들은 건강하고 행복한 노년을 위한 자기 관리에 대한 관심이 높아지고 있기 때문이다.

웰에이징이 인플루언서 마켓의 규모가 확대될 수 있었던 계기는 인플루언서들이 화장품 판매 후 이너뷰티와 건강에 대한 관심으로 자연스럽게 옮겨가며 판매하기 시작하면서부터였다. 처음에는 뷰티 관련 건강기능식품의 다이어트, 붓기 관련 제품들로 판매를 시작해, 이제는 다양한 비타민류, 홍삼, 유산균 등으로 건강 관련된 상품들이 많이 판매되고 있다.

30대의 여성들은 본인의 건강뿐만 아니라 온 가족의 건강에 신경을 쓰고 관심을 가지는 나이가 된다. 결혼과 출산을 경험하며 20대와는 확실히 달라지는 신체의 변화를 경험하지만, 일 혹은 가정을 돌봐야 하니 개인 시간의 부족 현상에 건강기능식품을 구매하기 시작한다. 에너지를 보충하고, 달라진 본인의 몸 건강을 보완해줄 수 있는 기능성 식품에 관심을 갖게 된다.

또한 30대에 가정을 꾸리게 되면 아이들 건강과 올바른 발육에 대한 관심은 최고치로 높아지고, 사회생활을 하는 남편을 위한 보조식품도 구매를 한다. 가족 구성원들의 사회생활로 주변의 경조사를 챙기고, 선물할 일이 많아 건강기능식품은 늘 1순위 아이템으로 꼽히며, 환갑을 전후로 하는 부모님의 건강에도 관심을 기울여야하는 자식으로서의 역할도 함께할 연령이 된다.

3040 온 가족의 건강을 생각하다

3, 40대 여성들은 다양한 연령층과 다양한 기능성의 건강기능식품에 눈을 뜨고 관심을 갖고 적극적인 구매를 할 수 있는 주력 소비자층이 된다. 과거에는 건강기능식품을 백화점 지하 코너, 마트, 홈쇼핑에서 구매를 했다면, 이제는 SNS 마켓에서도 다양한 상품을 만나고 구매하는 것이 대중화되고 있다. 오히려 구매의 편리함을 장

점으로 관심이 집중, 시장이 확산되고 있다.

건강기능식품도 화장품, 뷰티 관련 카테고리처럼 전문적이고 깊은 상담이 필요한 상품이다. 고객이 어떤 신체적 부족함을 느끼는지 알아야 하고, 어떤 효능과 효과를 원하는지를 파악할 수 있어야 한다. 그리고 건강과 관련된 상식을 꾸준히 전달하고, 소비자들이 미처 파악하지 못한 본인의 신체의 부족함을 깨닫게 해 아직 경험하지 못한 건강에 대한 니즈를 발견할 수 있어야 한다.

상담이 중요하다 보니, 건강기능식품은 판매자의 정확한 정보 전달과 소비자와의 소통 및 신뢰 구축이 가장 중요한 카테고리 상품이다. 자칫 건강 보조 식품을 오용하거나, 잘못 섭취를 하거나, 부작용을 일으킬 수 있는 중요한 문제점들이 있기 때문이다.

전문성 없는 인플루언서들이 과대 광고를 통해 판매를 하다가 적발되어 법적인 문제로 커지는 사건들이 종종 있다. 건강기능식품은 앞으로 식약처에서 더욱 까다롭게 필터링하고, 법적 관리가 적용될 것이므로, 본인들을 믿는 팔로워들에게 만병통치약을 선보이듯 과대 광고를 하는 사건들은 기업도, 인플루언서도 모두 조심해야 함을 알려주는 이슈가 된다.

건강기능식품 상담을 위해서는 연구원과 인플루언서와의 연구자료 교환이 필수적이다. 인플루언서는 소비자에 가까운 사람이기 때문에 기업에서 정확하게 이해할 수 있는 자료로 재가공하여 일반인들이 그 기능을 쉽게 이해할 수 있도록 콘텐츠 제작에 도움을 주어야 한다.

어떤 연구를 바탕으로 만들어진 것인지, 무슨 성분을 사용했는지, 어떤 소비자들이 복용하면 좋은지, 부작용을 일으킬 수 있는 사례들과 함께 복용하면 안 될 식품 등 까다롭다고 생각될 정도로 다양한 정보들을 미리 습득해야 한다.

이때 주의할 점은 절대 과대광고를 하거나 오인될 수 있는 여지의 콘텐츠를 제작하거나, 전문적으로 치유할 수 있는 약처럼 보여서는 안 된다는 것이다. 건강기능식품은 보조 식품으로서의 역할을 할 뿐이므로, 미리 식약처의 광고법에 대한 가이드라인을 익히고 준수해야 한다. 모든 병을 낫게 해주는 듯한 거짓 콘텐츠로 소비자들을 현혹하는 세일즈 행위는 오래 지속될 수 없다. 전문성, 신뢰성, 기업 윤리를 지킬 때 건강기능식품 판매를 지속적으로 할 수 있고, 성장 가능성 있는 시장의 주인공이 될 수 있다.

과장된 세일즈 방식이 아니더라도 건강기능식품 시장은 앞으로도 무궁무진하여 기획될 상품이 많다. 온 가족 구성원들을 챙길 수 있는 3040 여성들을 주력 소비자로 삼고 그녀들이 가장 걱정하는 사람과 그들의 머리부터 발끝까지의 건강 기능과 라이프스타일에 집중해보면 파악할 수 있다. 그 기능에 집중하여 상품이 기획되고, 콘텐츠로 만들어졌을 때 정확한 타깃팅이 가능하고, 디테일에 강한 스타 상품을 탄생시킬 수 있다.

짧고 강한 콘셉트로 머릿속에 각인시켜라

성공하는 건강기능식품에는 필살기가 있다. 한 단어로 기억되기 쉬울 정도로 콘셉트가 확실하거나 생각하지 못했던 불편한 점을 해소해주거나 먹기 좋은 제형(劑形)이거나 패키지의 변화가 확실하거나 확실하게 맛을 잡아 복용이 수월하다거나 하는 등 고객들이 열광하는 점들을 갖추고 있다. 고객의 니즈를 연령대별, 기능별로 세분화해 라이프스타일을 연구해본다면, 상품 판매에 대한 해결책을 생각할 부분이 무한대로 넓어진다. 또한 국내에 허용되지 않았던 해외 상품이 허가를 받게 되어 국내로 들어올 수도 있다. 미국과 유럽은 건강기능식품 시장이 한국보다 발달되어 있어 제품들이 더 세분화되고 전문화되어 있다. 그래서 해외 상품이 국내에 소개되었을 때 새로운 시장을 형성할 수 있다.

예를 들어 프리미엄 구강 케어 제품들에 대한 관심이 커서 해외 수입 치약과 칫솔의 구매가 늘어나고 있고, 불소로 관리를 해야 하는 아이를 위한 치약 등도 새롭게 론칭되어 반응이 좋다. 또 최근 조현병, 스트레스, 정신적 케어에 민감한 엄마들은 가족들의 건강한 두뇌 건강을 위한 보조 제품을 해외 직구하고 있다. 아기들 잠을 잘 재워준다는 아로마 바디 샤워는 기능성 제품엔 관심이 높은 엄마들이 많이 구매하고 있으며, 호주에서 만든 유칼립투스 크림은 '감기 크림'으로 불리며 미세 먼지와 인한 호흡기 질환이 많아지는 겨울철 필수품으로 팔려 나간다.

현재 건강기능식품은 유통가의 뜨거운 관심을 받으며 다양한 상품이 론칭되고 있다. 유통가의 관심을 받는다는 것은 시중에서 판매가 잘된다는 뜻인데, 이 중에서 성공하는 브랜드와 제품은 보기 어렵다. 한 가지 성분이 유행하면 너도나도 미투 제품을 만들어 론칭하기 때문이다.

벤치마킹하거나 카피한 제품들이 우후죽순 생기면서 재고로 남아 오픈마켓의 가격 경쟁으로 넘어가게 되어, 제품의 의미가 퇴색되고 가치가 훼손되기도 한다. 게다가 이러한 미투 제품은 전문 인력이 연구하는 것이 아니라, 패키지만 바꿔서 OEM, ODM 생산을 하는 경우가 많다. 이러한 제품은 광고비 1억을 투자하고 2억을 투자해도 시장에서 빛을 발하지 못한다.

시장성이 분명한 건강기능식품 시장에서 성공하려면 다양한 연령대 사람들의 삶을 연구하고, 그 속에서 아직 만나지 못한 니즈를 발견해야 한다. 그리고 그 작은 발견을 통해 콘셉트가 분명한 상품을 기획해야 한다. 이러한 상품이 개발되면, 일명 '촉이 좋은' 인플루언서들은 고객들에게 적극적으로 소개시켜주고 싶어 하고, 고객들도 신뢰할 수 있는 기업과 인플루언서의 컬래버레이션에 동참하여 경험을 하게 된다.

삶의 질과 밀접한 관련이 있는 건강기능식품은 무한한 기회를 가진 카테고리 상품이다. 광산의 다이아몬드를 캐내듯, 믿음을 바탕으로 하는 상품 기획과 SNS 콘텐츠로 보물이 되는 스타 제품의 탄생을 기대해본다.

4

전기·전자제품: 가성비와 가심비를 만족시키는 소형 가전

세상에 없던 가전으로 놀라게 하라

우리나라 가전 시장은 삼성과 LG라는 굴지의 기업들이 세계 최고 수준의 기술을 선보이면서 국가 발전에 크게 기여하고 있는 산업 분야다. 4차 산업혁명 시대와 함께 인공지능 기술이 탑재되어 가전은 더욱 똑똑해지고 있다. 개인의 라이프스타일과 관련된 빅데이터가 반영되면서 일상의 패턴과 사용 습관이 분석되어 가전이 스스로 진화하고 있는 것이다. 인공지능 가전들이 생활환경과 패턴을 분석하여 바쁜 현대인들의 삶을 설계해주는 개인 맞춤형 최적화 단계까지 가고 있다.

이 같은 기술의 발전에는 현대인의 삶을 자세히 들여다보고 삶의 질을 개선하기 위해 꾸준히 노력한 관찰의 시간이 있었다. 공기청정기와 스타일러가 등장해 미세먼지를 잡아 기본적인 삶의 질을 높여주고 있고, 의류건조기와 식기세척기, 로봇청소기, 인덕션은 바쁜 현대인의 노동력과 시간을 줄여주어 꼭 사야 하는 필수 아이템이 되었다. 이제 대한민국의 가전은 세상에 없던 새로운 가전으로 미개척 시장을 선도하며, 프리미엄 브랜드로 디자인 가전 시장을 새롭게 개척하고 있다.

그렇다면 소비자들은 어떨까? 장기적 저성장기라 불리는 지금의 세계 경제는 양극화 소비 트렌드를 보이고 있다. 불황이 깊어지면서 전자기기 용품에도 가성비와 가심비(가격 대비 마음의 만족도)로 소비자의 선택이 집중되면서 디자인에 특화된 소형 가전이 특히 인기를 얻고 있다.

의류와 패션 사업으로 시작된 인플루언서 마켓에서도 전자제품, 소형 가전의 매출이 늘어나고 있고, 다양한 브랜드가 관심을 받고 있다. 밀레니얼 세대의 새로운 라이프스타일을 반영한 새로운 가전제품에 대한 수요가 확대되고 있는 것이다.

가성비와 가심비로 새롭게 재편되는 가전 시장

전통적인 오프라인 유통망, 백화점 유통에서 프리미엄 소형 가전의 매출이 늘어나고 있다. 100만 원대 다이슨 청소기는 고기능, 디자인이라는 두 마리 토끼를 잡으며 남편에게 선물하고 싶은 아이템으로 등극하며 돌풍을 일으켰고, 이어서 선보인 50만 원대의 고가 헤어드라이어 역시 프리미엄 소형 가전의 수요를 견인하고 있다. 또 죽은 빵을 살린다는 30만 원대의 '발뮤다 토스터기', 40만 원대 선풍기, 300만 원 대의 '스메그 냉장고' 등은 고가의 수입 가전 시장을 형성하고 있다.

이러한 수입 고가 브랜드 가전은 고기능에 디자인을 더해 작지만 강한 브랜드로 밀레니얼 세대에게 강하게 어필되고 있다. 특히나 인테리어에 관심이 많은 젊은 고객들이 구매를 하고 신혼부부에게 인기가 높은데, 이는 전자 용품의 스몰 럭셔리(Small Luxury) 소비에 해당된다. 따라서 튼튼하고 똑똑한 가전보다 더욱 강한 심리적 만족감을 주는 프리미엄 아이템으로 꼽히고 있다.

온라인 시장에서는 보다 가성비 높은 가전 브랜드들이 새로운 소비 시장을 만들어가고 있다. 가성비의 끝판왕으로 불리는 샤오미는 소형 가전 직구 시장을 견인해왔다. 가성비와 가심비를 동시에 충족시키는 브랜드로 주 고객층은 2030 모바일 중심의 밀레니얼 세대다. 샤오미는 디자인 소형 가전을 통해 강력한 팬덤을 형성하는 새로운 비즈니스 모델을 구축하고 있다. 최근 한국에 AS 센터를 설립하고 한국어 지원을 하는 등 적극적으로 한국 시장에 진출할 계획을 세우고 있다. 인플루언서 마켓에서도 소형 가전이 성장하고 있다. 이들의 폭발적인 매출 증가로 인플루언서 마켓이 다양한 카테고리로 시장이 확대될 수 있다는 확신을 증명해주고 있다. 홈 인테리어 시장이 성장하면서 디자인을 가미한 소형 가전 브랜드들이

SNS 마켓에서 주목을 받고 있다.

몇 년 전만 해도 크게 주목받지 못했던 미니멀한 전자 브랜드인 '플러스마이너스제로'는 인스타그래머블한 이미지와 성능으로 SNS에서 큰 인기를 얻고 있다. 특히, 홈 인테리어를 신경 쓰는 1~2인 가정에서 30만 원대의 가성비와 미니멀한 디자인의 가심비를 충족시키는 청소기로 시작하여, 선풍기, 공기청정기, 전기스토브 등으로 구매 연결이 되고 있다.

SNS 마켓에서도 소형 가전이 대세

이러한 트렌드를 발견하고 적용한 국내 전자 브랜드도 수입 브랜드보다 가성비 높은 가격을 제시하면서 적극적으로 SNS 마켓에 도전해 성공 사례들을 만들어가고 있다. 최근 미세 먼지와 황사가 사회적 이슈로 떠오르면서 집 안의 공기를 순환시켜주는 서큘레이터와 실내 공기 청정기, 차량용 공기청정기와 책상 및 테이블용 선풍기가 디자인에 최적화된 제품들로 출시되어 젊은 가전 시장을 이끌고 있다. 고객들의 변화된 라이프스타일에 최적화된 기능과 디자인, 가격까지 만족시키는 제품들은 이처럼 빠르게 시장에 출시되고 있다.

또 주방에도 디자인형 소형 가전의 인기는 더욱 높아져 주방을 아름답게 만들어주는 커피 머신, 미니 오븐 형태의 토스터, 심지어 국민 젖병 소독기라 불리는 '유팡'의 디자인도 스메그 냉장고의 디자인 스타일로 변화해 젊은 주부들의 가심비를 충족시켜주고 있다. 주방의 인테리어와 깔끔한 정리에 대한 관심도가 소형 가전의 스타일에도 영향을 주고 있는 것이다. 특히나 수입 브랜드 디자인 스타일과 한국형 전자 기술 개발로 국내에서 개발된 브랜드들이 SNS 마켓의 매출을 폭발적으로 성장시키고 있다.

의류 관리에 대한 관심은 LG전자 '스타일러'로 새로운 시장이 열렸고, 삼성전자 '에어드레서'로 고객들에게 확실한 시장을 구축하고 있다. 패션 스타일 및 정갈한 자기 관리에 대한 관심도가 높은 남녀 밀레니얼 고객들과 심각해진 미세먼지와 황사에 매일 옷을 세탁하고 싶어 하는 고객들, 또 가족들의 옷을 관리하는 데 고충을 겪는 주부들을 위한 제품들이 앞으로의 의류 관리 가전 시장을 견인할 것으로 보인다. 빠르게 다림질을 해주고 옷매무새를 다듬어주는 스팀다리미도 소형 의류 세탁 기기로 분류되며 패션 인플루언서들에게 소개되고 있다.

의식주를 기본으로 하는 소형 가전 이외에도 생활 건강과 관련된 가전들, 안마기, 피부관리기, 헤어드라이기, IoT(사물 인터넷) 기술이 탑재된 체지방 관리기, 음식물쓰레기 처리기 등 다양한 니즈를 충족시키는 가성비와 가심비의 소형 전자 제품들이 SNS 시장에서 더욱 확산될 것이다. 패션과 뷰티, 식품을 판매하던 마켓형 인플루언서들이 가전이라는 새로운 품목으로 작은 성공을 만들어가고 있어 앞으로 디자인 가전에 대한 소비자들의 관심과 셀러들의 판매 욕구는 높아질 것으로 예상된다. 1인 가구 인플루언서와 주부형 인플루언서들이 주축을 이루고 있는 SNS 마켓에서는 고기능성 소형 가전에 대한 니즈와 디자인 가전을 향한 로망이 있다.

인플루언서와의 협력은 소형 가전, 특히 새로운 브랜드나 제품을 론칭할 때 필수다. SNS를 잘 활용하려면 유튜브와 인스타그램의 전략을 나누어 기획하는 것이 좋다. 전통적으로 IT, 전자제품은 유튜버 활용 전략을 많이 써왔다. 소형 가전은 IT나 가전을 전문적으로 리뷰하는 것과 동시에 최근 폭발적인 관심을 받고 있는 주부들의 살림 브이로그(V-log)를 공략한다면 진정한 타깃에 더 가까워질 수 있다. 살림에 대한 영상 콘텐츠들이 높은 퀄리티로 제작되고 있어 디자인 가전은 확실한 타깃을 만날 수 있을 것이다. 주부들의 살림 및 생활 밀접 콘텐츠를 눈여겨보자. 가성비와 가심비를 담은 이들의 영상을 이용해 구매 욕구를 높인다면 분명히 성공할 것이다.

동시에 마켓형 인스타그래머와 사진 및 실시간 라이브를 통해 시연을 하고 세일즈로 연결시킬 수 있어야 한다. 디자인 소형 가전의 트렌드는 패션과 일부 트렌드를 공유하고 있기 때문에 잠재 고객들을 많이 만날 수 있고, 라이프스타일 및 인테리어 마켓에서는 언제나 새로운 기능과 디자인형 소형 가전에 대한 니즈가 충분하다.

앞으로의 가전 시장은 패션, 뷰티와 같이 가성비와 가심비를 충족시키는 팬덤 형성 브랜드로 성장하는 것이 중요하다. 이를 위해서 인플루언서들의 콘텐츠와 세일즈 전략을 활용한다면 작은 시장부터 선점하여 큰 시장으로 확대되는 히든 챔피언 브랜드로 성장할 수 있을 것이다.

5

패션: 살아 있는 뮤즈를 찾아라

패션 브랜드와 인플루언서 마케팅

인플루언서 커머스에서 가장 많은 셀러들이 판매하고 있는 카테고리는 패션, 즉 의류다. SNS에서는 감각 있는 여성들의 패션 콘텐츠에 관심이 많다. 마치 셀러브리티의 일상과 패션에 관심을 갖듯 일반인들의 패션 스타일에 열광하고, 화려한 셀럽의 패션이 아닌 일상적인 패션 아이템에 주목하면서 적극적인 구매까지 이어진다.

패션 브랜드에게 인플루언서 시장은 셀럽들을 활용한 광고와 홍보 전략의 창구다. 유명 연예인에게 의류를 협찬하고 사진 촬영을 하여 포스팅을 하거나, 인플루언서에게 협찬해 라이프스타일과 함께 새로운 스타일을 보여준다. 또 패션쇼나 이벤트에 인플루언서들을 초청해 패션 피플들의 흥겨운 분위기를 전하기도 한다. 패션 브랜드에게는 사진 한 장으로 브랜드의 아이덴티티와 이미지를 전달하는 것이 중요하다. 패션에서는 '보여주는 것이 모든 것'일 정도로 시각적인 자극에 민감하다. 그래서 감각적인 사진 한 장으로 패션 피플이 될 수 있는 인스타그램이 패션과 잘 맞는 플랫폼이다.

브랜드 의류는 광고에서부터 판매까지 모든 마케팅 활동에 브랜드 이미지가 가장 중요하다. 그래서 많은 브랜드들이 가장 큰 예산을 광고, 홍보에 쏟으며 최종 판매처에 대한 철저한 이미지 컨트롤을 위해 근사한 매장을 오픈하기 위해 노력하고, 판매 직원들의 서비스를 교육한다.

패션업계, 뮤즈와 함께 세일즈하다

광고부터 판매까지 브랜드 이미지가 중요한 패션업계에서도 최근 인플루언서 커머스의 폭발적인 반응을 인지하고 협업을 원하고 있다. 그러나 인플루언서라는 일반 개인을 기용하는 문제로 브랜드의 이미지를 유지하고 컨트롤하기 어려운 부분이 있다. 따라서 매출과 이슈를 만들 수 있는 품질 높은 패션 콘텐츠를 제작하는 것이 관건이다.

창조적 분야에서 예술적 영감을 주는 존재 뮤즈(Muse)는 다양한 아이디어의 원천이 된다. 특히나 패션업계에서 뮤즈는 디자인과 스타일의 아이콘이 되는 중요한 매개체다. 최근 연예인과 셀러브리티가 주로 맡았던 패션 뮤즈의 영역이 SNS 인플루언서로 넓어지고, 개인형 커머스를 운영하는 인플루언서에게도 기회가 주어지고 있다.

현재 패션 브랜드의 고민은 유명한 셀럽과 광고형 인플루언서에게 협찬했을 때 이미지는 유지가 되지만 매출 보장이 안 되고, 이슈메이커 역할도 점점 떨어져 투자 대비 효율이 떨어지고 있어 새로운 마케팅 전략이 필요하다는 것이다.

이와 달리 커머스형 인플루언서와 패션 브랜드의 협업은 확실한 매출로 이어진다는 가장 큰 장점을 가지고 있다. 패션 브랜드는 브랜드 파워, 상품 품질에 대한 확신, 신뢰받는 기업이라는 강점을 갖고 있고, 인플루언서에게는 취향으로 모여진 단단한 고객층이 있기 때문에 스타일이 맞는 이 둘이 만났을 때 시너지가 발생한다.

패션 모델은 말하지 않는다. 보여줄 뿐이다. 그러나 세일즈 공동체로 만난 인플루언서는 디자인의 영감, 원단의 특별함, 다양한 스타일링 연출에 대해 끊임없이 이야기한다. 마치 홈쇼핑 쇼호스트 같기도 하고 살아 있는 모델 같기도 하다.

전통적인 패션업계가 고객에게 강렬하게 이미지를 남기고 스타일을 각인시키는 마케팅 방식을 고수했다면, 지금의 패션업계는 소비자와 작은 이야기를 나눌 수 있는 쌍방향 커뮤니케이션 방식의 마케팅으로 밀레니얼 세대에게 다가가야 한다. 고객들이 즐겁게 참여할 수 있는 매우 적극적인 커뮤니티형 세일즈의 방식으로 발전시켜야 한다.

이런 대표적인 움직임을 보인 곳이 온라인 편집숍 '무신사'다. 거대한 유통사로 성장한 이들은 10대를 아우르는 새로운 패션 플랫폼 '스타일쉐어'를 만들고, 패션 인플루언서의 매니지먼트를 하는 스타트업을 창업하기도 했다. 그런가 하면 인플루언서가 만든 패션 브랜드가 백화점 팝업 행사에서 대박의 매출을 내기도 하고, 쇼룸 오픈을 통해 오프라인의 브랜드로 성장하는 일도 있다.

반대로 패션 디자이너 브랜드는 공동의 커머스를 진행할 수 있는 인플루언서를 섭외하여 온라인 이슈를 만든 후 쇼룸 혹은 백화점 매장으로까지 고객들을 유치하고 있다. 이러한 협업에는 패션 스타일이 맞고 브랜드의 이미지를 잘 전달할 수 있는 인플루언서의 섭외가 가장 중요하다.

먼저 기존의 인플루언서가 판매하고 있는 제품과 브랜드의 상품이 어울릴 수 있을지, 전체적인 패션 룩을 연출하는 스타일링이 가능한지 확인해야 한다. 고객들은 이미 가지고 있는 인플루언서 숍의 제품과 함께 연출하기를 원할 것이기 때문이다. 인플루언서와 비슷한 스타일을 연출하고 있을 고객들이 모여 있는 곳이기 때문에 인플루언서와 기존 세일즈와 스타일에 대한 논의를 심도 있게 해야 한다. 그들 고객들의 성향과 취향, 스타일에 대한 분석이 첫 번째다.

그 후 인플루언서 고객들을 위한 스페셜 에디션 제작, 혹은 특별한 프로모션으로 온라인 고객들에 대한 충성도를 높여야 한다. 오프라인 혹은 기존 브랜드 혜택과 동일하게 주어진다면 컬래버레이션의 의미가 없어지고 구매할 요인이 사라져 이슈를 만들 수 없기 때문이다. 인플루언서 고객들은 1차적으로 모바일 고객임을 염두에 두고, 온라인 혜택을 우선으로 프로모션을 기획해야 한다.

마지막으로 오프라인으로 연결될 수 있도록 인플루언서와 팝업 행사를 공동 진행하는 방향으로 옴니채널 기획으로 넓혀간다. 패션 브랜드라면 다양한 스타일을 보여줄 수 있는 그룹형 인플루언서와 컬래버레이션을 기획할 수도 있다. 마치 아이돌 걸그룹처럼 여러 명을 섭외하여 다양한 스타일을 보여주며 릴레이 형식의 SNS 세일즈 이벤트로 이슈를 만들고, 팝업 혹은 마켓 형식의 오프라인 세일즈까지 그들을 모두 모을 수 있다면 새로운 고객들의 눈길을 끌 수 있을 것이다.

일회성이 이벤트로 그치는 것이 아니라 지속적인 컬래버레이션 전략으로 새로운 뮤즈를 찾는다면 침체기에 있는 영캐주얼 패션 시장에 젊은 바람을 일으킬 수 있다. 단발성 이벤트보다 전략적인 인플루언서 매칭과 오랜 시간 고객들과 소통할 수 있는 절대적인 시간을 만들어야 한다.

지금은 대형 패션 기업과 스몰 인디 브랜드(Small Indi Brand)가 경쟁하는 시장이다. SNS와 개인형 커머스의 발전으로 가성비와 가심비로 취향을 저격하는 작은 브랜드의 성장이 두드러지고 있다. 패션업계는 더욱 빠르게 커뮤니티형 세일즈 방식으로 변화해야 한다. 밀레니얼 세대들이 열광하는 살아 있는 뮤즈와 스타일 콘텐츠에 관심을 높여 새로운 시장을 향해 무장해야 한다.

6

액세서리: 기능과 디자인이 만들어내는 성공의 기회

패션, 카테고리를 확장하라

스타일의 완성은 액세서리(Accessory)다. 패션 스타일의 시작은 의류로 시작해 잡화라 불리는 가방과 신발 그리고 액세서리로 분류되는 시계와 주얼리로 이어진다. 의류 시장은 수많은 브랜드가 있어 선택의 폭이 넓다. 그러나 다른 의미로 의류는 경쟁이 치열하여 성공의 기회를 잡기 어렵다. 액세서리와 잡화 카테고리는 의류에 비해 경쟁은 덜하고, 전문 브랜드로의 성공 가능성이 열려 있다. 또 기능성과 접목한다면 다양한 상품 기획과 브랜딩이 가능하다.

SNS 마켓에서 의류 시장은 고성장 이후 정체기를 겪고 있고 의류를 판매하는 인플루언서들이 액세서리로 카테고리를 넓히면서 매출의 성장을 이끌고 있다. 먼저 의류를 주력으로 판매하는 인플루언서 마켓에서는 스타일을 완성시켜주는 커스텀 주얼리(Custom Jewelry), 저가형 진주와 다이아몬드, 리얼 다이아몬드를 능가하는 퀄리티 높은 큐빅으로 고객들의 니즈를 충족시켜주고 있다.

인플루언서가 기획하는 패션 브랜드에서 의류와 믹스 매치를 할 수 있는 커스텀 주얼리를 소개하여 토털 룩을 완성시키는 비즈니스 방식은 브랜드 샤넬을 연상시킨다. 럭셔리 브랜드 샤넬에서 커스텀 주얼리는 리얼 골드나 실버가 아니기 때문에 비교적 접근하기 쉬운 어포더블 럭셔리(Affordable Luxury)로 불리며 비교적 쉽게 구매가 일어난다. 패션 인플루언서 브랜드라면 커스텀 주얼리로 카테고리를 확장시키는 방향을 추천한다.

또한 주얼리 하면 고가의 보석을 연상시키는데, 대중적으로 접근할 수 있는 가격의 크기와 보석 세공으로 가성비를 추구하는 보석으로도 눈을 돌려보자. 다이아몬드와 진주도 크기와 질에 따라 가격이 천차만별이다. 무조건 비싸다는 개념을 파괴시켜 대중적인 주얼리를 제안할 수 있다. 이때 고객의 신뢰를 얻기 위한 보증서는 필수다. 주얼리 디자이너와의 컬래버레이션으로 기존 고정 관념에서 벗어난 디자인과 가격에 접근한다면 새로운 기회가 열린다.

반대로 리얼에 가까운 다이아몬드 광채로 관심을 받는 시뮬렛 다이아몬드(Simulated Diamond), 큐몬드로 불리는 주얼리가 있다. 큐빅을 최고급 다이아몬드 커팅 세공 방식으로 만들어 광채와 컬러를 구현한 상품으로 캐주얼 럭셔리로 분류된다. 전문가도 알아보기 힘들 정도의 퀄리티를 가진, 다이아몬드처럼 빛나는 큐빅이다.

영국 주얼리 브랜드 '캐럿 런던(Carat London)'을 중심으로 선보이는 보석 업계 트렌드로 국내에서는 이제 관심을 갖기 시작했다. 가짜 다이아몬드로 불리는 것이 아니라, 리얼 다이아몬드의 비싼 가격, 세심한 관리, 분실에 대한 위험 등을 대체하는 캐주얼 주얼리로 스몰 럭셔리의 트렌드와 부합해 큰 인기를 얻고 있다.

뷰티, 건강과 디자인을 함께 생각하라

한편 뷰티 전문 인플루언서들은 기능성 주얼리에 대한 관심이 높다. 게르마늄, 구리, 티타늄, 은 등 음이온과 미세 전류 등을 활용한 건강 팔찌들이 한때 건강 기능 액세서리로 관심을 받고 다양한 효능이 있는 만병통치약처럼 판매되기도 했다. 그러나 유사 과학, 비과학적 근거라는 비판도 받고 있어 취급에 주의해야 한다.

지금도 소비자들은 현대인의 만성 피로를 보완해줄 것으로 보이는 광물 혹은 원석의 보이지 않는 효능을 믿으며, 디자인을 가미한 건강 기능성 주얼리에 대한 관심이 많다. 깊은 연구가 필요한 제품이기 때문에 과학적 근거가 확실한 상품에 대해서만 고객들에게 소개할 수 있다. 여전히 수요가 있는 소비자들의 니즈를 신뢰도 있게 해결해줄 수 있는 상품의 기획이 필요한 시점이다.

밀레니얼 세대들은 디지털 건강 팔찌에 대한 관심이 높다. 나이키 퓨얼밴드(Fuel Band), 핏빗(Fitbit), 샤오미의 미(Mi)밴드의 인기는 폭발적이다. 나이키 퓨얼밴드는 세계적인 셀러브리티, 패션 피플들의 SNS 사진 속에 럭셔리 브랜드 카르띠에(Cartier) 팔찌와 믹스 매치되어 있다. 최근 샤오미의 미밴드 4는 국내 출시 4시간 만에 초도물량 1만대가 완판되었다.

밀레니얼들의 필수품으로 자리 잡고 있는 디지털 건강 팔찌는 건강관리를 도와주는 웨어러블 기기다. 피트니스 워치로 운동 시간과 효율 분석, 심장 박동 수 체크, 수면 패턴 분석, 만보기의 역할, 체중 관리, 칼로리 계산, 생리 주기 체크 등을 해준다. 개인의 일상생활을 건강관리에 맞춰 모니터링 해주는 디바이스로 퍼스널 트레이닝 파트너가 되어준다.

디지털 운동 팔찌는 운동과 자기 관리에 관심이 많은 젊은 세대의 수요와 스마트한 애플리케이션 기능이 만나 인기 절정을 누리고 있다. 게다가 럭셔리 팔찌와 함께 해도 어울리는 스타일과 패션 기능을 기본으로 장착했다. 아직 시작 단계인 이 시장은 더욱 다양한 스타일과 기능으로 성장하고 확대될 것으로 보이므로 상품 기획에 꼭 참고해두자.

눈에 띄는 기능성 액세서리로 한 연예인이 관찰 프로그램에 나와 귀에 붙이는 지압 침을 소개한 적이 있다. 얼굴 붓기를 빼주는데 도움이 된다는 수지침을 활용한 스티커 지압 침이었다. 연예인들 붓기 마사지를 관리해주는 숍의 제품으로 검색어 1등을 하고, 여성 커뮤니티마다 무슨 제품인지 문의 글이 계속되고 주문이 폭주했다.

한방 수지침을 활용한 액세서리로 발전할 수 있었던 이 콘텐츠는 추후 작은 큐빅의 형태로 출시되었다. 동양 의학에서 귀는 인체의 축소판이며 각 기관과 밀접하게 연결되어 있어, 귀 지압은 전신 지압과 같은 효과를 볼 수 있다고 한다. 이를 수지침과 작은 큐빅을 이용해서 기능성 액세서리로 기획한다면 마치 피어싱(piercing)을 한 듯 보인다.

피어싱을 즐기는 젊은 세대에게 수지침은 익숙하지 않을 것이다. 그러나 밀레니얼 스타일로 재탄생시킨다면 패션과 건강을 함께 추구할 수 있는 건강 기능성 액세서리라는 새로운 카테고리로 영역을 창조해낼 수 있다. 귀에서 시작해 반지와 목걸이로도 확장 가능하다. 동양 의학과 패션을 접목해 새로운 스타 상품을 만들어보자.

디자인에 기능을 더해 새로운 영역을 창조하다

잡화로 분류되는 가방과 신발 부문에서도 기능성을 강조해보면 새로운 성공의 기회를 만들 수 있다. 하늘 아래 더 이상의 새로운 디자인은 탄생되기 어렵고, 특히 글로벌 시장 중에서도 한국은 가방과 신발에서 프리미엄 브랜드로의 쏠림 현상이 심한 편이다. 그러나 디자인에 기능성을 더한다면 가능성이 있다.

아기 엄마들은 챙겨야 하는 짐이 많다. 그래서 출산을 하면 프리미엄 브랜드 쇼퍼백을 기저귀 가방으로 많이 구매한다. 문제는 한 번에 다 넣을 수 있는 큰 쇼퍼백을 들고 나가면 어디에 어떤 제품이 있는지 물건들이 다 섞여서 찾는 데 시간이 오래 걸린다는 점이다. 그래서 아기가 울거나 보채면 급한 마음에 당황해서 가방을 다 쏟아 붓는 일도 생긴다.

외관은 고급스러운 명품 가방처럼, 내부의 수납은 필수 아기 용품으로 채울 수 있게 칸을 만들어준다면 젊은 엄마들은 패셔너블한 스타일을 유지하면서 밖에서도 우아하게 아기 용품을 챙길 수 있을 것이다. 엄마의 혼을 쏙 빠지게 하는 아기와 함께하는 외출이 즐거움으로 기억될 수 있다면 지갑은 저절로 열릴 것이다.

화려한 명품 구두를 신고 하루 종일 불편했던 경험이 있다. 불편한 신발은 하루 근무를 망치게 하고 큰 피로감을 준다. 요즘은 정장 차림 아래 운동화를 신기도 하지만 스타일과 착화감 둘 다 포기하기 어렵다. 그래서 이 둘을 해결해주는 브랜드들이 속속 론칭되고 있다. 마약 구두처럼 착화감이 좋고, 국내 성수동 장인을 통해 1:1 수제 제작해주는 커스텀 메이드(Custom Made) 신발 브랜드들이 생겨나고 있다. 디자인으로만 승부를 보는 신발 시장은 중국의 저렴한 제품들에 경쟁력을 잃어가고 있다. 디자인과 기능성 두 마리 토끼를 잡아 전문 브랜드로 성장시켜보자.

삶과 관련된 다양한 상품들이 이미 시장에 포화 상태로 공급되고 있다. 게다가 중국산 상품들은 가격까지 파괴해나가고 있다. 그러나 여전히 업그레이드시킬 상품들과 시장이 존재한다. 실제적인 기능을 높이는 방법과 IT 기술과 접목하여 스마트하게 살아가도록 도울 수도 있다. 기능성에 대한 고민은 결국 사람에 대한 이해와 다양한 라이프스타일에 대한 연구를 통해 가설과 결론을 도출할 수 있다. 옆 회사를 카피하고 벤치마킹하지 말고, 역사를 되돌아보고 미래를 그려보자. 아직도 무궁무진한 성공의 기회들이 열려 있다.

7

식품: 내 손안에 들어온 신선한 농장과 셰프의 레스토랑

유명 레스토랑 밀키트로 즐기는 홈 파티

먹고산다는 것은 하루 일과 중 가장 중요한 일이자, 하루에 기본 세 번은 고민하게 만드는 일이다. 한국의 식탁은 맞벌이와 1인 가구 증가라는 라이프스타일의 변화로 새로운 변화들이 일어나고 있다. 온라인 커머스 확대, 샛별배송, 가정식 대체식품 시장의 성장이 눈에 띈다. 또 농업이라는 분야는 젊은 세대와 어울릴 것 같지 않은 이미지였지만, 이제는 스마트 팜(Smart Farm)을 꿈꾸며 귀농하는 젊은 청년 농부들의 창업 이야기도 들려온다.

최근 식품업계와 인플루언서 마켓에서 주목하고 있는 아이템으로 밀키트(Meal Kit: 손질된 재료가 담긴 반조리 간편식)가 있다. 밀키트는

HMR의 일종인 인스턴트식품, 즉석식품이다. 손질이 끝난 식재료와 양념을 넣고 정해진 순서대로 조리하기만 하면 되어 경제적이면서도 요리의 즐거움을 느낄 수 있다.

맞벌이 부부들은 일, 살림, 육아를 병행하느라 바빠서 상차림을 위한 장 보는 시간이 부담스럽고, 한편으로는 가족에게 건강한 식탁을 주고 싶은 마음에 매일 치열하게 시간과의 싸움을 한다. 또 1, 2인 가족은 집밥을 해먹고 싶어도, 남는 재료를 생각하면 배보다 배꼽이 더 커져 사 먹는 것이 나을 때도 있다.

이러한 일상의 변화에 식품 유통업계가 발 빠르게 대처한 방법이 HMR과 밀키트 개발이다. 밀레니얼 세대의 친환경 소비, 신선 식품 쇼핑의 새로운 즐거움, 조리의 간편함, 샛별 신선 배송의 발전과 함께 식품업계 모바일 커머스가 날로 성장하고 있다.

손질되어 있는 재료를 넣고 익히기만 하면 되는 소포장 '밀키트'가 향후 대세가 될 전망이다. 집에서도 다양한 요리를 즐길 수 있고, 특별한 요리 솜씨가 없이도 인기 메뉴를 만들 수 있어 풍요로운 식탁과 여유로운 생활을 즐길 수 있다.

앞으로 밀키트는 브랜드화되어 콘셉트가 중요해질 것이다. 유명 맛집의 메뉴 혹은 유명 셰프의 레시피를 그대로 재현할 수 있는 키트, 아이들의 성장 발달을 함께하는 영유아 식사, 특수 음식 관리를 필요로 하는 환자식 등의 콘셉트가 있다. 또한 명절, 크리스마스 등의 특별한 날을 위한 홈 파티 손님 초대용 밀키트로 다양화하고 세분화될 것이다.

밀키트는 인플루언서 커머스와 콘텐츠화하기 좋은 아이템이다. 위에 열거한 콘셉트들을 주부, 요리 등 라이프스타일과 관련된 인플루언서와 하나하나 연결해 사진과 영상으로 담아내고 판매한다면 광고보다 훌륭한 타깃 세일즈를 할 수 있다. 라이프스타일에서 빠지지 않는 요리와 음식에 대한 콘텐츠로 가성비와 가심비를 담아낼 수 있는 인플루언서와의 협업은 무궁무진하고 회전율이 좋아 매출에도 큰 기대를 걸 수 있다.

특히 밀키트에 적극적인 관심을 가진 라이프스타일 주부 인플루언서들이 영양학적 분석을 토대로 하는 과학적인 식단까지 만들어줄 수 있다면 주부들은 대환영할 것이다. 인플루언서와 협업을 통해 메뉴를 개발하는 방법도 추천한다. 라이프스타일로 관심을 받는 이들의 노하우를 집약한 밀키트는 요리책보다도 실용적이다.

전국에는 다양한 맛집이 있다. 이에 대한 수요는 언제나 존재하기 때문에, 오랫동안 사랑받고 인증된 식당들의 메뉴를 밀키트화했을 때 즉각적인 반응이 올 수 있다. 5년 이내 7000억 시장으로 성장할 것으로 예상되는 밀키트 시장을 인플루언서들과 컬래버레이션하여 산업을 리딩해보자. 일회용 포장에 담긴 배달 음식이 아닌, 근사하게 차려진 밀키트로 열리는 홈 파티가 하나의 트렌드가 될 것이다.

귀한 먹거리, 농장에서 집으로

모바일, SNS, 샛별배송의 성장과 함께 농산물 소비 트렌드가 바꿔고 있다. 온라인으로 농산물을 구매하는 인구가 폭발적으로 늘어나고 있다. 그동안 온라인에서 취급이 어려웠던 육류, 생선, 채소, 과일류가 온라인 시장에서 큰 환영을 받고 있다. 그동안 어렵게 느껴지고, 다소 홀대받았던 농업이 모바일과 만나 새롭게 주목받고 있다.

귀한 먹거리를 연구하는 청년 농부, 젊은이들이 기피하는 가업을 이어받은 청년 창업가, 바쁜 서울 생활을 접고 청정 지역을 찾아 귀농한 이들이 주목받고 있다. 이들은 기존 농업에 신기술을 접목하여 상품을 개발, 틈새시장을 파고들어 소비자들을 끌어들이는 노력을 하고 있다. 낙후되었을 것 같은 산업이지만, 그만큼 밀레니얼 세대를 위한 새로운 가치를 창출할 기회도 많아 새로운 아이디어와 열정이 더해진다면 무궁무진한 스토리가 탄생할 분야다.

모바일에서 신선식품은 생산자의 정보가 매우 중요하다. 유용한 정보를 제공하고 고객과의 신뢰도를 형성할 수 있다면 농수산 브랜드를 구축할 수 있다. 식품업계에서 생산자의 정보는 지속적으로 오픈되어가고 있다. 우유와 계란에는 유통기한이 아닌 생산 날짜가 적히고, 과자에도 어느 팀 누가 검수를 하고 있는지 이름을 적어놓기도 한다. 상품 신뢰도 향상을 위한 생산자의 정보 확인은 앞으로도 더 심화될 것이다.

농수산품 생산 과정의 정보도 스토리텔링이 중요해졌다. 어느 지역의 농산물인지, 해당 지역에서 길러진 상품이 왜 좋은지, 어떤 수확의 과정을 거치는지, 마치 한 편의 다큐멘터리와 같이 그 과정을 지켜보면서 소비자들도 함께 수확한 것처럼 느낀다. 또

〈삼시세끼〉 예능 프로그램을 보듯 심심하게 만들어지는 콘텐츠지만 시간의 흐름을 함께 느끼는 콘텐츠에 힐링하기도 한다. 생산 과정의 콘텐츠를 잘 담아 산지 직송의 매력을 느끼게 할 가치를 창출해보자.

스타 감자의 탄생

신선식품의 공동 구매도 다양한 인플루언서와의 협업이 가능하다. 네이버 맘카페가 될 수도 있고, 라이프스타일 주부 인플루언서가 될 수도 있다. 이러한 협업을 위해서는 현지의 발 빠른 관리가 필수적이다. 상품에 대한 검수와 배송, CS까지 현지에서 실시간으로 빠르게 대응해야 하고, 모바일 고객들의 성향을 파악하고 고객 후기로 발생할 재구매까지 염두에 두어야 한다.

인플루언서를 현지로 직접 초대해 생산 과정 혹은 수확을 체험할 수 있게 한다면 더욱 좋은 콘텐츠가 생성되고 신뢰도가 높아질 것이다. 현장을 느낄 수 있는 라이브 진행 또한 고객들과의 관계를 쌓을 수 있는 방법이다. 체험형 농업을 경험해보게 하는 것도 새로운 식품 콘텐츠와 서비스 프로그램이 될 수 있다.

믿을 수 있는 산지 직송의 마켓만 큐레이션하는 인플루언서들과의 협업을 통해 상품의 가치를 높이고 브랜드로 성장시킬 수 있으면 농업, 축산, 수산물 시장에 새로운 시장을 열 수 있을 것이다. 규모가 크지 않더라도 고객들과 소통할 수 있는 채널로 인플루언서 플랫폼을 활용해보자. 대기업 유통 채널이 전달할 수 없는 진짜 현지 이야기를 전달할 수 있다.

마지막으로 식품은 사후 관리가 매우 중요한 카테고리로, 단순 배송으로 끝나지 않는다. 빠르고 신선한 배송은 물론이고, 공산품이 아니기 때문에 맛에 대한 평가, 포장에 대한 평가 등 고객의 소리에 더욱 귀 기울여야 한다. 일례로 사진과 다른 상품이 배송되거나 질이 상당히 떨어지는 상품이 배송되어 역시 식품은 보고 구매해야 하는구나, 다시는 구매하지 않겠다고 선언하는 고객들도 있다. 신선식품은 QC(Quality Control)가 매우 중요한 카테고리임을 절대 잊지 말자.

매일 먹는 감자 중에서도 새로운 스타가 나올 수 있고, 강원도 특정 지역에서 길러지는 한우가 트렌드를 만들 수도 있다. 부산 자갈치 시장의 생선을 강남 엄마들이 주문하고, 이미 트렌드가 된 초당 옥수수도 몇 박스씩 구매하고, 현미로 만드는 떡은 하루 만에 완판된다. 매일 마주하는 현지 식품에 젊은 세대들이 폭발적인 구매로 관심을 표현하고 있다.

신선식품은 다음 세대를 이어가기 위해 꼭 필요한 국가 필수 산업이다. 열정적인 청년들의 도전으로 새로운 밭을 일구고, 고객들에게 제대로 된 신토불이(身土不二)의 스토리를 전한다면 신선한 산업 성공 스토리를 만들어나갈 수 있다.

5장

아무도 알려주지 않는
인플루언서
마케팅의 비밀

1

첫 콘택트에서부터 소통 실패

과연 인연을 만날 수 있을까

그동안 나는 한 번의 성공을 위해 수많은 실패를 해왔다. 나의 뼈아픈 경험과 그 이외 클라이언트 기업들이 경험한 실패의 스토리를 타산지석(他山之石)으로 삼고, 지금 시작하는 기업들은 더욱 빠른 성공에 도달하기 바란다.

앞서 책을 읽으며 인플루언서 커머스를 시작해야겠다는 마음을 먹고, 만반의 준비를 끝내고 핸드폰과 컴퓨터 앞에서 인플루언서 찾기를 시작해본다. 먼저, 인스타그램에 원하는 키워드 검색으로 시작한다. 싸이월드 1촌 파도타기처럼 관련된 사람들의 연결들을 오가다 보면 '세상에 이렇게 많은 커머스형 인플루언서들이 많다니!'

하고 피드 속으로 빠져들게 된다.

또 다양한 비즈니스형 네이버 카페에 가입하게 되고, 그 속의 수많은 판매자와 브랜드를 접하고, 새로운 시장을 보게 되며, 그동안 보아오던 네이버 블로그 광고 글이 아닌, 네이버 블로그 속 판매자들의 콘텐츠를 검색하게 된다.

그리고 "안녕하세요, 저는 ○○브랜드 담당, ○○○라고 합니다"라는 메시지를 준비해본다. 카카오톡 메시지를 보내고, 이메일을 보내고, 네이버 카페에서 쪽지를 보내고, 인스타그램 DM을 보낸다. 일단 기다려본다. 하루 이틀 답이 없어 메시지 보낸 함으로 읽었는지 확인해보지만, 답장이 없다.

현재 시장이 형성된 인플루언서 커머스에서 인연을 만들기란 생각보다 쉽지 않다. 처음 조사하고 접촉을 시도할 때 보았던, 예쁘고 활발하고 삶이 재미있어 보이는 몇만의 팔로워를 가진 인플루언서는 더욱 그렇다. 기업 담당자들도 회사 내의 다른 업무에 바쁘다 보니 첫 소통에 실패하면 메시지를 보낸 것을 잊어버리거나, 처음 며칠 이후에는 회신을 신경 쓰지 않는다든지 지속적인 관심을 두지 못하는 경우도 많다.

다행히 답이 올 때도 있지만, 처음 연락을 시도하는 기업들은 그들에게 맞는 상품 제안 스타일과 마진 조율이 준비되지 않아서, 마치 챗봇처럼 대화를 주고받다가 흐지부지 끝나는 일이 많고, 비슷한 몇 번의 경험은 포기로 이어진다.

큰 욕심은 금물, 힘 빼고 시작하기

바로 지금, 실패하지 않기 위한 첫 시작으로 마이크로 인플루언서(Micro Influencer) 찾기에 집중할 것을 추천한다. SNS 팔로워가 1만~3만 명 이하지만 성실하게 소통을 늘려가는 마이크로 인플루언서들이 있고, 가끔은 전문적인 마케터들이 투잡으로 일하는 모습도 본다. 회사 일과 투잡을 병행하는 인플루언서들은 시장을 보는 눈, 소비자들을 위한 생각, 제품에 대한 지식 수준이 높고, 꼼꼼하게 구매 추천을 하는 편이라 신뢰도 있게 팔로워들과 소통한다. 회사 생활과 병행할 정도라면 일에 열정적이라는 뜻으로, 그들과 시작해 꾸준하게 동반 성장하는 최상의 조합이 될 수 있다. 5만 이상의 메가 인플루언서들도 처음 시작은 작았지만 업체들과 꾸준히 몇 년을 거쳐 성장해온 결과이다.

연락을 취하기 전에 SNS 계정을 간단하게라도 만들어놓고 연락을 취해야 상대방도 믿고 회신을 줄 수 있다. 브랜드 계정 혹은 개인 담당 계정이라도 카카오톡, 이메일 계정, SNS 계정 등 이야기하고자 하는 서비스와 상품이 간단하게 연상이 될 수 있도록 정보들을 게시해놓는 것이 좋다. 내가 그들을 검색하는 것과 마찬가지로, 상대방도 아이디, 프로필 사진, 프로필 소개 등 클릭해서 들어가서 보게 되는 SNS 콘텐츠를 보며 나를 선택하기 때문이다. 기본 정보들을 콘텐츠로 올려놓는 것은 기본이고, 그보다 정성스럽게 콘텐츠를 준비해서 연락한다면 신뢰를 보여줄 수 있어 회신율을 높일 수 있다.

SNS 계정을 만들었다면 SNS의 기본적인 활동을 해보는 것도 추천한다. 콘텐츠를 만들어보고 팔로잉과 팔로워들을 만들어본다면 기본 알고리즘을 터득할 수 있다. 시행착오도 있고 공부와 연구도 해볼 일이지만, 그만의 알고리즘을 알면 전략을 세우는 데 도움이 되기 때문에 직접 운영해보는 것이 좋다.

1명의 팬을 만들기 위해 상당한 노력이 필요한 것을 느껴보는 것 자체가 그 알고리즘을 배워가는 과정이다. 이런 학습을 통해 검색 능력, 콘텐츠 만드는 경험, 소통의 방법 등을 배우면서 파트너 발굴 프로세스를 만들어나간다면 실패의 확률이 낮아질 것이다.

지피지기(知彼知己)로 상대의 상황에 대해서도 알아야 하고, 나에 대해서도 소상히 알릴 수 있어야 쌍방 소통의 확률이 커진다. 미리 SNS 채널 운영 활동을 통해 자신의 팬이 되어줄 고객들도 찾아보고 소통을 하고 있다면, 미래 파트너가 될 인플루언서들도 신뢰감을 느낄 수 있다.

인플루언서들도 기업과 마찬가지로, 이 브랜드와 담당자가 본인에게 진심으로 서비스와 상품을 추천하는 것인지, 믿을 만한 곳인지, 함께 일하고 싶은 파트너인지 상당히 고심하고 답을 한다. 그저 그런 지나가는 뜨내기 같은, 한번 물어보고 말 것 같은, 스팸 같은 연락에는 회신하지 않는 이유다.

그들 역시 꾸준히 새로운 상품 소싱이 필요해서 새로운 업체를 찾고 있다. 영향력이 큰 인플루언서일수록 회신이 잘 오지 않는 이유는 그들은 상당히 몸을 사리고 경계심이 많아서다. 그만큼 믿고 거래할 회사를 만드는 일은 그들에게도 어렵다. 처음부터 긍정적이고 적극적으로 협조를 하지 않더라도 기분 나빠 하고 실망할 일은 아니다.

디지털 텍스트 속에 진심을 담자

상대와 자신에 대한 탐색이 끝난 후, 인플루언서에게 연락할 때 절대로 하지 말아야 할 일은 '복사(Ctrl C)+붙여넣기(Ctrl V)' 형의 메시지다. 마치 기업에 이력서를 내는 것과 같다. 자신이 왜 상대 인플루언서에게 관심을 갖게 되었는지, 인플루언서의 어떤 콘텐츠나 활동이 본인의 기업과 잘 맞을 것 같은지, 왜 함께 일을 하고 싶고 또 해야 하는지 설명하고 설득할 수 있어야 한다. 글 속에는 음성이 숨어 있다. 몇 글자로 읽혀지는 글이지만 상대방이 자신을 생각하고 보낸 메시지인지 스팸처럼 여러 사람에게 똑같은 메시지를 보내는 것인지 단번에 느낄 수 있다.

인플루언서에게 메시지를 보낼 때는 처음 시작에 상대방이 기분 좋게 읽을 정도의 인사로 시작하고, 회사 소개와 담당자 정보를 간략하게 넣는다. 그다음으로 연락을 하게 된 이유에 대해 설명을 한다. 특정 콘텐츠를 보고 팔로우를 하게 되었다든지, 연락을 하게 된 경위를 설명해서 상대방이 가질 수 있는 경계심을 관심으로 바뀔 수 있게 해야 한다. 이 과정에서 메시지에 답을 할 것인지 말 것인지가 결정된다. 그 후에 본인 기업의 상품과 서비스, 계획된 캠페인에 대해 간략히 설명한다. 너무 부담스럽지 않은 톤으로 제안을 하며 간단한 사진이나 영상을 하나 정도 첨부하는 것이 도움이 된다. 마무리는 회신할 수 있는 연락처와 좋은 인연을 바란다는 인사를 한다.

첫 콘택트에서 인연이 안 되더라도 꾸준한 관계를 형성하는 것을 목표로 커뮤니케이션을 시작해본다. 제안에 거절 의사를 받더라도 향후 협업의 가능성을 열어두고 대화의 창을 열어둘 수 있어야 한다. 대화의 창을 열고 닫는 것은 보내는 이의 커뮤니케이션 스킬에 달려 있다.

사실 접촉하는 것부터가 쉽지 않은 일이다. 그러나 작은 대화의 시작으로 거래가 시작되고, 몇 번의 시행착오를 겪으며 만들어내는 작은 성공이 새로운 기회들을 열어줄 것이다. 이 과정을 통해 기업이 목표로 하는 보다 큰 시장으로 진출할 수 있는 기회를 만들어보길 바란다.

2

인플루언서에게 끌려가지 않는 가격 및 마진 조율

공급가격과 판매가격의 함수

가격과 마진의 조율에는 정확한 공정함이 필요하고, 정밀하고 세심한 꼼꼼함이 필요하다. 때로는 대범하게 마음과 곳간 문을 열기도 하고, 자신을 만만하게 보지 않도록 허리를 세우기도 하는 고도의 밀당 기술이 필요하기도 하다.

판매에 자신 있는 셀러들은 가격과 마진 조율에 상당한 자신감을 가지고 거래를 요구한다. 그래서 신규 업체일수록 상대적으로 거래에서 을이 될 경우가 많다. 셀러들의 무리한 가격 조율에 끌려가는 일이 종종 발생한다.

최악의 경우는 수량에 따라 공급가와 판매가가 동시에 움직이는 것이다. 공급가와 마진이 수량에 따라 변동되는 것은 당연한 일이다. 하지만 판매가가 함께 움직이면 시장에서 가격이 무너져 회복이 어렵게 된다. 일부 제조사에서 판매처에 공급가만 주고 판매가격은 관리하지 않는 경우가 있는데, 단독 판매권이 아니라면 유통사끼리 출혈경쟁을 하게 되어 제품이 시장에서 사라질 수 있다.

물량에 따른 공급가 조절이라도 어느 정도 룰은 있어야 시장이 깨지지 않는다. 온라인과 오프라인 시장은 유통 구조와 소비자들의 구매 패턴은 다르지만, 같은 온라인의 경우에는 최저가 검색이 늘 되고 있어 실시간으로 가격 확인이 가능하다. 판매 수량에 따라 공급가격이 달라지는 경우는 당연하지만, 판매가격도 함께 움직이면 절대 안 된다. 일부 소매업자들은 자신이 파는 제품에 대한 책임을 지지 않기 때문에 가격은 조심해서 움직여야 한다.

또 가격이 한번 흔들리면 인플루언서 판매 수량이 점차 줄어들 수 있다. 규모가 작은 인플루언서 셀러들은 판매 경쟁에서 밀려 판매를 중단하게 되고, 최악의 경우 파워 인플루언서에게 리셀러(Reseller)들이 제품을 50개, 100개씩 구매해 중고 사이트에 재판매를 하면 브랜드 이미지는 한순간에 무너진다.

지금 당장 상품 판매 수량에 현혹되어 가격을 관리하지 못하면 결국 좋은 제품도 순환이 안 되어 유통이 엉망이 될 수 있다. 오랫동안 건전한 시장을 조성하려면 다양한 소매업자들이 잘 판매할 수 있도록 가격 체계를 무너뜨리지 않는 것이 중요하다.

비수기에도 가격은 유지한다

또 다른 경우는 인플루언서 시장을 통해 론칭을 잘했는데, 비수기를 견디지 못하고 판매가격을 내리는 경우다. 유통에서는 처음 가격 설정과 그것을 잘 유지하는 것이 중요한데, 안타깝게도 중소 규모 회사는 유지조차 어려운 일이 될 때가 많다. 그것을 막으려면 내부적으로 가격에 대한 가이드라인이 명확해야 한다.

예를 들어, 어느 수입 브랜드의 상품은 오프라인 드러그스토어, 면세점, 인플루언서를 통해 비교적 안정적으로 론칭이 되었다. 대개 제품은 라이프 사이클 주기가 있고, 한국 시장의 특성상 사계절에 따라 판매 수량이 크게 차이가 날 때가 있다. 그 제품은 여름을 주력으로 삼는 제품이어서 가을부터 겨울까지는 긴 비수기가 있는 제품이었다. 한 유명 인플루언서가 소개를 하면서 봄과 여름 상품으로 인기를 얻었는데, 가을과 겨울이 되자 판매가 급감하여 브랜드에서는 걱정을 하기 시작했다. 고심 끝에 규모가 작더라도 급하게 상품을 유통시켜야만 했다.

결국 다른 인플루언서의 요청으로 가격을 인하하게 되면서 가격이 고정되어버렸다. 누구나 싸게 사고 싶어 하기 때문에 판매자들은 경쟁적으로 온라인 최저가로 판매하고 싶어 한다. 고객들은 한번 인하된 가격을 기억하고 마음속에 고정시켜, 다음번 올라간 가격에는 왠지 속는 기분으로 사고 싶어 하지 않는다.

중소기업이 비수기를 버텨낸다는 것은 생존과 직결된다. 시장의 트렌드를 읽어가며 메인 시즌에는 최대한 많은 고객들이 경험하고 구매할 수 있게 하고, 비수기에는 다음 시즌을 철저히 준비해 새롭게 고객들의 소비 심리를 채워줄 수 있는 효율적인 살림을 살아야 한다.

갑자기 곳간에 양식이 비어 있는 것을 보면 급한 마음에 가격을 내리고 비슷비슷한 인플루언서들을 찾아 비슷한 프로모션으로 진행하다 보면 정신이 무너질 수 있다. 비수기에도 정신과 가격을 잘 잡아 버티기 전략에 성공해야 한다.

가격을 위해 거래의 기술을 익혀라

때로는 인플루언서가 자신 있게 가격을 올려 성공과 실패를 경험하기도 한다. 신제품을 론칭할 때 가격 조율의 키를 인플루언서가 갖게 될 때가 있다. 규모가 큰 인플루언서는 제안한 가격에서 올리기도 한다. 다행히 해당 인플루언서가 새로운 마케팅을 추가해 고객들에게 다소 높은 가격으로 판매가 잘되었다고 해도 문제가 발생할 수 있다.

높은 가격에 판매할 수 있는 소매업자들은 흔하지 않기 때문에 다른 소매업자들과 다툼이 생긴다. 공급가를 확정한 후 판매가격을 올리면 상품이 조금 덜 팔리더라도 인플루언서에게는 더 큰 이윤이 생길 수 있는데 기업은 이러한 인플루언서의 이윤 추구 경쟁에 휘둘리면 안 된다.

제품의 가격을 올리고 내리는 결정은 생각보다 쉬운 일이 아니다. 명품 브랜드에서 가격이 인상되면 신문 기사로까지 나오는 이유는 5% 인상도 시장에는 큰 영향력을 끼치기 때문이다. 명품 브랜드의 가격 인상을 접하면 고객으로서 씁쓸해지는 것은 당연하지만, 브랜드를 유지하기 위한 비용이 상당히 높은 점을 감안해야 한다. 스타 상품 하나를 탄생시키기까지 수많은 과정들이 필요하고, 같은 제품을 10년 이상 롱런하기 위해서는 생각보다 많은 마케팅 비용이 필요하다. 어느 한 제품을 마케팅 서포트 하나 없이 오랫동안 시장에 선보인다는 것은, 교육비 하나 없이 아이를 키워내는 것과 같다. 그래서 가격 체계는 처음부터 잘 잡고 가야 하는 것이다.

일부 사례를 적었지만, 몇 단계에 걸친 가격 조율에서 인플루언서들과의 신경전은 불가피하다. 바잉 파워가 큰 인플루언서들은 경쟁에 우위를 점하고 있어서 더욱 그렇다. 상대에게 끌려가지 않으려면 다양한 방어막이 필요하다. 우선 논리적인 가격 구조에 대한 근거를 가지고 심리적인 주도권을 가져야 한다. 그리고 대체할 수 있는 경우의 수들을 항상 생각하고 있어야 상대방과 동등하게 이야기를 나누고 설득할 수 있을 것이다.

사업가에게 거래의 기술은 반드시 필요하다. 지금의 거래가 기업을 지속적으로 성장하게 할 것인지 끊임없이 고민해보며, 오랫동안 브랜드를 키워내기 위해서 거래의 기술을 갈고 닦아 지켜내야 할 부분은 꼭 방어를 해야 한다.

3

인플루언서 마켓에서 실패하는 상품, 실패하는 기획

실패의 경험으로 성공을 준비하다

인플루언서 마켓에서 실패하는 상품에 대한 문제, 원인과 결과, 향후 해결 방법 모두 MD의 손에 달려 있다. 고객들의 무한 사랑을 받는 유명 인플루언서라면 아무 상품이나 판매해도 불티나듯 팔릴까? 무조건 파격적인 99% 할인가로 판매한다고 완판 될까?

수백 개의 브랜드와 미팅하고, 그중에서 시장에 선보이기 위해 고심해서 MD가 선정하고, 완벽한 프로모션을 기획한다. 모두가 힘을 쏟아 론칭 준비를 해도 그중에 성공하는 제품은 손에 꼽힌다. 예측이 빗나가는 경우들도 종종 있어, 우스갯소리로 "마케터가 흥분할수록 결과는 반대로 나온다", "매출의 결과는 신의 영역이다"라고 말한다.

수많았던 실패의 경험을 다시 들춰내며 다시 한번 왜 실패했는지, 실패하지 않기 위해 고려해야 할 부분은 무엇인지를 유형별로 나눠 정리보기로 한다. 기획전에서는 자사의 상품이 다음의 요소들로 충족되는지, 부족한 부분을 어떻게 채울 수 있을지 체크해볼 필요가 있다.

첫 번째는 상품과 타깃의 매칭이다. 인플루언서 마켓은 여성 운영자와 여성 고객이 대부분이다. 이 시장에서 두 개의 양대 산맥과도 같은 고객층이 외모를 예쁘게 꾸미는 상품에 주목하는 20~30대 여성들과 아이들을 위한 상품에 주목하는 육아 시장의 엄마들이다. 따라서 이 두 고객층의 라이프스타일을 완벽히 이해해야 그들에게 맞는 MD를 선정할 수 있다.

메가 인플루언서라도 그 콘텐츠를 소비하는 팔로워들의 성향이 상품과 잘 맞아야 한다. 유명 인플루언서 겸 셀러의 구독자 중 90%가 그녀의 멋진 몸매를 보기 위한 남성 팬일 수도 있다. 이런 경우 인지도 높은 모델로서 이슈화될 것으로 예상해보지만, 여성 타깃의 제품을 판매했을 때 결과가 부진할 수밖에 없다.

이 시장에서 소외된 고객은 시니어층과 남성층으로, 20~40대 여성 고객들이 구매해서 선물할 수 있는 용도의 상품까지는 가능하겠지만, 나머지는 아직 풀지 못하는 미지의 세계로 남아 있다. 또 10대 후반 여성들은 잠재 고객이지만, 아직 구매력이 낮고 플랫폼의 사용 패턴이 20~30대와는 다르기 때문에 성숙한 기업이 그들을 이해하기란 시작부터 어렵다. 론칭 전까지 타깃이라 생각했던 고객들이 결과를 보면 맞지 않았던 경우들도 있어 상품과 타깃의 미스 매칭으로 실패하는 경우들이 있었다.

두 번째는 명확한 콘셉트다. 본인 브랜드의 제품에 해시태그를 달고 다섯 글자 이내로 닉네임을 만들 수 있을지 생각해보라. 사람들은 상품을 닉네임으로 기억한다. 따라서 닉네임 안에는 그 상품의 정체성, 기능성, 트렌드, 즐거움 모두 담을 수 있어야 한다. 한 사람의 인생을 담는 작명이 어렵듯, 히트 상품의 닉네임 선정에도 집약된 마케팅 전략이 들어간다.

때로는 출시 전 고객들에게 신제품의 콘셉트를 공유해 닉네임을 함께 만들기도 하고, 론칭 후 고객들의 후기와 피드백으로 닉네임이 자발적으로 붙기도 한다. 직관적인 디지털 쇼핑 플랫폼 안에서는 확실한 콘셉트가 없다면 모래 속 바늘 찾기처럼 상품 노출이 어렵다. 성공한 제품에는 짧고 확실한 닉네임이 붙었다는 것을 잊지 말자.

세 번째는 상품의 기능적 효능, 효과다. 단순히 유명 인플루언서가 "제가 써봤는데 좋아요"라며 인증하는 상품은 고객들에게 스쳐 지나갈 뿐이다. 왜 좋은지, 무엇에 좋은지 상당히 논리적이고 구체적인 이유와 그 스토리가 없다면 설득이 되지 않는다. 인플루언서 마켓에서 인스타그램은 직관적인 홍보 채널로 이용하고, 블로그 혹은 웹사이트 등을 병행해서 그 구체적인 배경에 대해 공을 들여 보충 설명한다.

또 인플루언서 마켓 고객들은 젊지만 고기능성 상품에 관심이 많다. 한 예로 선크림이라면 'SPF 50 PA++++'의 기본적인 선크림의 스펙을 담고도, 재생 기능이 추가된 스킨케어 효과, 톤업 기능의 메이크업 효과까지 완벽히 해줄 수 있는지를 확인한다. 기본적인 스펙의 상품으로는 까다로운 여성 고객들을 만족시킬 수 없다.

때로는 상품의 기능과 효능, 효과를 설명하다 보면 과대 포장을 하거나 허위 광고를 할 때가 있다. 인플루언서 마켓에서 발생될 수 있는 최악의 사건이며, 앞으로 이 부분에 대한 관리 감독은 더욱 엄격해질 것으로 예상된다. 시장을 움직이는 기업과 인플루언서들은 기본에 충실하되 고객들에게 새롭게 선사할 신기능을 고민하여 상품 기획을 하고, 고객들도 무조건적인 신뢰보다 구매 전 신중하게 비교 분석해볼 필요가 있다. 허위 광고와 과대 광고에 대해서는 정부 관리뿐만 아니라 시장에 참여한 사람들의 자발적인 자정 능력도 반드시 필요하다.

네 번째는 직관적 미학을 가졌는가다. 한눈에 매력을 어필할 수 있는 디자인은 인플루언서 마켓에서 상품의 기능만큼이나 고객들에게 어필할 수 있는 요소다. 상품의 색감, 디자인, 사진 촬영 감도를 콘텐츠와 연결해서 빠르게 매력을 어필할 수 있어야 한다. 직관적 미학에 특히 예민한 카테고리는 패션, 인테리어 리빙 제품, 최근에는 전자제품까지도 포함된다. 여성들에게 가심비를 선사하는 부분을 놓치면 안 된다.

다섯 번째는 가장 중요한 유통의 희소성이다. 인플루언서 마켓에서만 만나볼 수 있는 희소성 있는 제품이어야 한다. 오픈마켓에서도 판매하고 오프라인 드러그스토어에서도 판매하고 직구도 가능한, 어디서나 손쉽게 구할 수 있는 제품은 구매할 필요가 없다.

고객들은 아주 작은 차이에도 구매를 할지 말지를 결정한다. 기업에서는 다양한 유통에서 판매하는 것이 전체 매출액을 크게 키울 수 있을 것이라 생각할 수 있다. 그렇지만 관리비만 많이 들고 효율이 떨어질 수도 있다. 동화 속 황금알을 낳는 거위처럼 무리한 욕심을 갖는다면 희소성이 주는 혜택이 사라진다.

특히나 성인용 건강기능식품, 1인 1팩의 열풍으로 K-beauty를 글로벌화시킨 마스크팩 등 대중화된 카테고리 상품들은 인플루언서 마켓에서 열풍을 만들었지만 이제는 대중화된 카테고리로 바뀌면서 희소성이 사라졌다. 상품 기획에서 경쟁사를 벤치마킹하지 말아야 하는 이유도 여기에 해당된다.

유사한 제품과 비슷한 콘셉트의 브랜드가 다른 유통 채널에서 강하게 있다면 인플루언서 마켓에서는 조심해야 한다. 한 예로, 제주도에서 모든 원료를 100% 생산하는 에코 브랜드가 대중적인 이니스프리로 인해 인플루언서 마켓에서 실패하는 경험을 맛보았다. 이미 오프라인에서 저가형으로 자리 잡은 브랜드가 있어 고객들에게 상품의 가치를 깊이 있게 전달하기 어려웠던 것이다. 최근에는 인플루언서 마켓과 홈쇼핑에서 같은 상품이 동시 진행되거나 비슷한 콘셉트의 상품들이 론칭하면서 경쟁이 치열해졌다.

채널뿐만 아니라 프로모션 혜택도 희소성을 잃지 않도록 해야 한다. 인플루언서 마켓의 공동 구매 형태는 '나에게 필요한 상품, 지금 구매하지 않으면 싸게 구매하지 못한다'라는 구매 욕구를 동반하는데, 상시 혜택이 넘쳐난다면 가격만 무너지게 되는 것이다. 고객이 필요로 하는 시즌성, 한정 제품, 한정된 주기로 프로모션의 희소성을 잃지 않는 셀링 포인트를 잡는 것이 중요하다.

수많은 실패담을 나열하다 보니 결국 고객에게 어떤 특별함을 줄 수 있을 것인가에 대한 고민으로 귀결된다. 새로운 콘셉트, 새로운 기술, 새로운 디자인, 새로운 혜택, 실패를 두려워하지 말고 끊임없이 새로움을 위해 용기를 내고 시도해야 고객들을 자극시킬 수 있다. 작은 성공의 경험을 쌓아서 실패의 확률을 줄여나가야 한다.

4

인플루언서를 위한 위험한 투자 실패

투자에는 반드시 리스크가 따른다

지난 몇 해 동안 인플루언서 커머스 유통을 시작으로 제조 및 생산, 해외 수입 등 다양한 투자를 진행해왔다. 성공한 사례만큼 실패한 투자 사례들도 많았다. 지금의 독자들이 향후 시행착오를 줄였으면 하는 마음으로 몇 가지 사례를 통해 실패를 반추해보고자 한다.

첫 상품의 유통이 잘 풀려 그 과정과 결과가 좋았다면 인플루언서와 오랫동안 파트너로 일을 하게 된다. 서로 신뢰할 수 있는 인연까지 된다면 이보다 더 훌륭한 파트너가 없다. 한쪽은 좋은 상품을 수급해오고, 다른 한쪽은 고객들에게 널리 알리고 판매까지 하는 건강한 사이클을 이어간다면 말이다.

각 회사별로 어느 브랜드와 어떤 인플루언서가 주력으로 손발을 맞춰가는지 업계에서는 비밀 아닌 비밀로 서로를 알고 있다. 기업의 입장에서는 영향력이 큰 인플루언서와 손을 잡고 싶어 하고, 인플루언서의 경우는 신뢰할 수 있는 기업과 일을 하고 싶어 한다. 그래서 한 회사에서 특정 인플루언서에게 PB 제품을 론칭해주기도 하고, 단독 판매권을 주기도 하고, 사외 이사로 섭외하기도 한다. 인플루언서도 여러 업체들과 협업하지만 보통 주력으로 거래하는 기업과 다양한 논의를 하여 스스로 더 성장하고자 한다.

인플루언서 마케팅의 핵심에는 인플루언서라는 사람이 있다. 그 사람의 일거수일투족이 상품 및 기업 이미지와 연계되기 때문에 인물이 가장 중요하다. 개인의 역량이 얼마만큼 성장하는지에 따라 기업의 성장도 함께하기 때문이다.

'단독'이라는 이름의 리스크

기업이 인플루언서라는 개인에 투자를 하기도 한다. 특정 인플루언서를 위한 맞춤 제품, PB 상품을 제조, 생산하거나 단독 판매권을 주는 것이 투자 방식 중 하나다. PM(Product Manager)이라 불리는 상품 기획자를 담당으로 두고 단독을 따로 기획해주는데, 인플루언서에게는 상당히 매력적인 투자를 받는 것이 된다.

자금을 투자하지 않아도 상품 기획과 제조 및 생산까지 완성되어온다니! 인플루언서는 이 과정을 즐기고 콘텐츠로 제작해서 소비자들과 공유하고 소통만 하면 되는 것이다. 다소 부담이 될 수 있지만 재고에 대한 리스크도 없기 때문에 이러한 투자에 인플루언서는 적극적이다. 지금도 여러 제조사들이 이러한 프로젝트가 가능한 인플루언서들을 섭외하고자 하고 있다.

또 소매업을 하는 이들은 처음에는 유명 상품이 필요하지만, 어느 정도 고객 숫자가 만들어지면 단독 상품에 주력한다. 그래서 다들 '단독 입고', '단독 프로모션' 등을 강조하고 유치하기 위해 늘 경쟁한다. 단독 상품을 받기 위해서는 큰 책임감을 가져야 하지만 케이크 위에 달콤한 열매만 골라 먹는 일명 체리 피커(Cherry Picker: 자신의 실속만 챙기는 사람)들이 존재하기에 조심해야 한다.

사람에 대한 투자는 늘 조심해야 한다. 인플루언서는 개인이기에 더욱 조심스럽다. 믿고 거래하는 인플루언서에게 최대한 집중을 해보지만 때로는 약속이 잘 이행되지 않는 경우들이 있으므로 위험한 거래가 되기도 한다. 새로운 프로젝트의 시작과 과정은 늘 흥분된다. 그 결과가 나오기 전까지는 말이다.

하지만 결과는 그 누구도 예상하기 어렵다. 아무리 과정이 좋았다고 해도 마지막 판매가 저조하다면 모두가 잠시 당황하는 상황을 맞이하게 된다. 어느 누구의 탓도 아니라고 해도 각자 불편해진다. 그리고 각자의 이해관계를 따져 후일을 생각하게 된다.

최종 판매자인 인플루언서는 일단 자신감이 떨어지고 다음 판매에 주저하게 된다. 야심차게 직접 제조하고 단독 입고시켰다고 홍보한 상품이지만, 본인에게 주어진 한 달에 4~8번 정도 상품을 판매할 수 있는 기회에 이 실패한 제품을 다시 넣지 않는다. 결과가 좋지 않았지만, 책임감을 가지고 다음에도 판매하겠다고 하는 인플루언서는 극히 드물다. 만일 재판매를 한 번 더 하더라도 이미 포기한 마음으로 열과 성을 다하지 않아 제조사의 마음을 졸이게 한다. 대부분 세세한 계약서를 쓰지 않고 구두상으로 이야기하는 것으로 프로젝트를 시작하다 보니 결과에 대한 책임이 불분명하다.

제조사의 경우 남은 재고를 어떻게 해결해야 할지 다시 고민에 빠진다. 그때서야 다른 셀러 섭외를 알아보지만, 앞서 인플루언서가 단독 브랜드 혹은 PB 상품으로 홍보해놓았기 때문에 다른 이가 상품 판매를 이어가기가 쉽지는 않다. 또 단독 브랜드, PB 상품이 아니더라도 어느 특정 인플루언서에게만 집중 투자를 했을 경우 판매하기로 한 일정이 갑자기 취소되거나 일정이 개인 사정으로 갑자기 변경되는 등 기다리는 시간이 길어지는 문제가 발생한다. 이런 일들이 비일비재하게 일어나다 보니 끝까지 파트너십을 유지하기가 쉽지 않다.

제조뿐만 아니라 수입 제품도 마찬가지다. 여러 업체가 인플루언서들이 약속을 이행하지 않아 손해를 본 경우가 있다. 수입하는 제품의 경우는 오더를 해외 본사에 보내고, 빠르게 비행기를 태워 입고시켜도 최소한 한 달은 시간이 소요된다. 인플루언서 본인이 판매하겠다고 약속을 하고 해외 발주를 해놓았는데, 한 달 후에 다른 회사의 비슷한 제품을 론칭하거나, 잠수를 타고 연락을 끊거나, 하염없이 기다리게 하며 희망 고문을 하는 경우도 있다. 이럴 경우

손해는 수입사만 보게 된다.

매출이 너무 한 곳으로 집중되고 의존도가 높으면 안정적이지 못한 구조가 된다. 서로의 필요에 의해 일을 시작하고 서로 관계를 잘 유지한다고 해도 그 집중도는 결국 누군가를 종속시키는 관계를 만들게 한다. 일시적인 매출과 고객 반응이 높다고 해도 결국에는 위험성을 더 높이는 일이기 때문에 다양한 프로필을 가진 인플루언서들과의 관계 형성이 중요하다.

당연히 모든 사업에 리스크가 있고 거래가 불발되는 다양한 사례들이 있다. 개인적인 문제로만 논하기에는 비슷한 사례들이 많기 때문에 사람에 대한 투자와 상품에 대한 투자를 하기 전에 위와 같은 문제들을 염두에 두고 시작해야 한다.

사람 관계를 형성하는 노력, 상품을 기획하고 제조하는 비용, 시간은 곧 돈이기 때문에 이 세 지표 모두가 기업에 손해가 되지 않도록 리스크 관리를 하면서 투자해야 한다. 과거 실패에 발목 잡히고 불확실한 미래에 불안해할 것은 없다. 지금의 투자가 실패로 가느냐 성공으로 가느냐는 차가운 머리와 뜨거운 가슴을 가진 빠른 행동력만이 해답을 줄 것이다.

5

계약 관계가 위태로운, 새로운 갑을 관계

영원한 갑도, 영원한 을도 없다

모든 관계는 꼬리에 꼬리를 물고 원형을 만들어 다시 자신에게 돌아온다. 지금 갑의 위치라고 갑질 할 일도, 을의 위치라고 눈치를 볼 일도 없다. 힘의 균형은 순간순간 시소처럼 오르락내리락 바뀌기 때문에 겸손하되 긴장한 상태로 상대를 대해야 한다.

가장 정확한 관계 설정은 계약서를 통해서 만들 수 있다. 인플루언서 커머스에서도 초기 계약서가 왔다 갔다 했지만 거래처와 매번 업무마다 계약서를 새로 쓰는 것은 어려운 일이다. 그래서 대부분 구두 계약으로 진행이 된다.

서류상 계약도 어그러질 때가 많은데 하물며 구두 계약은 아무런 효력이 없다 보니 문제가 생겨도 구제받기가 어렵다. 수입 오더를 진행할 때, 단독 상품을 제공할 때, 홍보 관련 계약, 프로모션 등 협의 사항이 많은데 매번 도장을 찍기는 어렵다. 이런 문제는 인플루언서와의 거래뿐만 아니라 다른 거래처와도 마찬가지일 것이다. 오프라인 MD와 미팅을 해서 수입을 다 했는데 행사가 취소되어 물량이 갑자기 붕 뜰 때가 있는 것처럼 말이다.

인플루언서들의 파워가 커지다 보니 이들과 거래를 할 때 백화점 MD와 거래를 하는 듯, 연예인과 계약하는 듯, 새로운 관계가 형성이 된다. 이들은 광고, 홍보, 세일즈까지 전담하다 보니 그들의 역량에 따라 상품 인지도와 매출이 바뀌기 때문이다. 그렇다 보니 기업들은 MD처럼, 연예인처럼 대우해준다. 그럼에도 인플루언서를 통한 마케팅을 원하는 기업들의 수요는 지금도 상당히 많다.

지금까지 일해온 기업들과 에이전트들도 인플루언서들과의 관계를 유지해나가는 것을 중요하게 생각하고 대폭적인 지원을 하고 있다. 프로젝트를 위한 심도 있는 교육은 기본이고 사진과 영상 촬영 제공, 사무실 제공, 성공의 인센티브로 선물 공세, 사이트 구축에서 웹디자인, 광고 지원까지 그들의 파워를 빠르고 쉽게 키울 수 있는 모든 지원을 아끼지 않는다.

기업에게는 시간과 노동력이 투자가 되는, 절대 공짜로 만들어지는 지원이 아니다. 그러나 경쟁이 치열하다 보니 일부 인플루언서들은 이러한 지원을 당연하게 받아들이거나, 다른 경쟁사와 비교를 하는 등 이마저도 애태우게 한다.

메가 인플루언서와 거래를 한다고 해서 사업이 보장되는 것은 아니다. 외부에서 보기에 기본 이상의 결과가 나올 것처럼 보이지만, 생각보다 많은 투자와 관리가 필요하다. 안정적으로 보이는 그 관계도 사실 언제 어떻게 될지 모르는 위태로운 관계를 이어오기도 한다. 예를 들어 특정 메가 인플루언서와 거래하면 다른 메가 인플루언서와는 일하기 어려운 관계가 된다. 그래서 한 곳으로 집중이 되어 더 위태로운 관계로 이어질 수 있다.

주로 거래 결정에 주도권을 가지는 메가 인플루언서와 오랫동안 좋은 관계를 유지했더라도 한순간에 일이 틀어지고 서로 등지게 되는 일이 발생한다. 강(强)과 강(强)의 만남은 부러질 수 있기 때문에 어쩔 수 없이 갑과 을의 관계로 만들어갈 수밖에 없다. 마치 종속 관계처럼 느껴질 수도 있어 회의감이 들기도 한다.

인플루언서에게 기업의 서포트는 무조건 필연적이고 지원을 제대로 받을 수 있어야 인플루언서도 성장한다. 본인의 성장에 필요한 일임에도 대우받기만을 원하고 본인에게 집중이 될수록 기업과 배짱 거래를 하기 때문에, 인플루언서 한 개인에 너무 집중되는 상황은 피해야 한다.

계란을 한 바구니에 담지 마라

분산 투자를 통해 리스크 관리를 하라는 말처럼 종속된 관계가 되지 않기 위해서는 가능한 매출 규모의 20~30% 선으로 인플루언서 커머스를 관리해야 한다. 매출의 50~70% 정도 대부분을 특정 인플루언서에게 의존하다 보면, 당장의 매출과 이익은 좋을 수 있지만 장기적으로 건강하지 못한 매출 구조를 가지게 된다.

자사몰, 온오프라인 유통 채널, 면세점, 해외 수출 등 다양한 매출 포트폴리오를 구성해서 인플루언서 커머스와 시너지가 날 수 있게 준비해야 한다. 인플루언서 커머스를 활용할 때는 바이럴을 활용할 수 있기 때문에 이를 적극적으로 다른 채널에서 콘텐츠로 재가공한다. 인플루언서 커머스를 하는 이유와 목적에 대해 다시 한 번 생각하며 타 채널과 연계해보자. 꾸준하게 그 길을 닦는 것만이 기업과 브랜드의 앞길을 흔들림 없이 가는 방향이다.

올바른 방향을 설정해두고 그 목표를 위한 일인지를 생각하며 지원을 해야 한다. 그렇지 않으면 종속 관계로 이끌려가면서 갈 지(之) 자를 그릴 수도 있다. 작은 회사일수록 이런 관계에 조심해야 하고, 생존경쟁에서 자기 목숨과도 같은 회사의 결정권을 누군가에게 휘둘리지 않아야 한다.

인플루언서 커머스에서 성공한 브랜드 중에 그것을 발판으로 더욱 성장한 기업들이 있다. 이런 곳들은 단계별로 전략을 세우고 실행한 경우다. 인플루언서에게만 집중한 곳과 다양한 포트폴리오로 움직인 회사는 몇 년 후 결과가 크게 달라졌다. 이들은 아주 작은 브랜드였을 때부터 갑과 을의 종속 관계가 아닌, 스스로 결단력 있게 줄 것 주고 받을 것 받는 관계였다. 파워가 큰 유통에 몸을 맡기는 것이 아니라 위험을 감지하고 스스로를 지켜나간 것이 결국 성공으로 이끈 것이다.

사업을 지키고 브랜드를 확장시키기 위해서는 스스로 자기 주도권을 가지고 다양한 관계에 전략적으로 움직여야 한다. 지금 당장 바잉 파워가 있는 바이어라도 자신을 성공시켜주는 것이 아니고, 유명한 연예인이나 인플루언서가 홍보해준다고 인지도가 금방 올라가는 것이 아니다.

아주 먼 길을 한 걸음 한 걸음 걸어가며 만든 기록들이 쌓여 그들이 자신을 필요로 하는 순간까지 가야 한다. 자신이 이용당할 것인가, 자신이 활용할 것인가의 문제에서 그 선택과 결과의 책임은 모두 본인에게 있다. 위험한 사업 상황과 관계 속에서 그 목적을 잊지 말고 큰 목표를 향해 조심스럽게 움직여야 한다.

6

경쟁, 자만, 질투로 깨져버리는 인플루언서 네트워크

얽히고설킨 여자들의 감정선

영원한 친구도, 영원한 적도 없다. 모든 비즈니스 관계에 해당되는 이야기겠지만, 인플루언서들의 관계도를 보면서 느낀 점이다. 인플루언서 시장을 분석하다 보면 그들만의 네트워크가 보인다. 각자 친하고 협력하는 관계들이 연결되어 작은 팀을 이루기도 하고, 서로의 비즈니스 파트너가 되기도 한다.

인플루언서들은 서로 간의 네트워킹을 통해 상품 소싱, 홍보와 마케팅 등의 협업을 하며 더 큰 시너지를 내는 그룹을 형성한다. 인플루언서들 간의 네트워크가 실제 비즈니스에 큰 영향을 주기 때문에 이들의 관계에 주목해야 한다.

보통 인플루언서 두 명이 비즈니스 파트너가 되어 일을 하는 경우가 많다. 함께 상품을 소싱하고 함께 홍보하고 함께 콘텐츠를 만들어 함께 판매한다. 여성들에게 베스트 프렌드란 얼마나 소중한 존재인가. 이들은 일명 '베프(베스트 프렌드)'의 형태로 많은 프로젝트를 함께 한다. 각자의 거래처에 소개를 하고, 진행하는 프로젝트에 서로 투입이 되어 홍보에 더 큰 시너지를 만들기도 하고, 상품 바잉에서 구매력을 높이고 상품 단가를 조정하는 등의 협력도 한다. 2명의 인플루언서가 만났을 때 파급력은 혼자보다 훨씬 크다.

이를 지켜보는 팔로워들도 여성들이 대부분이기 때문에 이들의 협업과 활동이 마치 본인의 친한 친구들의 만남처럼 느껴져 인플루언서들과 친밀감이 더 높아진다. 마치 한 반에 속해 있는 친구들처럼 말이다.

하지만 '베프'와 가장 친하지만 가장 많이 싸우기도 하는 것처럼 서로 간의 경쟁과 견제도 심한 편이다. 서로에 대한 질투심이 경쟁을 일으켜 등 돌리고 사이가 깨지기도 한다. 콘텐츠를 카피하기도 하고, 매출 경쟁에 매몰되어 사소하면서도 결정적인 약속을 어기는 일도 생기며, 서로에 대해 좋지 못한 소문을 내기도 한다.

이런 경우 결국 기업들이 피해를 본다. 작은 균열로 시작되는 경쟁과 견제가 질투로 이어져 관계가 깨지면서 중요한 기업 행사가 공중분해되기도 한다. 서로에게 책임을 전가하며 말이다. 비즈니스 약속이 우선인 기업 입장에서 보면 이해가 가지 않는 일이지만 실제로 종종 일어난다.

그런가 하면 각자의 가까운 거래처에 파워 게임을 하듯 상대방과 거래를 하지 못하게 방해하는 경우도 생긴다. 기업 입장에서는 상당히 난감한 경우다. 보통의 기업은 개인적인 사심을 담아 비즈니스를 하지 않기 때문이다.

이는 기업의 조직 생활을 이해하지 못하는 인플루언서들에게 나타날 수 있는 문제들이다. 그래서 기업의 인플루언서 담당자들에겐 이들의 관계에 대한 이해와 상담 능력까지 필요하다. 그동안 이러한 이슈에 지쳐 담당자들이 그만두는 경우들도 상당수 많았다. 실제 사회에서도 진짜 친구를 얻는 것은 어려운 일이다. 비즈니스에서는 더욱 그렇기 때문에 진정한 친구가 있다는 것만으로도 그 사람은 성공할 환경 속에 있는 것이라 볼 수 있다.

인플루언서들의 공급 네트워크

한편으로 네트워크가 좋은 인플루언서는 주변 인플루언서에게 상품을 공급하는 공급자가 되기도 한다. 이런 경우 여러 명을 섭외해 팀을 만들기도 한다. 소문난 인플루언서들 중에 소매상과 도매상을 겸하는 사람들이 종종 있다. 상품을 해외에서 수입하거나 국내에서 상품을 제작할 경우 최소 발주 수량인 MOQ(Minimum Order Quantity)가 있어 혼자 진행하기 쉽지 않은데, 일정 고객을 가진 2명 이상의 인플루언서가 만나면 MOQ를 넘겨 수입 혹은 제작물에 대한 부담을 줄일 수 있다.

그래서 큰 그림을 그리는 인플루언서들은 주변의 인물들에 대해 향후 거래처가 될 수 있는 존재들이라 생각하고 관리하기도 한다. 본인의 PB 제품을 론칭할 때 이들만 한 서포터즈가 없다는 것을 잘 알고 이들을 홍보에 활용하고, 판매권을 인플루언서들과 나누며 상품 공급의 본사 역할을 하기도 한다. 2~3명에게만 공급해도 MOQ를 걱정하지 않아도 되니 브랜드 론칭 시 리스크를 줄이는 방법이다.

인플루언서들은 기업에게 본인의 공급 네트워크를 언급하며 거래에 주도권을 갖기도 한다. 공급자 역할을 하는 인플루언서는 대체로 파워가 있는 사람인 경우가 많다 보니, 다른 인플루언서들을 선택하고 지정하는 경우들이 있다. 또 특정 인플루언서와는 절대 같이 일을 할 수 없으니 공급을 말아달라는 요청까지도 한다. 본인이 원하는 대로 정리되지 않으면 거래를 중단하겠다는 협박 아닌 협박도 한다. 파워가 큰 인플루언서일수록, 네트워크가 넓은 인플루언서일수록 기업들에 요청하는 디테일 사항들이 많고 거래에 다양한 제약이 따르기도 한다.

네트워크를 조직화하라

나는 몇 해 동안 다양한 관계 속에 벌어지는 일들을 상담하고, 관계를 정리하고, 프로젝트들을 진행해오며 가끔은 여학교 담임선생님 같다는 생각이 들었다. 비즈니스에 이들의 관계가 상당히 큰 비중을 차지한다는 것을 경험하면서 머리가 지끈거리는 일들이 한

두 번이 아니었다.

하루 매출을 단숨에 1억 달성하는 것은 소상공인들에게 쉬운 일은 아니다. 외부에서 이러한 결과물을 바라볼 때 인플루언서 플랫폼이 파워풀하지만 단순한 플랫폼 비즈니스로 보이는데, 그 비즈니스 핵심에 복잡한 사람 간의 네트워크가 존재한다.

업무를 진행하다 보면 종종 복잡다단하고 매우 혼란스럽게 부딪히는 인간관계에 놀라는 기업들이 있다. 인플루언서 플랫폼은 작은 개인들이 모여 큰 플랫폼을 이루는 형태기 때문에 그 속에 사람을 통한 새로운 기회와 사람에 의한 위험성이 공존한다.

인플루언서 플랫폼에는 자영업자들이 많기 때문에, 경쟁력을 갖추려면 스스로 작은 조직이 되고 동시에 주변 네트워크를 조직화해야 한다. 나 혼자만 잘 먹고 잘 살기 위한 인간관계와 비즈니스로 생각하면 오래 일을 할 수 없다. 무한하고 끊임없는 경쟁 사회에서 살아남기 위해서는 혼자의 힘만으로는 어렵다.

규모가 작을수록 새로운 환경에 끝없이 노출하여 민첩하게 행동으로 옮겨야 한다. 작은 조직에서 새로운 혁신이 탄생한다는 것을 명심해야 한다. 백지장도 혼자 드는 것보다 같이 드는 것이 낫다고 했다. 혼자보다는 둘이, 셋이 낫다는 점을 생각하며 작은 이기심보다는 큰 경쟁력 우위를 점할 방향으로 전략을 세워야 한다.

또 전략적으로 새로운 사람들과 네트워크를 통해 새로운 영역에 도전하며 새로운 시각을 만들어가야 한다. 본인과 다른 카테고리 영역에서 성과를 내거나, 다른 연령층의 고객을 가지고 있거나, 콘텐츠 소화 방식이 다른 사람들과 팀으로 만나 새로운 비즈니스를 창출한다면 인플루언서 네트워크의 장점을 십분 활용하게 되는 것이다.

자신과 비슷한 콘셉트의 인플루언서와 친구로만 지내는 것이 아니라 새로운 팀을 조성한다고 생각하고 객관적인 기준으로 네트워크를 쌓아가야 한다. 새로운 관점과 사람을 통해 협력을 해나간다면 개인의 소상공인을 벗어나 브랜드화, 기업화를 할 수 있다.

인플루언서 네트워크에는 인플루언서들만 있는 것이 아니다. 그 안에 기업도 함께 있다. 모두가 각자의 위치에서 각자 해야 할 일들에 책임을 다해야 한다. 이해타산적으로 본인이 부족함을 느낄 때만 외부 협력을 기대하고 고성장을 이룰 때는 혼자 그 성공을 누리고자 하면 안 된다. 각자의 비즈니스에 오르막과 내리막이 있는데, 한두 번의 성공으로 누군가는 자만심을 갖고 누군가는 질투심을 가진다면 지속적인 성과를 낼 수 없다.

인플루언서 플랫폼 비즈니스의 핵심에는 사람이 있음을 잊지 말고 사람을 통해, 사람을 향하는 콘텐츠와 상품으로 플랫폼을 성장시켜야 산업이 성장할 수 있음을 잊지 말아야 한다. 산업은 비즈니스에서 물과 공기와 같은 역할을 한다. 산업이 없어진다면 자신도, 친구도, 협력사도 모두 사라지는 공멸의 길을 만나게 될 것이니, 미래를 향한 협력만이 살길이다.

7

엔터테인먼트 기업으로 비춰보는 인플루언서 마케팅

다양한 포트폴리오로 관리하는 SM 엔터테인먼트

최근 몇 년간 엔터테인먼트 주식의 변화를 보면서 인플루언서 마켓과 매칭이 되었다. 소비자를 즐겁게 해주는 쇼핑 엔터테인먼트인 인플루언서 커머스와 간단히 비교해보고자 한다.

먼저 케이팝의 원조인 SM 엔터테인먼트는 그룹에서 유닛, 개인 활동까지 아이돌 그룹을 여러 포맷으로 운용하며, 가수, 연기, 예능까지 다양한 카테고리 활동의 아이돌을 보유하고 있다. 정교하게 시스템화된 엔터테인먼트로 가장 대중적인 소비자 감성으로 아이돌의 정석을 만들어낸다.

SM 포트폴리오처럼 인플루언서 팀들도 팀, 유닛, 개별 활동을 통해 더 넓은 시장을 공략해야 한다. 팀과 유닛, 개별 활동 모두 장단점이 있고 시너지를 낼 수 있는 환경을 만들어 서로에게 도움이 될 수 있도록 해야 한다. 혼자만의 힘으로는 시장을 넓혀가는 데 한계가 있기 때문이다.

결국 남는 것은 사람이다. 좋은 기운을 가진 사람들이 모였을 때 더 좋은 일과 에너지가 만들어지기 때문에 열린 마음과 생각으로 다양한 포트폴리오를 구축할 수 있어야 한다. 인플루언서들도 혼자만의 경쟁이 아닌, 다양한 인맥 활용을 통해 컬래버레이션을 해야 한다. 아직까지는 커머스형 기획사가 존재하지는 않기 때문에 스스로 적극적으로 도움을 구하고 도움을 받기도 하며 큰 시장을 목표로 시야를 넓혀야 성장한다. 한 가지에 전문화, 집중화된 카테고리 킬러를 만드는 것은 중요하다. 하지만 쇼핑 엔터테인먼트를 유념해두며 팔로워들에게 즐거움을 줄 수 있는 다양한 영역의 관심과 정보 공유, 활동이 필요하다. 후에 이런 관심과 활동이 또 다른 전문 영역으로 발을 넓혀줄 수도 있다.

엔터테인먼트사에서 음원은 가장 기본 매출을 받쳐주는 영역이다. 메인으로 주력하는 상품은 캐시 카우(Cash Cow)로 꾸준한 수익을 올리고, 아이돌이 예능에 출연하듯 다른 영역, 다른 플랫폼에서도 노출도를 높이고 콘텐츠화하여 새로운 기회들을 만들 수 있어야 한다. 이러한 전략을 잘 구사하는 인플루언서들이 향후 미래 가치가 더 높은 사람들이다.

네이버 블로그, 인스타그램, 유튜브로 마케팅 플랫폼이 이전할 때마다 본인을 그 채널에 맞춰서 발 빠르게 움직여야 한다. 마케팅 트렌드에 밝아야 미래를 준비할 수 있다. 지금처럼 영상의 시대에 맞춰 라이브로 소통하고, 영상으로 콘텐츠를 옮겨가는 준비를 하고 있는 인플루언서는 다음 플랫폼에서도 성공할 확률이 높다.

그에 반해 안일하게 새로운 트렌드를 받아들이지 못하고 예전 방식대로 광고 홍보하고 영업하는 인플루언서들에게는 성장하는 미래가 보이지 않는다. 인플루언서 셀러를 섭외할 때 지금의 팔로워 숫자도 보겠지만, 그들의 마케팅 방식과 흐름을 잘 읽어보아야 기업의 시간과 노력 투자에 실패하지 않는다.

시간이 걸려도 시스템을 구축하고 정도를 걷는 JYP

다음으로는 JYP 엔터테인먼트다. 2014년 부진한 실적으로 'JYP 위기'라는 이슈에 박진영 프로듀서는 "시스템을 실험 중이다. 시간이 걸려도 시스템을 완성시키면 성장할 것이다"라며 자신감을 내보였다. 5년여가 지난 지금 그의 말대로 시스템을 구축하고, 그가 목표로 하던 시가총액 1조를 넘기는 성공의 결과를 보여주었다.

몇 년 전 YG에 비교를 당하던 JYP가 현재 부모들도 믿고 자식을 맡기는 모범적인 엔터테인먼트사로 발전할 수 있었던 비결은 무엇이었을까? 미국 진출에 실패했지만, 그것을 기회로 미국 유수의 음반사 시스템을 연구하며 발전의 기회를 모색하고 한국에 실행한 것이 지금의 JYP를 만들었다. 조직 구조를 만들고, 새로운 시스템을 공부하여 도입하고, 다양한 실험과 시도를 해서 성공과 실패를 통해 학습하는 방향을 잡고 오랜 시간 성공을 위해 준비해온 것이다.

인플루언서들도 새로운 시스템을 빨리 도입하고 끊임없이 새로움에 도전하고 실험하는 이들이 있다. 활동이 눈에 크게 띄지 않아도 이 사람이 어떠한 미래를 위해 새로운 일을 하는가가 보인다. 역시 그런 면모를 보였던 인플루언서들은 SNS 마켓에서 시작해 사이트를 구축하고, 고객들이 어떻게 하면 조금 더 편하게 구매하고 쇼핑을 즐길 수 있을지 새로운 시스템 도입에 적극적인 움직임을 보인다. 전문적인 지식을 쌓기 위한 공부도 게을리 하지 않는다. 화장품 전문가 자격증을 따고, 건강기능식품을 판매하기 위해 논문을 들여다보고, 패션을 위해 디자인의 역사와 원단에 대한 공부를 게을리 하지 않고, 좋은 원단과 디자인을 위해 해외로도 떠나며, 전자제품을 판매하기 위해 다양한 제품을 사용해서 비교 분석하는 리포트를 작성하는 열의는 누가 시켜서 나올 수 없는 자기 주도적 학습이다. 이런 인플루언서는 결국 브랜드로 성장하게 된다.

게으름 틈 없이 전문 지식을 쌓고, 내부 조직을 구성하고, 새로운 마케팅 트렌드를 읽고 실험하고, 다양한 인맥 네트워킹, 새로운 시스템 도입에 열과 성을 다하는 미래형 인플루언서에 투자해보자. 타인의 성공에 손뼉을 쳐주고 긍정적 기운으로 동반 성장하는 인플루언서와 지금부터 작은 프로젝트라도 시작하라.

미래형 아티스트 브랜드 탄생, 빅히트 엔터테인먼트

마지막으로, 미래형 인플루언서 팀은 '21세기 비틀즈'라고 불리는 빅히트 엔터테인먼트의 BTS를 떠올려볼 수 있다. BTS라는 팀에 관심을 갖게 된 것은 몇 년 전 "빅히트 엔터테인먼트는 아이돌 기획사가 아닌, 콘텐츠 제작사를 표방한다"는 방시혁 대표의 인터뷰를 본 이후다.

전 세계를 사로잡는 아이돌 브랜드로 만들어낸 방시혁 대표는 미래를 내다보는 뛰어난 지혜가 담긴 전략가라고 생각된다. 아티스트의 인성, 열정적인 태도와 그들의 잠재적 능력을 자율성 있고 창의력 있게 길러준 매니지먼트와의 만남이 지금의 BTS 브랜드를 성공시킨 비결이다.

그 성공의 중심에는 고객과 콘텐츠가 있었다. 새로운 가치를 만들고자 했던 기업의 고민이 콘텐츠로 집중되었고, 팬을 위한 콘텐츠로 캐릭터가 만들어지고 성장 스토리가 개발되어 다양한 플랫폼으로 확산시키는 데 성공했다. 여느 아이돌 기획사처럼 음원과 굿즈에만 신경 쓰는 것이 아니라 콘텐츠 중심이라는 새로운 문화를 만들어 젊은 고객들과 소통한 것이 성공의 씨앗이 되었다. 그리고 BTS라는 아티스트별 스토리텔링에 집중해 엔터테인먼트 업계에 새로운 업의 본질을 정의하고, 성공적인 글로벌 브랜드로 성장하게 됐다.

팬들에게 끊임없이 새로운 경험을 선사하고자 하는 기업과 브랜드의 고민과 그 과정이 지금의 성공을 이끌어왔다. 고객이 무엇을 원하는지 고민하고, 그 고민의 과정 속에 새로운 경험을 할 수 있는 프로젝트를 끊임없이 개발해왔다. 거기에 좋은 태도와 자세를 갖춘 아티스트들이 모이니 좋은 에너지들이 시너지를 내고, 전 세계 팬들이 열광하고 있다.

빅히트의 아티스트 육성 및 매니지먼트 방법은 기업과 브랜드에서 벤치마크할 비즈니스 모델이다. 책임감을 바탕으로 하는 자율성은 창조적인 힘의 바탕이 되고, 팀워크 중심의 커뮤니케이션은 이 시대에 협력과 협업이 얼마나 중요한지 보여준다.

우리 회사에서도 인플루언서와 협업할 때 중요 조건으로 인플루언서의 긍정적인 태도와 자세를 눈여겨본다. 지금 가진 파급력보다 오랫동안 상생할 수 있는 에너지가 더욱 중요하다. 기업은 지속 가능한 요소들을 통해 성장해야 하기 때문이다. 지속 가능한 파트너십을 가져갈 수 있는가, 새로운 가치를 창출해낼 수 있는가를 함께 터놓고 고민할 수 있는 사람이라면 그 어떤 투자도 아깝지 않다.

이제는 메가 인플루언서에게 의존하는 것이 아닌, 직접 브랜드의 인플루언서를 기획하고 육성할 시기다. 아직도 늦지 않았다. 인플루언서의 시대는 아직도 시작에 지나지 않기 때문이다. 좋은 태도와 적극적인 자세를 갖춘 이들을 브랜드 홍보 대사이자 뮤즈로 선정하고 인플루언서 팀으로 키워보자. 오랜 시간과 노력을 투자하여 만드는 사람이라는 미래형 자산은 기업과 브랜드의 단단한 뿌리이자 기둥이 되어줄 것이다.

8

어제의 충실한 고객이 내일의 악플러로 변하는 마켓

셀럽을 하루 만에 사라지게 만드는 익명 계정

2016년 봄, 인스타그램에 #강남패치라는 익명의 계정이 생기며 인스타그램 셀럽들의 사생활이 노출되는 사건이 있었다. 인스타그램이 막 성장하던 시점에 익명으로 올라오는 사진들과 제보에 의한 셀럽들의 사생활 스토리들을 보며 사람들은 경악했고, 운영자들이 구속되며 사회적인 이슈가 되었었다.

강남 패치 사건의 전후로 다양한 익명의 '○○패치' 계정들이 운영되었다. 디스패치처럼 폭로하는 사진과 글이 올라오는 계정들로, 루머와 사생활, 조롱의 사진과 글이 다수를 차지했다. 운영자들 대부분이 해외 계정의 SNS는 국내에서 수사하기 쉽지 않아 안심하고 운영했다고 한다.

그 전 커뮤니티와 블로그가 유행할 때도 루머와 악플이 없었던 것은 아니었다. 하지만 네이버는 대부분 주민번호를 통한 가입을 하고 국내 IP 추적을 할 수 있어 실명 확인이 비교적 쉬웠고 콘텐츠 스타일이 익명의 무분별한 내용까지는 담지 못했다. 그러나 인스타그램은 이메일만 확인하는 가입 방식으로 가볍고, 해외 서버라는 점을 악용할 수 있는 익명성이 있으며, 피드에 자극적인 사진으로만 채울 수 있어 확산이 쉽고 빨랐다.

사건이 공중파 뉴스에 등장하며 경찰 수사 및 구속까지 가는 일들이 생기는 등 점차 상황이 심각해지자, 페이스북과 인스타그램 본사에서 운영자의 신원 확인을 적극적으로 확인 혹은 계정을 삭제시키는 조취 등을 취하면서 점차 사생활 패치 수위는 낮아지게 되었다.

비슷한 사건으로 쇼핑몰 모델들도 가십거리 타깃이 되기도 하고, 활발하게 숍을 운영하는 셀럽들이 계정 문을 닫고 사라지기도 했다. 나와 함께 일한, 영향력이 컸던 인플루언서들도 몇몇 사라지는 안타까운 경험을 했다.

옆집 언니처럼 귀여운 외모에 재미있는 입담으로 블로그 시절부터 유명하던 한 인플루언서는 어느 날부터 시작된 심각한 사생활 폭로에 모든 가족들이 피해를 받고 사라지게 되었다. 패션 뷰티 판매에 큰 영향력을 가졌던 그녀는 인스타그램으로 옮겨오면서 심각한 공격을 받아 하루아침에 모든 일을 그만두게 되었다.

지금도 인플루언서들이 운영하는 숍 구매 고객이 피드 운영을 하는 경우들이 많다. 오랫동안 지켜보고 그들의 팬으로, 고객으로 소통을 해왔는데, 그들의 폭리를 폭로하거나 고객 응대를 제대로 받지 못해 피해를 받은 사실을 알리기도 한다. 어떠한 사건이 계기가 되어 크게 폭로하기도 하고, 조용히 차곡차곡 사례들을 모아놓고 제보하기도 한다.

매년 비슷한 사건들을 경험하다 보니 이제는 새로운 사건이 생기면 또 올 것이 왔구나 하는 생각이 든다. 그런데 최근에는 조금 다른 양상의 움직임이 보이기 시작했다. 3년 전에는 사생활과 루머 확산에 관심이 모였다면, 지금은 적극적인 소비자 운동으로 바뀌는 모습이다.

똑똑해진 소비자와 강력해진 소비자 운동

소비자들도 몇 년간 인플루언서 마켓을 이용하다 보니 어떤 점이 문제고 어떤 점이 개선되어야 하고 어떻게 보상받아야 하는지 잘 알고 있다. 소비자들뿐만 아니라 제조사, 유통사, 변호사, 세무사, 회계사까지 참여하며 각자의 지식과 경험을 공유하여 집단 지성을 높였다. 예전 사건에서는 익명의 무분별한 사생활 폭로에 두려움을 느꼈다면, 지금은 소비자들의 높은 수준에 고개가 저절로 숙여진다. '악플러'로 표현되던 사건이 이제는 '기업의 횡포에도 맞설 수 있는 소비자 운동의 힘'으로 변화하고 있다.

이런 일은 인플루언서의 사생활 침해뿐만 아니라 특정 기업 제품 불매 운동이 벌어지고, 팬들이 누군가를 보이콧하고, 그 사이 노이즈 마케팅까지 끼어들며 사건이 생각보다 커질 수 있다. 그럼 어디서부터 이런 사건이 시작되는 걸까? 갑자기 한 사건으로 큰일이 벌어지는 것은 아니었다. 작은 사건의 해결이 조금씩 이상한 방향으로 가다가, 걷잡을 수 없을 만큼 사건이 커지는 양상이었다.

대부분 이러한 사건의 시작은, 고객은 무조건 자기 편일 것이라는 자만심 가득한 고객 응대에서부터 시작된다. '자신감'과 '자만심'은 가운데 한 글자만 다를 뿐 그 속뜻은 전혀 다른데, 무너지는 인플루언서들은 이 두 단어를 동시에 품고 있을 때 이런 사건으로 가게 된다.

세상의 모든 사람들은 소비자 활동을 한다. 본인이 공급자라도 다른 이에게는 소비자가 될 수 있다. 역지사지(易地思之)의 마음으로 고객을 이해한다면 어떤 사건이 불거졌을 때 한 번 더 생각하고 고객에게 응대할 수 있다. 특히나 인플루언서 마켓의 고객은 믿음과 팬심으로 만들어지는데, 그들이 무언가 불편을 느낀다면 마음을 달래주는 것이 우선순위다. 단순한 기업과 고객의 관계가 아니기 때문이다.

다양한 변수의 사건, 사고가 발생하여 고객을 응대하다 보면 여러 고객들을 만나게 된다. 소비재 상품들을 운용하다 보니 배송이 늦어진다든지, 사진과 다른 상품을 받거나 불량품을 받았다든지, 화장품을 사용하고 피부에 문제가 발생했다든지, 음식물에서 이물질이 나왔다든지 하는 일들이 대부분이다.

블랙 컨슈머(Black Consumer)라고 불리는 상습적이고 고의적으로 악성 민원을 제기하는 소비자들은 생각보다 흔치 않다. 인플루언서 마켓은 특수한 시장이기 때문에 더욱 그렇다. 인플루언서와 고객의 관계가 진정성을 바탕으로 친밀한 관계를 형성하고 있기 때문이다.

인플루언서 마켓은 서로에 대한 신뢰와 지지, 고마움이 바탕이 되는 관계적 유통망이기 때문에 고객 응대에 더욱 조심하고 책임감을 가져야 한다. 사랑이 깊으면 배신감도 더 큰 법. 그만큼 충성도 높은 사람과 만들어놓은 깊은 관계가 작은 신뢰들로 깨지면 오히려 더 큰 화로 돌아오게 된다.

윤리적 기업만이 살아남는다

인플루언서들이 운영하는 SNS 마켓에서 피해 사례로 꼽히는 부분 중 하나는 거래 취소와 반품, 환불의 어려움이다. 또 운영이 갑자기 중단되고 몰을 폐쇄하여 연락이 불가한 경우도 생긴다. 이제는 많이 사라졌지만 현금영수증 미발행, 카드 결제 불가한 마켓도 있다.

제품에 문제가 있어 불량품이 발견되었을 때는 즉각적으로 유통사 혹은 제조사를 통해 보상받아야 한다. 소비자의 입장에서는 위와 같은 피해를 입지 않기 위해 인플루언서 마켓을 시간을 두고 관찰하고 구매를 해야 위험이 덜할 것이다. 이런 사례들을 처리해주지 않는 마켓은 절대 이용해서는 안 된다.

또 SNS 마켓에서 제일 조심해서 보아야 할 것은 허위 광고와 과장 광고다. 최근 유명 인플루언서들의 허위 광고 문제가 대두되고 있다. 해외 유명 상품 카피 제품을 저품질로 판매한다든지, 건강기능식품 과장 광고로 고객들을 기만하는 문제가 그것이다. 이제는 관련 법규도 까다로워지고 있고, 고객들의 지식 수준도 높아지고 있기 때문에 '눈 가리고 아웅'할 수 없는 시대가 되었다.

이미 2000년대 초 경영학자들은 미래의 기업에 윤리 경영이 매우 중요할 것이라고 이야기해왔고, 지금은 대기업과 중소기업, 소상공인 모두에게 이 기준이 적용되고 있다. 인플루언서처럼 진정성 있는 신뢰를 바탕으로 하는 비즈니스에서는 기업 윤리가 더욱 중요한 것이다. 인플루언서를 탄생시키고 성장시킨 것은 소비자고, 미래를 보장해주는 것도 소비자라는 사실을 절대 잊지 말아야 한다.

부록

인플루언서를 꿈꾸는 사람들에게

1

매력이 자본이 되는 시대다

매력, 사람의 마음을 사로잡는 힘

2010년 런던정치경제대학교 사회학과 교수 캐서린 하킴(Catherine Hakim)은 '매력 자본(Erotic Capital)'이라는 용어를 만들고 논문을 발표했다. 하킴은 논문에서 매력 자본을 경제 자본, 문화 자본, 사회 자본에 이어 현대 사회를 규정하는 제4의 자본이라 했다. 그러고는 아름다운 외모, 건강하고 성적 매력이 있는 몸, 능수능란한 사교술과 유머, 패션 스타일, 이성을 다루는 테크닉 등 사람을 매력적인 존재로 만드는 이 모든 자원이 일상을 지배하는 '조용한 권력'이라 말했다.

이는 단순한 외모 지상주의를 뜻하는 것이 아니다. 모든 사람들이 가지는 다면적 매력 요소들을 폭넓게 인정하고 각자 본인의 매력을 발견해 열심히 갈고닦는다면, 성공에 이르는 든든한 무기가 될 것이라는 의미였다. '매력(魅力)'은 사람의 마음을 사로잡아 끄는 힘을 말하는 것으로, 지금처럼 개인화되는 사회에서는 다양한 매력 자본들이 탄생한다. 예전처럼 전 국민이 하나의 대중매체를 통해 메가 트렌드를 따라가지 않는다. '나'를 위한 만족 '나'를 위한 행복이 중요해지고, 다양한 SNS 채널이 발달하면서 아주 작게 쪼개진 마이크로 트렌드가 요즘의 추세다. 이미 유럽, 일본 등은 소수를 위한 트렌드로 다양하게 발전해왔고, 각자의 개성을 중요하게 생각하며 트렌드를 만들어왔다. 한국도 몇 년간 SNS와 밀레니얼 세대들의 탄생으로 트렌드의 개념이 아주 작은 단위로 변화하고 있다.

모바일과 SNS의 발달이 매력 자본을 키우는 시발점이 되었다. 과거 공중파 TV에서 보여주던 여배우들의 패션과 뷰티가 유행이었다면, 이제는 유튜브에 채널을 운영하는 개성 있는 여성들의 뷰티, 패션 노하우가 최신 유행이 되었다. 미인상 또한 전형적인 미인의 얼굴에서 개성 있고 매력적인 여성 스타일에 열광하는 시대가 되었다. 그녀들의 패션과 뷰티 스타일 속에 전문성, 유머 감각, 끼, 인성 등 다양한 매력 포인트들이 함께 어우러져 시대의 뉴 아이콘이 탄생하고 있다. 팔로워인 밀레니얼 세대들은 본인의 취향과 같은 인플루언서들을 본인이 직접 찾아낸다는 것도 크게 달라진 점이다. 그리고 이들은 스스로 찾아낸 사람을 지지하고 응원하는 아주 적극적인 팬이 되어 소통한다. 공급자가 내보내는 정보가 아닌, 소비자가 공급자를 선택하는 방식으로 과거와 반대의 정보 습득 패턴을 보인다. 이렇게 달라진 선택의 순서는 수많은 정보 생산자를 만들어 방대한 정보가 생성되게 했고, 그를 통해 세분화되고 다양화된 사회를 만들어가고 있다.

그동안 내가 만나온 인플루언서들은 각자의 매력이 있었다. 귀여운 외모에 유머까지 갖추어 마치 옆집 언니처럼 매일 조잘조잘 수다 떨고 싶은 사람이 있는가 하면, 착하고 성실해 보이는 외모에 밤낮 가리지 않고 열심히 일하는 모습을 보여 신뢰가 가는 사람이 있었고, 티셔츠 하나만 툭 걸쳐도 옷태가 나서 왠지 쇼핑 욕구를 불러일으키는 사람도 있었다. 아이를 키우며 본인 일에 최선을 다하는 모습에 같은 엄마로서 팬이 되기도 하고, SNS 속에 얼굴 한번 비치지 않았지만 만능 살림꾼의 사진과 글을 보며 감탄하기도 하고, 맛깔난 음식을 쉽게 만들어내는 비법에 매혹되기도 한다. 또 몇 년간 과거부터 지금까지 매일 거울 샷을 찍으며 구체적이고 실제적인 다이어트 비법을 공유하는 인플루언서에게는 그 성실함에 박수를 보내고, 따라 해보려고 노력도 해본다.

미래형 인재, 매력에 성실함을 더하다

성공한 인플루언서들을 만나보면 상당히 꾸준하게 콘텐츠를 쌓아오고 노력해온 것을 알 수 있었다. 처음부터 큰 인플루언서가 될 꿈을 꾼 것은 아니고, 본인이 좋아하는 무언가를 SNS에 공유하다 보니 이렇게 되었다는 스토리다. 그들을 실제로 만나 일을 해보니 매력이라는 단어로 인플루언서들을 정의할 수 있었다. 인플루언서들은 각자가 본인의 매력을 여러 가지 방법으로 표출하고, 그 매력을 감지한 팔로워들과의 소통을 통해 일반인에서 인플루언서라는 직업을 갖게 되었다.

지금은 개성과 매력이 새로운 직업을 만들어주는 큰 재능이자 축복이 되었다. 개성과 매력은 학습처럼 공부해서 되는 것이 아니다. 정형화된 시스템과 프로세스로 만들어지는 것도 아니다. 한 사람마다 내면에 숨어 있는 잠재 능력이 있는데, 그것을 발견하고 세상 밖으로 끄집어낼 수 있는지가 중요하다. 세상 밖이란 지금의 디지털 시대를 이해하고 그에 맞는 콘텐츠와 디자인으로 표현할 수 있는 새로운 기회가 있는 곳이다. 공부보다 어려울 수도 있다. 교과서도 없고, 전문 학원도 없고, 족집게 과외 선생님도 없어 스스로 깨우치며 본능적인 감각을 펼쳐야 하기 때문이다.

어느 한 사람의 역량은 지식과 기술 그리고 태도가 합쳐진 것을 말한다. 지식은 스스로 공부를 통해 얻어내는 전문적인 정보, 기술은 새로운 디지털 세계를 이해하고 SNS 채널을 활용할 수 있는 디테일한 기법, 태도는 인성과 매력으로 나타날 수 있다. 이러한 역량이 한 사람의 내면에 숨어 있는 잠재력을 무언가 창조할 수 있는 힘으로 만들어주어 각자에게 맞는 개성 있는 콘텐츠를 생성하게 한다. 그 사람이 크리에이터가 되고 인플루언서가 되는 것이다.

본인만의 매력과 개성이 담긴 콘텐츠는 바로 '킬러 콘텐츠(Killer

Contents)'가 되어 새로운 비즈니스에 새로운 기회를 만들어주는 큰 자산이 된다. 킬러 콘텐츠는 영향력을 지닌 매력적인 핵심 콘텐츠를 말하는데, 경쟁 우위를 차지하며 미디어를 성장시키기도 하고, 투자 대비 파급 효과가 큰 미래의 성장 동력으로 표현된다. 자산이란 유형, 무형의 유가 가치물로 재산과 같은 의미로 쓰인다. 뉴 미디어 시대에 킬러 콘텐츠는 무형의 자산이 되며, 돈으로 사고 싶어도 살 수 없는 본인 비즈니스의 밑천이자 든든한 자본이 될 수 있다.

아직 발견되지 않은 자기 안의 보물찾기

인플루언서 커머스를 시작하고 싶어 하는 개인과 마이크로 인플루언서들에게 상담을 받는 일이 많다. 메가 인플루언서들을 바라보며 "어떻게 하면 그들처럼 될 수 있을까요?"라는 질문을 하면 사실 쉽게 답을 주기 어렵다. 개인의 개성과 매력이 담긴 역량 평가가 건강 검진처럼 수치로 나오는 것이 아니기 때문이다.

명쾌하고 현명한 솔루션을 주고 싶어 고민해보지만 늘 기본적으로 시작하는 말은 다음과 같다.

"인플루언서들은 각자 본인만의 매력이 있어요. 외모로 만들어지는 외형적 매력이 절대 아니에요. 기본적으로 어떠한 영역의 전문성, 성실함, 유머러스하거나 논리적으로 사람을 끄는 화술, 모바일 미디어에 최적화된 디자인과 비주얼 표현력, 사람 관계를 만들어나가는 이해력과 감성, 그에 맞는 커뮤니케이션 기술, 이 모든 것들을 본인만의 스타일과 감성으로 표현해요. 그리고 대부분 3년이라는 인고의 시간을 견뎌낸 꾸준함과 인내심을 갖고 있어요. 이 모든 것들이 복합적으로 연결되어 있고, 시간을 가지고 본인의 매력을 발산하는 방법을 스스로 터득한 사람들이에요."

그렇다면 지금의 '나'는 매력이 없는 것일까? 절대 아니다. 아직 '나'의 것을 찾지 못한 것일 뿐이다. 내가 상담을 통해 해줄 수 있는 일은 상대방을 꾸준히 관찰하고, 그들 스스로 본인의 이야기를 하게끔 하여 작지만 디테일한 매력을 발견할 수 있도록 도와주는 것이다. 가끔은 본인이 모르는 본인만의 매력을 제3자는 볼 수 있기 때문이다.

한 사람 한 사람 만나보면 각자의 장점과 매력이 분명 있다. 어떤 사람은 메가 인플루언서를 보며 시기하기도 하고, 어떤 이는 마냥 부러워하며 자신은 도전할 수 없는 영역이라 생각하기도 한다.

매력이 자본이 되는 시대에는 남과 자신을 비교하는 것은 발전적 의미가 전혀 없다. 자신의 것을 찾는 것만이 중요하다. 남과 다르게 생각할 수 있는 용기와 도전을 두려워하지 않는 단단한 마음을 갖고 조금씩 시작해보면, 뉴 미디어 세상 속에 매력적인 창작자로 다시 태어날 수 있다.

2

나만의 플랫폼을 만들어놓자

인플루언서를 꿈꾸는 사람이 많아졌다. 모두가 유명 인플루언서가 되고 싶은 것은 아니다. 어떤 이는 본인이 가진 전문성을 누군가와 공유하고 싶어 하고, 어떤 이는 프리랜서로 일하며 본인의 포트폴리오를 SNS에 콘텐츠화하고 싶어 한다. 또 자신의 인생 일기를 남겨보고 싶은 사람도 있고, 창업에 앞서, 퇴사에 앞서 든든한 홍보 채널을 준비하고자 하는 이들도 있다. 다양한 이유로 인플루언서에 도전하는 사람들이 생겨나고 있다.

SNS 계정을 만드는 생각까지는 해봤는데, 막상 시작해보려면 영 머리가 복잡해지고 어떻게 해야 할지 모르는 일투성이다. '지금은 늦었다고 하지만 네이버 블로그를 개설해야 할까? 페이스북을 오랜만에 로그인을 할까? 인스타그램에 수많은 태그를 걸어서 사진을 올려야 할까? 이제는 유튜브가 대세라는데, 영상을 찍고 편집하는 것은 어떻게 하는 것인지……' 등 머릿속이 어지럽다.

전 국민의 검색창, 네이버

일단 시작할 때부터 어떤 SNS를 선택해야 하는지 고민이 된다. 먼저 각 SNS의 특성을 이해해야 한다. 첫 번째로 전 국민이 검색에 사용하는 네이버는 긴 호흡의 글과 질 높은 사진으로 보다 자세한 설명과 풍부한 콘텐츠를 한 번에 전달할 때 유용한 플랫폼이다. 네이버 블로그 이용이 많이 떨어졌다고 하지만, 여전히 다수의 국민들이 1차 검색에 네이버 블로그를 사용하고 있고, 깊이 있는 콘텐츠는 역시 네이버의 블로그 플랫폼이 저장소 역할을 해준다.

네이버 블로그는 10년 넘게 국민 플랫폼으로 애용되었기 때문에 운영과 관련해서 정보가 넘쳐난다. 이제는 파워 블로거를 목표로 하기보다 본인의 자료 아카이브(Archive) 역할과 이력 포트폴리오 저장소, 깊이 있는 글을 전달하는 역할로 활용하는 편이 좋다. 블로그는 누구나 개설 가능하고, 개인 웹사이트처럼 디자인을 입혀주는 에이전시도 많다. 홈페이지를 대체할 수 있는 기업형, 브랜드형, 개인형 다양한 디자인과 포맷이 가능하니 어려운 웹사이트 운영보다 비용과 효율 면에서 추천한다.

복잡하지만 네이버만의 알고리즘을 익혀두고 시작하면 조금 더 효율적인 콘텐츠 노출도 가능하다. 네이버는 순수한 창작물에 더 큰 가중치를 주기 때문에 제목, 본문, 직접 찍은 이미지, 태그까지 하나의 콘텐츠로 연결시키는 것만 적용해도 검색에 노출이 용이해진다. 네이버는 전 국민을 위해 정말 다양한 서비스를 패키지로 만들어놓았고, 교육 프로그램도 다양하기 때문에 시작 전에 네이버 서비스를 배워두면 활용할 수 있는 범위가 무궁무진하고 크다.

광고 천재가 된 인스타그램

두 번째, 몇 년간 대세였던 인스타그램은 감각적인 한 장의 사진으로 모든 것을 표현했는데, 이제는 라이브 기능에 인스타 TV, 짧은 동영상까지 추가되고, 쇼핑까지 가능한 플랫폼으로 진화했다. 지난 몇 해 동안 폭발적으로 성장하고 있는 플랫폼 속 콘텐츠와 피드 숫자에 상당한 피로감을 느끼는 사람들이 많아지고 있다. 하지만 여전히 인스타그램은 쇼핑과 여행, 트렌드와 관련된 감각적인 이미지를 좋아하는 사람들에게는 없어서는 안 될 SNS로 꼽힌다.

인스타그램도 이미 성숙된 SNS 플랫폼이기 때문에 유명 인스타그래머로 성장하는 것은 어려운 일이 되었다. 하지만 이제는 많은 사람들이 무엇인가 찾을 때나 어떠한 사람에 대해 궁금할 때 인스타그램 태그부터 찾아보는 검색 습관이 생겼기 때문에 현재 상황에서는 필수적인 SNS라고 할 수 있다. 네이버 블로그 정보 검색 기능과 개인 라이프스타일 및 프로필 확인 모두 가능한 채널이다. 두 가지

기능 모두 충족시킬 수 있는 콘텐츠로 활용해보자.

인스타그램은 일단 이메일 주소로 가입해 한두 장의 사진만 있어도 바로 시작할 수 있기 때문에 부담이 적다. 하지만 막상 시작해보면 어려움을 느끼게 된다. 감각적인 피드로 채워진 인스타그래머들의 페이지를 보다가 내가 직접 해보면 그 감각적인 느낌을 살리기 어렵다는 것을 바로 알 수 있다. 인스타그램은 다른 SNS 채널과 다르게 디자인 감각이 있고 짧은 글 속에 본인의 화술을 살릴 수 있는 사람들에게 유리한 플랫폼이다. 감각에 편법은 없다. 사진과 글을 쓰고 올리는 연습을 통해 본인만의 매력적인 '톤앤매너(Tone and Manner)'를 살려야 한다.

인스타그램은 가장 직관적인 플랫폼이기 때문에 프로필에서부터 본인의 아이덴티티를 살릴 수 있어야 한다. 또 인스타그램의 팔로워, 팔로잉 기능을 바탕으로 하는 적극적인 소통은 기본으로 전제되어야 하고, 본인의 타깃이 될 사람들을 정성적으로 분석하고 찾는 노력을 매일 꾸준히 해야 한다. 짧고 간결하지만 정확한 타깃팅이 가능한 해시태그를 연구하고 테스트해본다. 지금 커머스 관련된 최적의 SNS는 인스타그램이다. 모든 SNS가 그러하듯 인스타그램의 알고리즘도 시작과 동시에 많은 시행착오로 연구해봐야 한다.

여전히 기회의 땅, 유튜브

지금 대세는 유튜브이다. 물론 이미 오랫동안 대세로 꼽혀왔지만 여전히 새로운 기회의 땅이라 여겨지는 SNS 채널이다. 초등학생들은 네이버 검색을 뛰어넘고 제1검색 채널로 유튜브를 사용하고, 5060의 시니어 엄지족들이 유튜브를 적극적으로 시청하기 시작했기 때문에 이제는 전 세대를 어우르는 최대 플랫폼이라 할 수 있다.

전통적 미디어인 TV를 대체하고 있는 유튜브는 시청자가 일반 대중이라고 할 수 있다. 그래서 유튜브만의 코드를 읽을 수 있어야 한다. 초반 매체 전문가들은 유튜브의 영상을 B급 콘텐츠라 표현했다. 공중파에서 볼 수 없었던 자유로운 소재와 표현 방법, 유머 코드, 비전문적인 영상 촬영과 편집 기법 때문이었다. 하지만 이제는 B급 콘텐츠라고 부르지 않고 오히려 공중파가 유튜브 코드를 따라가고 있고, 또 일부는 공중파와 비교되지 않는 수준 높은 영상 콘텐츠를 제작하기도 한다.

유튜브를 이해하고 시작하기 위해서는 콘텐츠 기획, 영상 제작, 마케팅 세 가지에 대해 미리 공부해야 한다. 먼저 제일 기본은 콘텐츠 기획, 어떤 주제의 영상을 만들 것인가에 대한 고민이다. 어떠한 분야의 전문적인 내용을 다룰 것인지, 일상적인 주제로 시작할 것인지, 영상의 주제를 고민하고 그에 따른 타깃 구독층과 키워드를 파악해야 한다. 대형 유튜버와는 경쟁이 어렵기 때문에 너무 큰 이슈보다는 작은 키워드를 잡고, 매력적인 영상으로 본인의 스토리를 풀어내야 한다. 이때 아이디만 보아도 어떤 채널인지 알 수 있도록 구독자들이 궁금해서 클릭할 수 있는 네이밍도 필수다.

기본적으로 영상은 정성스럽게 여러 개 준비해야 초기 구독층을 만들 수 있다. 그리고 타깃으로 잡은 구독자들의 눈높이를 맞추기 위해서는 타깃층을 깊이 있게 공부해야 한다. 그들이 얼마만큼 알고 있고 궁금한 것은 무엇인지 고민을 하고 1명의 구독자라도 소통을 하며 그들이 이해를 하고 있는지 지속적인 확인 작업이 필요하다. 본인만의 채널 강점을 생각해보고, 시장성에 대한 분석과 검색 노출 가능성 등 키워드도 함께 고민해야 한다. 자신이 가진 스토리와 많은 사람들이 좋아하는 주제에 대한 고민을 해본 후 콘텐츠 방향을 선정해서 킬러 콘텐츠를 기획할 수 있어야 한다.

영상 제작 부분은 전문적인 기술을 필요로 하는 부분으로, 촬영과 편집 두 부분으로 나뉜다. 초기 유튜버들은 핸드폰으로 촬영을 하고, 기본 편집 프로그램을 통해 자막과 표지로 불리는 섬네일(Thumb Nail)을 제작한다. 셀프로 기술과 장비를 조금씩 업그레이드하고, 영상의 질을 높이고 싶다면 외주 제작사에 맡기기도 한다. 포토숍과 영상 편집에 대한 공부가 필요하고, 영상 편집은 시간이 상당히 걸리는 작업이므로 처음부터 포기하는 사람들이 대부분이다. 하지만 한 가지 용기를 내본다면, 영상미와 상관없이 콘텐츠로 승부하는 유튜버들도 인기 채널을 구축한다는 점이다. 제작보다 콘텐츠 기획이 먼저인 이유다.

마지막으로 유튜브 알고리즘을 이해하는 마케팅이다. 채널은 크리에이터들이 있기 때문에 존재한다. 그래서 더 많은 크리에이터, 구독자 모두를 늘리기 위한 인공지능적 알고리즘을 운영하고 있다. 유튜브가 집중해서 관찰하는 특정 구독자 구간대가 있다. 첫 영상,

구독자 100명, 1000명, 1만 명 달성할 때마다 구독자 달성 축하 메일을 보내며 노출도를 높여준다. 구독자 10만 명 달성할 때 받는 실버 버튼이 아주 멀어 보이지만, 첫 100명을 목표로 시작해보자.

유튜브도 쌍방향 커뮤니케이션이 필수적이다. 영상을 올리는 것이 끝이 아니라 소통이 가능한 채널로 만들어야 한다. 또 외부에서 구독자를 유입하기 위해 타 채널에 댓글도 정성스럽게 달기도 하고, 공감대를 형성해 베스트 댓글에 도전해보기도 한다. 요즘은 생방송 개념의 라이브 스트리밍을 통해 실시간 댓글로 공감대를 만들고, 그 영상을 재편집해서 콘텐츠로 재가공하기도 한다. 실시간 채팅을 통해 슈퍼챗 후원을 받을 수도 있다.

유튜브 알고리즘은 채널의 시청 시간, 조회수, 노출 클릭률 등을 고려하여 저렴한 광고부터 비싼 광고까지 개별적으로 따로 준다. 통계를 근거로 광고 수익을 높여주기 때문에 결국 좋은 콘텐츠를 생산해야 한다. 잘 만들어진 콘텐츠는 오랜 시간동안 재생되어 꾸준한 자산이 되어준다.

좋은 콘텐츠라는 정의가 종합 예술처럼 어렵지만, 시도하는 사람만이 가질 수 있다. 지금이라도 시도해보라고 권하는 것은 현재를 살아가기 위해, 또 미래를 준비하기 위한 필수적 삶의 자산이 되어줄 것이라는 확신 때문이다.

하나의 SNS를 이해한다는 것은 글과 말처럼 쉬운 일이 아니다. 하지만 부지런히 새로운 기술을 습득하여 결과물을 만든다면 시간이 쌓여 타인과 현격한 차이를 만들어줄 것이다. 새로운 기술과 정보를 적극적으로 받아들이고 그 알고리즘을 이해해 자기만의 플랫폼을 구축해보자. 그 속에서도 자기만의 방법을 찾는 것이 중요하다. 새로운 삶의 혁신으로 자신을 이끌고 가보자.

3

공감과 소통 능력을 갖춰라

지금은 진정성의 시대

진정성 있는 기업, 진정성 있는 브랜드, 진정성 있는 사람, 진정성 있는 이야기……. 진정성이라는 단어가 칭찬이자 미사여구가 되고 있고, 무엇인가에 진정성이라는 단어가 붙어 있다면 신뢰를 하게 된다. 그렇다면 진정성이라는 것은 어떻게 표현되고, 어떤 부분에서 진정성을 느낄까?

1998년 〈트루먼 쇼〉라는 영화가 개봉했다. 최근 재개봉한 영화를 다시 보며 무려 20년 전 영화 속에서 지금의 SNS 라이브 현장이 연상되다니 놀라움을 금할 수 없었다. 영화는 220개국 17억 인구가 5,000대 카메라로 지켜보는 주인공의 10,909일째 날부터 시작된다. 태어나자마자 전 세계 생방송으로 방영되는 <트루먼 쇼> 주인공의 삶은 거대한 세트장이다. 주인공인 트루먼을 제외한 이웃, 친구, 가족 모두 연기고, 그의 주변을 둘러싼 삶의 모든 것이 광고다.

부부싸움을 하다가 갑자기 부인이 어딘가를 향해 코코아를 광고하기도 하고, 트루먼의 일상 영상 밑에 'LIVE'라는 단어가 뜨기도 한다. 라이브 쇼에서 벗어나 진실한 삶을 찾아가는 트루먼의 여정으로 영화는 끝이 난다. 그런데 마지막 엔딩에서 소름 돋았던 부분은, 트루먼이 가짜의 삶에서 탈출하자 전 세계 시청자들이 바로 몰입을 끊고 아무렇지 않게 다른 채널로 옮겨가는 장면이다.

지금 SNS에서 보이는 콘텐츠들이 트루먼 쇼와 별반 다르지 않다. 본인의 삶을 촬영하여 콘텐츠로 공유하는 것이 SNS의 세계고, 자신의 일상이 곧 스토리며 광고다. 이 콘텐츠를 즐기는 시청자, 구독자, 팔로워들은 타인의 일상을 지켜보며 함께 즐기기도 하고, 팬이 되기도 하고, 소비자가 되기도 한다. 일반적으로는 SNS가 본인의 삶의 기록을 지인들과 공유하는 플랫폼이지만, 수익을 창출하는 크리에이터 혹은 커머스 관련 인플루언서들의 삶은 SNS가 살아 있는 광고 페이지와 다름없다.

영화 <트루먼 쇼>에서 SNS 속 인플루언서들이 기억할 점은, 결국 인간의 삶은 진실을 향해 나아간다는 점 그리고 30년간 공감하며 시청해온 관객들도 생각보다 빠르고 냉정하게 다른 채널로 옮겨갈 수 있다는 점이다. 진실을 향해 나아가는 것은 주인공이 될 수도 있고 관객이 될 수도 있다.

본인 스스로 진실하지 못한 인플루언서는 진실한 삶과의 괴리 속에 힘들어질 수 있고, 혹은 관객에 의해 본인의 진실이 거짓임이 밝혀져 큰 배신을 안기고 SNS 세계를 떠나야 할 수도 있다. 그만큼 인플루언서에게 진정성은 자신에게도, 상대방에게도 중요한 덕목이다.

그렇다면 진정성은 어떻게 전달할 수 있을까? 그 첫 시작은 인플루언서가 자신의 삶의 이야기를 먼저 진솔하게 전달할 수 있어야 한다. 솔직한 이야기가 공감을 얻었을 때 첫 인연이 만들어진다. 일부러 거짓으로 자신의 삶을 포장하고 상상의 나래를 펼쳐 본인을 표현한다면 언젠가는 진실은 드러나게 되고, 진실이 드러날수록 감췄던 스토리는 더욱 처절하게 밝혀지게 된다. 꼭 화려하고 멋지게 보여야 사람들의 공감을 얻는 것이 아니기 때문에 시작부터 사소하더라도 진짜 이야기를 해야 한다. 자신을 먼저 이해시키고, 상대와 소통해야 진심을 나눌 수 있다.

일상 속에 공감하게 하라

좋은 인연으로 자신과 소통하는 사람이 생겼다면, 이제는 상대를 이해하는 공감 능력을 키워야 한다. 자기를 먼저 찾아와준 상대에게 고마움을 표현하고, 그 사람은 어떤 삶을 사는 사람인지 자신 또한 상대의 스토리에 귀 기울여야 한다. 특히 초반 SNS 운영에 가장 중요한 포인트 중 하나가 상대를 이해하려는 세심한 노력이다.

작은 입소문의 시작처럼 처음 맺어진 인연들과 끈끈하게 공감하고 소통하다 보면, 그 진심이 결국 여러 명에게 전달되고 그 파장은 점점 더 커진다.

지금 많은 대중들은 유명인의 화려한 이야기보다 누구나 공감할 만한 일상의 에피소드에 관심을 갖고 있다. 지난 권위주의 시대 이후 만들어지는 사회적인 트렌드로 일반인에게도 말을 할 수 있는 새로운 기회들이 생겨나고 있다.

이러한 트렌드는 예능 프로그램에서도 나타나는데, 일반인에 대한 관심이 더 높아지고 있는 것을 알 수 있다. 국민 MC 유재석이 최근 시작한 두 편의 프로그램 모두 일반인들과의 소통을 중심으로 스토리를 만들어나가고 있다. 일반인들이 쉽게 공감하고 소통할 수 있는 콘텐츠가 공중파 매체에서도 피할 수 없는 트렌드로 자리 잡고 있다. 유재석이 MC로서 영향력을 발휘할 때는 상대방에 대한 공감을 세심하게 표현하고 작은 이야기라도 재미있게 소통할 때다. 이러한 역량은 개인 인플루언서들도 눈여겨보아야 하는 부분이다.

또 지금의 소비자들은 비싼 광고보다 소박해 보이더라도 일반인의 후기에 더 관심을 갖고, 빅 모델보다 일반인들이 체험하고 후기를 공유하는 것에 더 관심과 신뢰를 보낸다. 다가가기 어려운 셀러브리티의 고압적인 자세와 자극적인 스토리, 일방적인 정보 전달이 아니라, 자신과 눈높이가 비슷한 사람의 향기가 나는 평범한 이야기에 공감한다. 자극적인 영상과 사진이 첫 눈길을 한두 번은 끌겠지만 오랫동안 지속적인 관심을 받을 수는 없는 이유다.

믿음으로 이어지는 진심 어린 소통

앞으로의 세상은 진실, 도덕, 윤리 부분의 중요도와 가중치가 더욱 높아질 것이므로 솔직하고 진솔한 이야기로 소통해야 한다. SNS 속 브랜드와 소비자는 생각보다 깊숙하게 관여되어 있다. 따라서 광고와 협찬을 마치 순수한 진실인 양 포장해서 말했다가 이 사실이 추후 드러난다면 그 배신감은 소비자에게 배로 돌아온다. 한 번의 거짓말이 아무렇지 않게 넘어가다 보면, 더 큰 거짓말에 익숙해진다. 거짓말에 익숙해지면 결국 '트루먼 쇼'처럼 무대에서 사라지게 될 것이다.

향후 커머스로 발전한다면 더욱더 진심으로 소통했던 초심을 잃어서는 안 된다. 어느 순간 팔로워가 고객이 되어 그들이 돈으로 보이게 될 수도 있다. 또 거짓의 삶을 이야기하다 보면 초반 진심으로 소통했던 자신의 목소리도 어느새 변해 있을 수 있다. 영향력이 큰 인플루언서가 될수록 소통에 책임감을 더해야 한다.

인플루언서에게 사람의 생각을 읽어내는 역량은 필수다. 선망의 삶이 아닌 일상의 모습을 통해 공감과 감동을 만들어내려면 사람의 마음을 볼 수 있어야 한다. 자신의 삶만 일방적으로 전달하는 것이 아니라, 자신과 연결되어 있는 수많은 사람들의 삶을 관찰하고, 이를 실제로 들여다보며 그 속에서 새로운 배움을 얻는다면 공감과 소통에 대한 인사이트가 생길 것이다.

SNS는 사이버 세상 속의 인간관계지만, 때로는 바로 옆 가까운 사람보다 더 친밀하게 느낄 때도 있다. 이러한 새로운 문명 속에 사람 관계의 속성을 깊이 이해하고, 작은 친밀감이 신뢰를 만들 수 있을 때까지 서로 공감하고, 소통할 수 있어야 한다.

한 가지 경계할 점이라면 너무 친밀해졌다고 진짜 가족이나 친구처럼 편하게 생각해서도 안 된다는 점이다. 〈트루먼 쇼〉의 마지막 장면처럼 무언가 진정성에 대한 문제가 생긴다면 언제든 뒤도 돌아보지 않고 떠날 수 있는 관계며, 오히려 더 큰 실망과 분노를 일으킬 수 있다.

본인만의 플랫폼을 형성하고 인플루언서가 되기까지 당사자는 오랜 시간 다방면으로 정성을 다했을 것이고, 팔로워들은 그동안 그 성실함에 감동받고 지지해왔을 것이다. 유리알처럼 섬세한 SNS 속 사람 관계 형성에 대한 감성을 이해해야 한다. 그리고 본인만의 프로세스를 만들고 지켜야 할 룰을 만들어 지켜나가야 한다. 롱런하는 인플루언서들의 진정성 있는 자세는 처음부터 타고난 것이 아니라 작은 연습들이 만들어낸 결과물이다. 결국 진정성에 대한 답은 작은 소통의 실천에 있는 것이다.

4

상품 설계 및 소싱에 고객을 향한 진심을 넣어라

프로페셔널 멀티 플레이어가 된 인플루언서

커머스형 인플루언서가 되려면 스스로 전문적인 MD가 되어야 한다. MD란 상품 기획부터 판매까지 전 과정을 관리하는 직무를 말한다. 매출 분석부터 업체 발굴과 거래 관리, 신상품 개발, 상품 카테고리 관리, 시장 조사, 트렌드 분석, 고객 분석, 제품의 품질 관리, 원가 분석, 프로모션 개발 등을 주요 업무로 삼는다.

MD들은 '무엇이든 다 한다'의 줄임말이라는 우스갯소리가 있을 정도로 다양한 일을 한 번에 처리해야 한다. 그러다 보니 섬세하고 꼼꼼한 일처리 능력이 중요하고, 매출, 마진, 상품 이익률까지 어지러운 엑셀 분석을 위한 숫자 감각도 필요하며, 수많은 협력사와의 빠르고 원활한 커뮤니케이션 능력 등도 필요하다.

인플루언서가 되어 자신만의 숍을 운영하려면 스스로 이 모든 것을 할 수 있는 멀티 플레이어가 되어야 한다. 위의 업무들이 처음에는 어려워 보일 수 있지만, 하나씩 하다 보면 어느새 전문 MD처럼 일하고 있는 자신을 발견할 수 있을 것이다.

커머스형 인플루언서들은 기업 MD와는 다르게 생활 밀착형 MD가 되어야 한다. 세상에 관심이 많고 직접 경험을 해보아야 직성이 풀리는 호기심 천국의 성향을 가진 이가 유리할 수 있다. 경험에서 우러나오는 상품 기획이 팔로워들에게 진심으로 전해지기 위해서는 본인 스스로 다양한 상품과 브랜드의 고객이 되어보아야 한다. 구매와 제품에 대한 경험을 통해 소비자 또는 브랜드 입장이 되어보기도 하며 생활 밀착형 MD로서 경험을 쌓아야 한다. 많이 사고 경험해본 사람이 좋은 제품을 알아보는 것처럼 말이다.

상품 기획에서 현장은 기본이 되는 교과서와 같다. 공부의 시작은 교과서의 기본기부터 읽고 자습서로 넘어가는 것과 같이 다양한 현장을 접해보고 직접 발품을 팔아보는 것이 좋다. 그 현장의 중심에는 백화점, 대형 마트, 드러그스토어, 전문점, 편집숍, 동대문 시장, 남대문 시장, 로드숍, 팝업 스토어 등이 있다. 각 특징이 모두 다르기 때문에 현장에서 직접 본인이 느끼는 바를 콘텐츠로 만들어 공유할 수도 있다.

대형 유통망부터 소규모 개인 유통망까지 다녀보며 스토어에 상품 카테고리가 어떻게 구성되어 있는지, 가격대는 얼마에 구비가 되어 있는지, 어떤 상품이 신상품인지, 프로모션은 어떻게 구성되었는지 눈으로 확인해본다. 오프라인 스토어들은 본인이 직접 걷고, 눈으로 기록해야 하다 보니, 한 번에 익혀지지 않고 처음부터 새로움이 눈에 들어오지 않는다. 그러나 그저 소비자로 필요한 물건을 사러 나가는 것과 다른 마음으로 살펴본다면 숨겨진 보물들이 눈에 들어올 것이다.

최근 오프라인 스토어들은 옴니채널을 구축해서 새로운 소식을 SNS에 동시 업로드를 하니, 팝업 스토어나 이벤트가 있다면 꼭 확인하고 동시에 경험해볼 수 있으면 더욱 좋다. 현장에서 고객들의 소리도 들어보고 직접 고객이 되어 판매자와 구매 상담을 해본다면 추후 고객과 어떻게 소통해야 할지 본인만의 스토리를 잡아볼 수 있다. 섬세하고 디테일하게 고객의 마음을 경험해보아야 한다.

역시 지금 대세는 모바일 쇼핑으로 다양한 온라인 스토어와 SNS 마켓들은 늘 트렌드 분석을 해야 한다. 유행하는 아이템은 유통 업체를 통해 본인도 판매해볼 수 있다. 하지만 주의할 점은 온라인에서 유행하는 아이템은 워낙 판매처들이 많기 때문에 작은 규모의 스토어에서는 경쟁력이 없다는 점이다. 되도록 온라인에서 대박 난 상품, 누군가가 판매에 주력하고 있는 상품에는 도전하지 않는 것이 효율적이다. 그보다는 자신만의 무기를 장착하는 것에 더 관심을 갖기 바란다.

스토어들을 공부하다 보면 조금 더 관심이 가는 카테고리가 생길 것이다. 인테리어, 뷰티, 패션, 식품, 가전 등 자연스럽게 더 알고 싶고, 써보고 싶고, 누군가에게 추천해주고 싶은 상품들이 생길 것이다. 이러한 과정들을 자연스럽게 콘텐츠화하며 스스로 고객이자 브랜드가 되어보자.

준비를 하는 동안의 지나간 시간이 보이고 진심으로 상품을 보는 눈이 생기면 팔로워들에게 진정성 있는 상품을 전할 수 있게 된다. 고객들은 인생이 담겨 있는 스토리에 더욱 관심을 갖고 일상 속에 스며드는 생활 습관을 공유하고 소통한다. 그리고 이것은 훗날 팬덤으로 이어질 수 있다.

진짜 인생을 담은 인생템

인플루언서 마켓에서 상품 기획은 인생을 담아야 한다. 흔히들 '인생템'이라고 불리는 상품들은 쉽게 나오는 것이 아니다. 쉽게 인생템이라 닉네임을 붙여서도 안 된다. 실제로 더 좋은 제품은 또 어디엔가 있을 수 있기 때문이다. 매번 신상품이 나올 때마다 인생템 이야기를 꺼낸다면 고객은 진정성에 의문을 갖게 될 것이다.

커머스를 운영하다 보면 마진 구조가 좋아서, 거래처에서 부탁을 받아서, 경쟁 인플루언서가 판매해서 대박이 난 상품이라서 등 다양한 이유로 검증되지 않은 상품을 판매하게 되기도 한다. 허위 광고와 경쟁, 저품질의 상품으로 한두 번 영업은 할 수 있겠지만, 오랫동안 영향력을 가지며 스토어를 운영하려면 그러한 유혹에 넘어가려는 자신을 스스로 잡아주어야 한다.

좋은 기획력을 가져야 좋은 상품이 눈에 보인다. 좋은 상품은 결국 소비자에게 만족을 선사하고, 이것이 재구매로 이어지면 스토어는 성장할 것이다. 이러한 프로세스를 구축하는 데까지 시간이 걸리겠지만 지속적으로 정성을 다하는 모습을 보인다면 고객은 감동받을 수밖에 없고, 고객들이 먼저 인생템이라 주변에 추천을 해주어 선순환의 고리를 만들어줄 것이다.

인생템을 찾는 여정은 결국 자신의 인생과 자기 고객의 인생이 담겨야 한다. 단순한 표현이지만 자신의 삶에 대한 분석, 고객의 인생에 대한 분석 없이 인생템 기획이 나올 수 없다. 이러한 상품 기획에는 창의력과 상상력이 필수적이다. 지금 현재 유행하는 인생템이 아니라 새로운 인생템을 발굴하고 소개하려면 고객에 대한 깊은 이해가 필요하고, 감성을 잘 전달할 수 있어야 하기 때문이다.

타인이 판매하는 제품에 관심을 갖기보다 자기만의 필살기를 어떤 상품에 녹여낼 수 있을지 고민해야 한다. 특히 남과 다르게 어떡하면 고객의 일상을 바꿔줄 수 있을지에 대해 고민하는 것이 좋다. 고객이 아직 만나보지 못한 공백의 상품을 찾아내려면 도전 정신으로 찾고 경험해보아야 한다. 설사 고객의 반응이 없다 하더라도 좌절하기보다 고객의 소리를 더 들어보려 노력해야 한다. 어느 부분에서 부족했는지를 파악해야 다음 상품 기획에 도움이 될 수 있다.

커머스형 인플루언서는 고객에게 경험을 판매하는 사람이다. 고객은 그 경험을 신뢰하며 구매하게 된다. 그동안 쌓아온 작은 친밀감이 신뢰를 만들었기 때문에 인플루언서의 적극 추천에 기꺼이 돈을 지불한다. '묻지도 않고, 따지지도 않고' 진짜 옆집 언니 동생과 같은 인간관계처럼 느끼기 때문에 이들을 실망시키면 안 된다.

그러기 위해 스스로가 먼저 인생 제품을 찾으려 정성껏 노력하고, 이를 진정성 있게 추천할 수 있는 상품으로 발전시키면 모두가 만족하는 상품으로 윈윈(Win-Win)할 수 있다. 그렇게 한다면 전문적인 MD이자 상품 큐레이터로서 더욱 신뢰받을 수 있게 될 것이다.

5

더 빠르고 생생하게 모든 것을 공유하라

초연결성 5G 시대 개막

5G 시대가 열렸다. 놀라운 초고속 대용량 통신이 2019년 세계 최초로 대한민국에서부터 시작되었다. 5G란 4세대 LTE에 비해 20배 빠른 속도와 100배 많은 처리 용량을 가진 5세대 이동통신 기술로 초고속, 초대용량, 초저지연(사물 통신에서 전달 시간이 매우 짧음), 초연결(일상생활에 정보 기술이 도입되어 모든 사물이 거미줄처럼 인간과 연결된 사회)로 정리된다.

네트워크의 초연결성을 바탕으로 4차 산업혁명의 핵심 기술인 인공지능(AI), 증강·가상현실(AR, VR), 자율주행, 사물인터넷(IoT), 빅데이터의 활용, 원격 의료, 무인 시스템 등을 구현하며 삶에 또 한

번 큰 변혁을 일으킬 새로운 기술이다.

전 세계는 다양한 5G 기술이 생활에 접목되어 삶의 변화를 가져올 것으로 예측되는데, 그중에서도 모든 네트워크가 모바일로 수렴되는 '모바일 온리(only)' 시대로 변화될 것이다. 모바일에 5G 통신기술이 장착되면 스마트폰 사용자의 평균 데이터 소비량이 증가한다. 그중에서도 데이터 트래픽의 60%가 영상에 쓰일 것으로 예상되고 있다. 따라서 온라인 스트리밍 영상 서비스가 5G 시대의 킬러 서비스로 또 한 번 업그레이드될 것이다.

빠른 속도로 인터넷이 끊긴다는 느낌이 없을 정도로 고용량의 영상과 사진, 각종 파일을 쉽게 전할 수 있고, 이러한 속도 변화에 따라 모바일 영상 콘텐츠와 서비스를 제공하는 사업이 변화를 맞게 될 것이다. 모바일에서 풀 HD급 고화질 영상이 가능해지고, 고화질 영상 콘텐츠가 5G에서 원활히 유통되면, 동영상을 서비스하는 비즈니스가 더욱 활성화될 것으로 예상된다.

기존 4세대 LTE 이동통신에서 편집, 저장된 유튜브 영상을 보았다면, 5G 시대에는 수많은 이용자가 고품질 영상으로 생방송을 하는 시대가 열릴 것이다. 수만 명이 끊기는 현상 없이 동시에 라이브 방송을 볼 수 있는 미디어 혁명이 일어나는 것이다. 이 혁명을 통해 모바일 영상 시청 시간은 증가하고, 영상 콘텐츠는 더욱 다양화되고, 고화질의 해상도는 증강현실을 가능하게 할 것이다.

5G 시대에는 이미 만들어진 편집된 영상을 즐기는 것이 아니라 실시간 라이브 방송이 메가 트렌드로 자리 잡을 것이다. 실시간 라

이브 방송은 앞으로 증강현실을 바탕으로 하는 아이돌 콘서트 라이브 방송, 모바일로 보고 결제하는 라이브 커머스(Live Commerce), 라이브 여행 방송 등 실시간으로 전 세계인이 모여 영상으로 소통하게 될 것이다. 내 손안에 또 다른 나의 지구촌이 살아 숨 쉬게 된다. 이 놀라운 세상으로 우리를 이끌어줄 5G 시대. 새로운 기술의 탄생에 우리가 주목해야 할 부분은 무엇일까? 바로 콘텐츠와 사람이다. 기술 개발에 사람의 섬세한 감성이 담길 때 비로소 그 결과물은 공감을 받고 활용 가치가 더욱 커진다. 사람의 섬세한 감성은 기술과 로봇이 만들어낼 수 없고, 지금의 문화 콘텐츠와 인플루언서는 대체될 수 없다. 이제 5G 시대에 맞는 인플루언서들이 새롭게 태어날 것이고, 지금보다 더 큰 무대로 진출할 수 있을 것이다.

생생한 라이브 커머스에 미래가 있다

'미디어 커머스(Media Commerce)'란 미디어 콘텐츠와 정보 기술을 바탕으로 하는 커머스 서비스를 융합한 새로운 전자 상거래 비즈니스 모델을 말한다. 수년 전 비디오 커머스로 페이스북과 유튜브에 새로운 광고 시장이 만들어졌다면, 이제는 '라이브 커머스'로 광고와 유통이 한 단계 발전하고 진화하고 있다.

웹에서 시작된 지구촌의 연결성이 모바일과 SNS의 탄생으로 초연결성으로 발전하고 있고, 기술 개발을 통해 개인화된 광고가 발달하며, 사람을 중심으로 하는 쌍방향 소통이 일상화되었다.

이러한 5G의 기술을 토대로 라이브 커머스 시장은 한층 더 성장할 것이다. 인플루언서와 팔로워는 팬의 감성이 담긴 관계다. 네트워크로 연결된 그 친밀감이 광고로 이어지고, 그들의 일상생활이 소비자의 구매 욕구를 높여 실제로 유통으로 발전하는 비즈니스 모델이 된다. 그동안은 인플루언서가 포스팅한 콘텐츠를 보며 상품을 구매했다면, 5G 시대에는 보다 생생한 라이브 방송에 함께 참여하며 체험하고 상품을 구매할 것이다.

5G 시대를 선도하기 위해서는 인플루언서들도 적극적으로 라이브 채널에 집중해야 한다. 실시간으로 소통하는 플랫폼에 익숙해져 팔로워들과 소통할뿐만 아니라, 트렌드와 브랜드 소개, 상품 설명 등을 라이브 서비스로 소통하고 피드백을 실시간으로 받아야 한다.

또한 라이브로 시청을 하며 즉시 구매할 수 있는 시스템을 구축해야 하는데, 라이브 방송 시청, 상품 정보 확인, 결제라는 3단계를 최소화할 수 있어야 한다. 라이브 방송 시간은 출근길, 런치 쇼핑, 퇴근길, 자기 전 등 타깃층들이 편하게 집중할 수 있는 시간을 찾고, 고객들의 쇼핑 패턴과 니즈를 분석하는 맞춤형 방송으로 개발해야 한다.

이미지와 텍스트로 전달하던 상품에 대한 소개가 라이브 방송을 통해 더 빠르게 고객들의 피드백을 듣고, 비즈니스 모델을 수정하고 발전시킬 수 있는 계기가 될 것이다. 제품에 대해 궁금한 점을 바로 듣고 해결해주어 고객들의 의문점을 바로 해소해주면, 인플루언서와 상품에 대한 신뢰도가 증가하고 구매 전환이 유의미하게 이어질 수 있다.

인플루언서가 진행하는 미디어 커머스의 핵심은 신뢰도다. 상품을 준비하는 과정부터 상품과 관련된 사람들에 대한 스토리텔링, 상품을 활용하는 방법 등을 실시간으로 소통하여 정보화하고 자료화한다면 그보다 더 큰 자습서는 없을 것이다.

실시간 영상으로 생생한 스토리텔링을 전하고, 얼굴과 목소리를 통해 상담을 해주고, 고객들의 다양한 진짜 이야기를 전해 듣다 보면 진정성 있는 소통이 이뤄질 수 있다. 빠르게 변화하는 시장 환경과 고객의 니즈를 신속히 파악할 수 있는 오픈된 커뮤니티 공간을 만든다는 생각으로 지금부터 적극적으로 실행해보자.

인플루언서 커머스는 팔로워, 고객과 함께 만들어나가는 시장이다. 5G 시대에 맞는 커머스 플랫폼이 되려면 진정성 있게, 믿을 수 있게 빠르게 소통하고 미래를 설계해야 한다. 앞으로 성공적인 커머스 플랫폼에는 롱런할 수 있는 프리미엄 콘텐츠와 브랜드 상품, 모바일 라이브 커머스를 활용하는 인플루언서의 적극성이 필수가 될 것이다.

그 과정에 소비자와 기업이 함께 머리를 맞댄다면 새로운 시대에 새로운 판로를 찾아 도약할 수 있을 것이다. 기업은 개인에게 배우고 개인은 기업에게 배워가며 5G 시대에 맞는 새로운 자기만의 방식을 개척해야 한다.

6

상품과 산업에 대해 깊이 있게 공부하라

열정적 전문가에게 기회가 온다

성공한 인플루언서들이 말하는 성공 비법에 빠지지 않는 요소가 '전문성'이다. 그런데 지금 성공에 대해 인터뷰하는 인플루언서들도 처음부터 전문가는 아니었다. 대학에서 전공을 하고 자격증을 따 놓은 사람들이 아니라, 평범한 일상에서 관심 분야에 깊이 빠져들어 공부하다 보니 이제는 사람들에게 소위 '전문가'라는 소리를 듣게 된 사람들이다. 전문가는 책만으로 만들어지는 것이 아니라 이론과 함께 직접 경험하고 부딪혀보면서 경륜이 쌓여야 되는 것이다.

앞으로의 사회적 변화를 이끌어낼 밀레니얼 세대들은 자기표현이 강하고 개성이 확고하여 이전 세대보다도 더 자기 자신을 중심으로 세상을 살아갈 것이다. '개성이 강하다'라는 표현은 90년대의 신인류, 신세대라는 'X세대'부터 나온 표현이지만, 그 당시와는 또 다른 개성으로 사회가 변화되고 있다. 진정한 개인들의 시대가 열리고 있다.

태어나서부터 모바일 폰과 함께 자라나는 지금의 '디지털 네이티브' 세대는 신인류 '포노 사피엔스(Phono Sapiens: 스마트폰 없이 생활하는 것을 힘들어하는 세대)'라고 부른다. 4차 산업이라는 새로운 삶의 혁명 속에 신인류는 스마트폰으로 새로운 라이프스타일과 소비 패턴을 만들어가고 있다.

신인류는 기성세대들이 만들어놓은 정형화되고 틀에 박힌 정보와 매체를 따라가지 않고, 인터넷이라는 세상에서 본인이 원하는 매체와 정보를 스스로 고르고 자신만의 세상을 만들어나간다. 인구 숫자만큼 다양한 삶의 스타일이 나올 수 있게 된 것이다.

또한 이들은 본인의 삶을 콘텐츠로 제작하고 타인들과 SNS를 통해 소통하며 각자의 개성 있는 삶을 지지한다. 세분화되는 라이프스타일 트렌드는 앞으로 더욱 심화될 것으로 보인다. 이러한 흐름은 다양한 영역의 전문가들을 새롭게 탄생시키며, 또 많은 이들이 새로운 전문가를 필요로 하고 있다.

지금의 세대들은 어떤 이가 본인의 경험과 지식, 생각을 표현하는 것에 대해 자연스럽게 받아들인다. 그리고 과거 전통적인 주요 매체에서 접하던 신기술과 신제품 소식을 일반인들이 전문가보다 더 깊이 있게 분석하고 정리해서 콘텐츠를 생산한다.

스스로 혹은 교육 기관, 업무를 통해 익힌 기술과 지식을 바탕으로 본인의 생각과 경험을 논리적으로 표현하는 능력은 밀레니얼 세대들에게 볼 수 있는 특징이다. 그러한 일반인들의 숨겨진 능력을 대중들에게 보일 수 있는 SNS 플랫폼들이 만들어지며 신인류 전문가들이 탄생하고 있다.

앞서 현장에서 인생템을 발굴하는 생활 밀착형 MD가 되었다면, 더 깊은 공부를 통해 해당 산업을 이해하고, 나아가 그 산업에 영향력을 끼칠 수 있는 전문가로 성장해야 한다. 상품을 발굴하며 온라인과 오프라인 스토어들을 공부하면서 자연스럽게 관심이 가는 카테고리가 생길 것이다. 리빙, 뷰티, 패션, 식품, 건강, 전자제품 등 다양한 카테고리 중 본인이 가장 관심이 가는 영역에 더욱 집중해서 탐구해본다.

먼저 전문 카페나 커뮤니티에 가입을 해서 다양한 소비자들의 목소리와 관심사를 찾아보라. 어떤 이야기들을 나누고 있는지, 지금 관심사는 어떤 것들인지, 새로운 정보는 어디서 얻는지 등 사람들의 목소리를 들어보고, 질문도 하고, 소비자와 기업의 입장을 모두 들어본다.

사람들이 모여서 정보를 주고받는 커뮤니티의 속성은 인간의 본능적인 커뮤니케이션 형태로, 전문 집단이 만들어내는 플랫폼은 앞으로 더욱 다양하게 발달할 것이다. 사람들이 모여 있는 곳에 가면 자신이 얻을 정보와 자신이 공유하는 정보들이 서로 영향을 주고받아 새로운 세상으로 이끌어줄 것이다.

또 산업에 대한 전문성을 기르기 위해서는 전문 서적을 통해 지식을 얻어야 한다. 뷰티를 전문으로 하고 싶다면, 피부학과 화장품학 등 기본이 되는 서적들을 구하여 기초적인 지식을 쌓아야 한다. 매일 색조 화장한 화려한 모습만 보이고 기초 지식도 없는 상태에서 스킨케어 상담을 해서는 전문가로 성장할 수 없다. 또 전자제품을 홍보하면서 전안법, KC인증 등에 대한 기초 지식이 없이 고객에게 홍보하고 판매해서는 안 되는 일이다.

기업에서 전달하는 상품에 관련한 자료들로 전문가처럼 보이도록 포장할 수 있겠지만, 본인의 머릿속에 기초가 잡혀 있는 것과 대충 얻어 들어서 상담하는 것과는 차이가 있다. 후에 비상식적인 상담으로 와전될 수 있으니, 기초 지식은 반드시 서적이나 전문 자료 등을 통해 공부해야 한다.

기업체에서 자사 제품을 좋은 상품으로 추천해도 자신에게 기초 지식이 없다면 겉으로 보이는 스펙만으로 상품을 선택할 수밖에 없다. 기술이나 성분 등에 관련된 논문들은 인터넷 검색을 통해 충분히 정보를 얻을 수 있다. 모든 내용을 이해하지는 못하더라도 스스로 전문 서적과 논문, 해외 자료들을 검토하며 산업과 상품에 대한 지식 기본기를 꼭 닦아야 한다.

또한 관심 있는 산업과 주제를 공부하다가 배울 만한 자격증이 눈에 띈다면 도전해볼 수도 있다. 생활 산업 관련 자격증은 대학 학위처럼 시간과 노력이 오래 걸리지 않기 때문에 일과 병행해서 틈틈이 준비할 수 있다. 관심 가는 산업에 대한 자격증을 취득하면서 관련 콘텐츠를 제작할 수도 있고, 비슷한 업계 사람들을 만나서 새로운 인맥을 만들어갈 수도 있다.

스스로 공부를 많이 해놓을수록 좋은 업체와 협력할 수 있는 확률이 커진다. 아는 만큼 질문할 수 있고, 그러한 열정에 감동받은 기업체는 소속 연구원과 연결시켜주어 자료를 더 풍부하게 해준다든지, 소비자들을 대상으로 이해하기 쉽도록 이야기를 풀어줄 수 있다. 이러한 정성만으로도 고객들은 고마움을 느끼고 그 정성에 두터운 신뢰를 표현할 것이다.

정보의 정확도를 높이는 전문성에 인플루언서의 열정이 더해지고 고객들과 소통을 통해 공감대를 형성한다면 전문 인플루언서로서 더욱 다양한 기회들이 생길 것이다. 안주하지 않고 꾸준한 성장을 하기 위해 공부한다면 프로페셔널한 인플루언서로 성장할 수 있다.

7

파트너와 미래의 비전을 함께 그려라

미래형 노동의 키워드, 협력

'나는 어떤 사람인가?'

본인의 정체성을 알아야 자기만의 아이덴티티를 만들어나갈 수 있다. 스스로를 표현하고 스스로에 대해 설명할 때 빠질 수 없는 부분 중 하나는 자신의 주변인들이다. 지금 자기 옆에 있는 사람은 누구인가? 자신이 의지하는 사람은 어떤 사람인가? 스스로 질문을 던져보자.

인플루언서는 결과적으로 1인 기업 혹은 중소기업의 형태로 발전한다. 개인에서 기업으로 성장한다는 것은 실로 대단한 일이고, 지금처럼 N잡러(여러 직업을 가진 사람), 디지털 노마드(Digital Nomad: 스마트폰, 노트북 같은 디지털 장비를 휴대한 채 자유로운 공간에서 일하는 사람), 플랫폼 워커(Platform Worker: 애플리케이션이나 특정 SNS 플랫폼을 통해 일을 하는 사람)가 늘어나는 노동의 형태에서 가장 중요한 덕목은 '협력'이다.

지금처럼 빠르고 다양하게 변화하는 4차 산업혁명의 세상에서 자기 혼자 할 수 있는 일은 생각보다 적다. 무한한 경쟁에서 살아남을 수 있는 방법은 협력과 협업이다. 좋은 에너지를 가진 사람들이 모이면 좋은 일이 생긴다. 좋은 에너지를 가진 사람들이 모이면 시간이 걸려도 결과적으로는 서로에게 좋은 영향을 끼쳐 좋은 결과물을 만들어낼 수 있다. 믿을 수 있는 사람이 남는다는 것은 인생과 일에 있어 큰 복이다.

협업 정신으로 모이는 사람들은 어떻게 만날 수 있을까? 이러한 생각의 출발은 '나'로부터 시작되어야 한다. 눈앞에 보이는 고객만이 자신을 일으켜주는 사람일까? 유명한 인플루언서가 자신을 대박 스타의 반열에 오를 수 있도록 도움을 주는 사람일까?

대부분의 인플루언서들이 생각하는 본인에게 중요한 사람은 고객과 주변 인플루언서들이다. 그들에게는 약속을 어기거나, 절대 함부로 대하지 못한다. 그런데 함께 일하는 브랜드와 기업에는 반대의 경우가 허다하다. 약속을 어기거나 무리하게 본인이 원하는 바를 고집한다든지, 앞뒤 가리지 않고 본인에게 금전적 도움이 되는 업체를 선택한다든지, 본인의 영향력을 앞세워 갑질을 하는 경우가 비일비재하다.

비즈니스를 함께하는 회사들과의 협업 정신은 상도(商道)상 빠져서는 안 될 덕목이다. 제조사, 수입사, 유통사, 배송 업체, 법률 회사, 세무사, 은행, 플랫폼 회사, 마케팅 회사, 내부 직원 등 모두 자신의 비즈니스를 위해 협력하는 고마운 사람들이다. 이들의 원활한 협력 없이는 인플루언서로 도약하고 성장하지 못한다. 자신과 고용 관계가 아니더라도 유기적으로 연결되어 있는 관련 회사들은 파트너로서 오랫동안 신뢰하는 관계를 만들고 유지해야 한다.

고마운 마음으로 협력하는 공동체

브랜드가 성장하면 제조사도 동반 성장하고, 스토어가 수익을 창출하면 관련 기업들도 수익을 창출한다. 이러한 과정에 '당신의 성장은 다 내 덕이야'라는 마인드가 아닌, '당신 덕분에 내가 성장할 수 있었다'라는 생각을 할 수 있어야 한다. 하지만 사실은 어느 누구의 덕분이 아니라, '너와 내가' 함께 선의의 협력을 통해 동반 성장할 수 있는 것이다.

파트너사와의 신뢰 관계도 고객과 신뢰를 쌓는 것과 마찬가지로 서로 정성을 다해야 한다. 결과보다 과정이 중요하다는 점을 잊지 않으며 함께 고객의 니즈를 파악하고 상품에 대해 고민하며 의미 있는 매출을 만들기 위해 함께 고민하고 서로의 관점과 상황을 이해해야 한다.

이 과정에서 각자가 잘하는 부분에 최선을 다해 서로의 부족한 부분을 채워주며 공동체의식을 갖는다면 오랜 시간 좋은 파트너로 관계를 유지할 수 있다. 공동체의식을 갖는 것이 어려울 수 있다. 한 번의 결과로 관계가 깨질 수도 있고, 대박이라는 결과를 만들고 본인의 공로만 치켜세우고 바로 헤어지는 경우들도 많다. 신뢰하는 파트너를 만나고, 그와 오랫동안 롱런하기란 좋은 인생의 항로를 만드는 것처럼 어려운 일이다.

지금 전 세계가, 그중에서도 특히 한국은 저성장의 시대로 들어와 있다. 많은 기업과 소상공인, 개인 모두가 저성장 시대에 돌파구를 만들어야 한다. 산업과 기업 그리고 그 속에 있는 개인들이 머리를 맞대고 함께 선순환 구조를 만들기 위해 고민을 해야 한다.

파트너의 신뢰를 받는 기업가 정신

미래에 대한 정답은 없다. 그렇기 때문에 오랫동안 같이 연구하고, 서로를 지지하고, 함께 실행할 비즈니스 파트너의 존재가 꼭 필요하다. 인플루언서가 고객에게만 영향력을 끼치는 것이 아니다. 산업에도 새로운 아이디어와 혁신, 즐거움을 선사하는 좋은 영향력을 끼치고 있다. 각자의 역할에 충실한, 사람을 중심으로 하는 기업가 정신이 필요한 시점이다.

산업과 기업, 그 속의 사람들은 하나의 생태계를 이루고 있다. 전체 생태계를 담당하는 산업이 어려워지면 기업들이 어려움을 겪고, 기업이 어려우면 개인의 삶이 어려워진다. 이 세 가지 파트는 유기체처럼 서로가 서로에게 영향을 끼치기 때문에 어느 한 부분이 어려워지면 모두가 어려움을 겪게 된다.

산업이 정체되는 시기에는 기업이 좋은 상품을 연구, 기획, 생산하기 어려워질 수 있고, 홍보와 고객을 담당하는 인플루언서에게 어떠한 악재가 생겨 스토어가 문을 닫기도 한다. 협력사의 어려움은 곧 자신에게도 도래할 수 있는 일이고, 자신이 어려울 때 믿고 도와주는 협력사가 있다면 고비를 넘길 수도 있다. 그 행동의 중심에 자신이 먼저 자리를 잘 잡아, 적극적으로 좋은 파트너를 발굴하고, 고객에게 좋은 솔루션을 줄 수 있는 해법을 제시하며 파트너로서의 신뢰를 쌓아가야 한다.

좋은 브랜드로 성장하고 있는 인플루언서들에게는 오랫동안 미래의 비전을 만들어가는 파트너 기업들이 있다. 새로움을 창조하기 위해서는 산업이 긍정적으로 성장하도록 몰입할 수 있어야 하는데, 그 환경 조성에 산업과 기업의 종사자들이 큰 역할을 해준다.

자신에게 좋은 영향력을 주는 믿을 수 있는 파트너와 함께한다면 지속적으로 성장하는 개인이자 기업이 될 수 있다. 4차 산업혁명 속에서 살아남을 수 있는 방법은 협업을 바탕으로 하는 기업가 정신이라는 점을 잊지 말고, 지금부터라도 믿을 수 있는 파트너와 미래의 비전을 함께 그려보기 바란다.

8

새로운 마케팅에 눈을 뜨고 적극적으로 시도하라

적극적으로 퍼스널 브랜드가 되어라

우리가 흔히 말하고 듣는 마케팅이란 '상품 또는 서비스를 소비자에게 전하는 데까지 관련된 모든 경영 활동'을 말한다. 앞의 '상품과 서비스'는 물건만 뜻하는 것이 아니라 사람도 해당된다. 인플루언서가 되기 위해서는 본인을 스스로 상품화하고 서비스화하여 퍼스널 브랜드로 성장해야 한다.

인플루언서는 스스로 능력 있는 마케터로 진화해야 한다. 마케터의 눈과 귀와 생각은 늘 열려 있어야 하고, 새로움에 대한 촉을 끊임없이 세워 늘 앞서 나갈 수 있어야 한다. 마케팅에 새로움은 생명수와 같아, 새로운 기회를 포착해서 늘 도전하고 직접 부딪혀보아야 성장한다.

지금 인플루언서 시장은 어떤지, 어떤 광고 기법이 유행하는지, 어떤 유통이 성장하고, 어떤 카테고리가 성장하고 있는지, 인공지능은 무엇이고 빅데이터란 무엇인지, 결제 수단은 어떻게 변화하고 있는지, 고객들이 관심 갖는 콘텐츠가 무엇인지 등 자신과 관련되거나, 혹은 관련되지 않아도 새로운 정보에 지속적으로 관심을 가져야 한다.

자신이 알고 있는 정보보다 훨씬 더 많은 양의 새로운 정보를 습득하고, 그 속에서 자신이 차용할 수 있는 부분들을 찾아내야 한다. 단순하게 누군가를 벤치마킹하는 것이 아니라, 새로운 정보에서 자신에게 맞는, 자신만의 방법론을 찾는 것이 중요하다.

지금 모든 마케팅이 새로운 디지털 마케팅에 집중하고 있는 것은 확실한 트렌드다. 그중에서 콘텐츠를 개발할 것인지, 효율적인 데이터 광고를 집행할 것인지, 어느 플랫폼과 결제 수단을 이용해서 고객을 더 편리하게 쇼핑하도록 만들 것인지 등 새로운 IT 기술 개발을 활용한 마케팅에 주목해야 한다. 개인으로서 IT 기술 개발은 어렵지만 IT 기술을 바탕으로 하는 기업은 함께 실행할 수 있는 인플루언서와의 협업에 관심을 갖기 때문에, 적극적으로 나선다면 좋은 파트너사와 시너지를 만들어낼 수 있다.

전 세계가 도전하는 콘텐츠 크리에이터의 길

최근 들어 보수적인 기업들의 변화가 눈에 띈다. 대기업은 플랫폼이 성장 단계에 이르면 가장 마지막에 등장한다. 초반에는 플랫폼의 문법에 맞추기 어려워 기획에 고전하더라도, 자본력과 인력이 충분하기 때문에 플랫폼이 성장하여 대중화되면 새로운 콘텐츠 기획에 성공한다.

전통적이고 보수적이라 표현되던 금융권이 적극적으로 디지털 뱅킹, 스마트 뱅킹 시대를 위해 변화하고 투자에 나서고 있다. 1년에 한 번 은행 지점에 갈까 말까 한 밀레니얼 세대를 위해 재미있고 쉽고 간편하게, 완전히 다른 금융 서비스 혁명을 만들어낼 준비를 하고 있다. 직관적인 애플리케이션 개발은 기본인데, 이 가운데 특히 눈여겨볼 점은 SNS 채널의 방향성과 메시지다.

경직된 보수적 기업인 금융권에서는 사내 공모를 통해 직원 유튜버를 선발하고, 은행 공식 채널 이외에 직원들의 개인 방송 형태의 콘텐츠를 제작하기도 한다. 직원들이 주인공이 되는 웹드라마, 금융 고민 상담 채널, 재미있는 금융 예능을 제작하기도 하고, 임원들도 적극적으로 출연하면서 젊은 세대와 소통하려는 시도를 하고 있고, 실제로 유튜브에서 좋은 반응을 얻고 있다.

또 감각적인 콘텐츠를 생성해야 하는 인스타그램에서도 어려운 금융 상품에 대한 설명이 아니라 인스타그램에 올릴 만한 인스타그래머블(Instagramable) 콘텐츠를 생성해 자연스러운 소비를 촉진하기도 한다.

금융권보다 더 보수적인 정부의 지자체 공무원들도 직접 유튜버로 변신해서 부서 내의 정보를 친근하게 전달하는 채널을 개설하기도 하고, 다양한 사기업에서는 이미 내부 직원이 프로젝트 체험기, 특정 직무 체험기, 고객들은 모르는 기업 현장에서 일어나는 일들을 다양한 기획으로 제작해 보여주고 있다.

세계적 에너지 드링크 음료 레드불(Red Bull)의 창업자는 "레드불은 에너지 드링크를 판매하는 미디어 회사다"라고 말하며, 실제로 '한계를 극복하는 도전 정신'에 관한 미디어 회사로 수익을 내고, 스포츠 라이프스타일 브랜드 마케팅도 강화할 수 있었다.

스타벅스, 코카콜라 등 소비재 기업들도 모두 준미디어 기업을 표방하며 좋은 기획들을 생산해내고 있다. 고객을 자기 편이자 팬으로 만들기 위해, 관심을 끄는 것에서 그치지 않고 기업에 좋은 감정을 갖고 장기적으로 경험까지 해볼 수 있도록 스토리를 만들어내고 있다. 다양한 기업들이 만들어내는 스토리들을 전략적으로 분석하고, 자신의 브랜딩에 도움이 되는 스토리라인을 만들어나가야 한다.

박차를 가하는 카카오 비즈니스

국내에서 운영하는 브랜드는 물론 SNS 마켓 모두 카카오톡 상담과 플러스 친구 서비스는 기본으로 사용하고 있다. 인플루언서 마켓에서는 기본적으로 상품 상담, 배송 문의 등을 서비스하고 있다. 한 발 더 나아간 인플루언서 마켓은 플러스친구를 통해 매주 프로모선을 광고하고, 인스타그램 혹은 사이트에 연동시켜 더 자세한 정보를 쉽게 볼 수 있게 하거나, 결제 링크를 바로 연결시켜 구매가 편리하도록 서비스하고 있다. 인스타그램 DM, 웹사이트 고객 센터 모두 로그인을 해야 하는 번거로움이 있다면 카카오톡 상담은 빠르게 채팅으로 상담받을 수 있다는 장점이 있다.

현재로 카카오톡 플랫폼을 잘 활용하는 기업은 홈쇼핑사들이다. 최근 홈쇼핑 채널이 많아져 경쟁이 치열한 데다 TV 시청률은 감소하고 있어 영업 이익이 줄어들고 있다. 미래 성장에 빨간불이 들어오자 모바일 중심으로 고객을 확대시켜나가고 있다.

카카오톡 모바일 전용 생방송을 송출하고 챗봇을 통해 카카오톡 안에서 바로 주문을 할 수 있도록 마케팅 전략에 큰 변화를 주고 있다. 이미 수십만 명이 동시에 시청하고 있으며, 카카오 플러스 친구, 카카오 TV의 연동 기능으로 알림 메시지를 전송하고, 댓글 참여로 소통도 활발하기 때문에 앞으로 카카오톡 TV 시청률과 매출이 빠르게 성장할 것으로 예상된다. 새로운 영상 플랫폼이 필요하다면 카카오 비즈니스 서비스에 주목해보자.

무조건 따라가야 하는 간편결제 기술

인플루언서 마켓에서 중요하게 봐야 할 트렌드 중 하나가 결제 시스템이다. 초기 마켓이 형성될 때는, 상품 구매 댓글로 문의를 남기면 금액과 계좌번호를 받아 한 명 한 명 입금하고 수기로 확인하는 결제 방식을 썼다.

그 후 최근 3년간은 블로그 페이 앱 형식의 보다 간편한 결제 시스템으로 업그레이드되었다. 결제하는 사람도 카드 결제로 빠르게, 입금 확인자도 자동으로 편리하게 되며 인스타그램 마켓이 성장할 수 있도록 큰 문제를 해결해준 것이다. 결제 부분이 큰일인가 싶겠지만, 오랜 업무 시간을 줄여주고 자동결제로 오류를 줄여주어 커머스가 성장하는 데 큰 혁신의 공을 세웠다.

간편결제 시스템은 온오프라인을 불문하고 성장하고 있다. 네이버와 카카오톡에서 비대면 오더와 결제를 원스톱으로 진행하는 시스템을 론칭하고, 본인들의 페이 서비스에 적립금을 쌓아주면서 경쟁한다. 삼성 페이, SSG 페이, 페이코 등도 유통 및 금융사들과 협력하며 지갑 없는 라이프를 위한 개발에 박차를 가하고 있다.

중국에서는 거지들도 QR 코드로 구걸한다는 우스갯소리가 있는데, 이미 오래전부터 중국은 카드와 현금 없는 모바일 결제 시스템을 발전시켜왔다. 향후 간편결제가 다양한 유통사로 세분화되고 빅데이터화되어 다양한 금융 정보로 활용될 것이다. 또 가상화폐와 블록체인이 쇼핑의 새로운 패러다임을 만들 것이라는 예측도 나온다. 이것이 바로 우리가 결제 시스템 트렌드를 지켜봐야 할 이유다.

이 외에도 새로운 마케팅에 눈을 뜨고 도전할 분야는 무궁무진하다. 전통적인 오프라인 강자들은 온라인의 문법을 익혀 디지털 세상에 도전하고자 하고, 온라인 강자들은 오프라인 진출을 목표로 하고 있다. 경계가 무너지고 있는 온오프라인의 마케팅에 열린 마음으로 새로운 시도를 해보아야 한다.

인플루언서들은 믿을 수 있는 마케팅 회사와 협업을 통해 새로운 정보와 새로운 기회에 도전해보는 것도 추천한다. 방대한 정보들 가운데 나에게 도움이 될 수 있는 환경을 조성할 수 있도록 비즈니스 컨설팅을 받는 것도 도움이 될 것이다. 생각이 너무 많으면 행동으로 옮기기 어렵다. 지금 바로 새로운 생명수를 찾아 자기만의 길을 만들어가보자.

9

포기하지 않으면 기회가 온다

인플루언서 플랫폼이라는 무대의 주인공

몇 년간 내가 만나온 사람들 중 기억에 남는 사람들이 있다. 이제 막 인플루언서를 꿈꾸거나 SNS 마켓을 시작하려는 사람들이다. 100% 여성들로, 경력 단절된 육아맘, 청년 창업을 꿈꾸는 대학생 아가씨, 투잡을 하려는 열혈 마케터, 새로운 돌파구를 찾으려는 직장인, 생계를 책임져야 하는 미혼모, 수능 끝난 딸을 인플루언서로 키워보고 싶은 어머님, 인기 셀럽까지 다양했다. 새로운 꿈을 꾸는 사람들에게서 나오는 간절한 눈빛을 보면 없던 열정도 솟아올랐다.

한동안 SNS 마켓이 성장하며 많은 여성들이 SNS 마켓에 도전해 성공의 열매를 먹을 수 있었다. 하지만 많은 사람들과 비즈니스 사례들을 경험해보니 이곳은 누구나 시작할 수 있지만, 누구나 성공하기는 어려운 시장이다.

누군가는 인플루언서들이 타고난 미모와 그럴 듯해 보이는 사진, 짧은 영상 몇 개로 쉽게 인기를 얻고 수익을 창출한다고 생각한다. 그러나 호수 위 백조가 물 밖에서는 아름답고 우아해 보이지만 물속에서는 다리가 쉴 새 없이 움직이는 것처럼, 이들의 성공은 보이지 않는 시간 동안 잠도 안 자고 노력한 결과다. 실체를 알고 나면 혀를 내두를 만큼 열정과 끈기로 일하는 사람들이 대부분이다.

새로운 시작을 준비하는 사람들이 상담을 요청하면 시간을 내어 꼭 직접 만난다. 처음에는 지금 어떤 라이프를 살고 있는지 묻고, 앞으로 어떤 일을 하고 싶은지 물어본다. 어떤 이들은 현재와 미래가 연관되어 있기도 하고 전혀 상관관계 없는 삶이지만 새롭게 시작하고 싶다는 사람, 또 앞으로 어떤 일을 해야 할지 전혀 감이 없지만, 묻고 알아보고 찾아가고 싶다는 사람들도 있다.

처음 만남에서 그들의 이야기를 듣는 것이 중요했다. 지금 어떤 삶을 살고 있는지를 듣다 보면 본인이 깨닫지 못하는 본인의 장점을 찾아낼 수 있기 때문이다. 대부분 처음 시작하는 사람들은 SNS 시작부터 어떻게 해야 할지 감을 잡지 못하는데, SNS 마켓에서 최종적으로 개인 브랜딩으로 가려면 처음부터 주제와 스타일, 타깃을 고려한 콘셉팅(Concepting: 콘셉트를 개발하는 것)이 중요하다.

인플루언서 마켓을 하려면 얼굴이 예쁘고, 사진을 잘 찍고, 좋은 상품이 있으면 될까? 비슷해 보이는 콘셉트의 SNS 마켓은 너무나 많고, 수많은 곳들은 지속 가능한 경쟁력이 없다. SNS 속에 확실한 콘셉트가 살아야 한다. 본인의 삶과 개성이 담긴 본인만의 아이덴티티가 살아나도록 개발해야 한다.

시각에 예민한 최근 소비자들은 순간적으로 또 직관적으로 본인만의 스타일을 포착해낸다. 그래서 사진 한 장에도 상황을 만들어 스토리를 입히고 콘텐츠화해야 한다. 디지털 소비자들은 전문가들의 기승전결의 서사를 이해하기보다, 완성도는 조금 부족하더라도 짧고 직관적인 자극에 반응한다.

소비에서도 '가성비'의 합리적인 소비를 넘어서 자기 마음에 꽂히는 '가심비' 상품에 지갑을 연다. 장기적으로 가성비와 가심비를 함께 저격하려면, 기능 중심으로 콘셉트를 정하는 것이 좋다.

문제는 콘셉팅을 어떻게 하느냐는 것이다. 기업에서는 전문 콘셉팅을 위해 꽤 상당한 컨설팅 비용을 지불한다. 그러나 개인들은 그럴 수가 없다. 어쩌면 이들이 듣고 싶은 이야기는 어떻게 하면 고객들과 소통할 수 있는지, 어떻게 상품을 소싱해야 하는지, 어떻게 스토어를 운영해야 하는지 등의 기본적인 정보들일 수 있다. 하지만 이런 정보들은 조금만 발품을 팔면 알아낼 수 있는 오픈된 정보들이다.

새로운 시작을 앞두고 있는 사람들에게 정보의 전달보다 중요한 것은 작은 씨앗을 찾아 후에 열매를 맺을 수 있게 해주는 일이라 확신한다. 그래서 어떤 라이프를 갖고 있는지 귀 기울여 듣고, 어떤 콘셉트로 나아가면 좋을지에 대해 고민하고 조언한다.

대부분의 사람은 본인에 대해 객관적으로 들여다보기 힘들다. 그래서 그 사람의 관심사, 가족사, 일, 취미 등에 대해 시간을 가지고 듣고 이해하다 보면 어떤 SNS 채널에서 어떤 카테고리 콘텐츠를 살리면 좋을 것 같은지 하는 아이디어가 발견된다. 그때는 이를 빠르게 공유한다.

SNS의 트렌드는 빠르게 돌아가고, 바빠 보이는 타인의 SNS를 보고 있으면 자신만 뒤처진 것 같은 상대적 박탈감을 느낀다. 그럴수록 천천히 스스로에 대해 깊이 생각해야 한다. 또 사회적으로 줄 수 있는 선한 영향력을 살릴 수 있도록 장기적인 본인의 투자 방향을 설정해야 한다. 본인에게 집중해서 만들어내는 콘셉트를 SNS라는 무대 위에 올려서 매력적인 연출로 사람들과 즐겁게 소통해야 한다.

열정적 끈기가 성공의 비결

누구에게나 시작점은 같다. 그런데 시간이 흘러 어떤 이는 풍성한 꽃이 피고 열매를 맺는데 어떤 이는 매력적인 씨앗이 제대로 싹도 못 틔우고 사라진다. 실제로 상담했던 사람들 중에 시작도 못한 사람, 중도 하차한 사람이 많았다. 대부분이 시작에서부터 버거움을 느끼고, 콘텐츠를 쌓아서 커머스를 시작한 사람도 중도 하차를 한다.

실제 사회에서 부딪히다 보면 될 수 있는 일보다 안 되는 일이 더 많은 법이다. 아무리 열심히 사진을 찍어 올려도 팔로워가 늘지 않아 좌절하고, 아무리 열심히 마켓을 열어도 업체에서 도움을 주지 않아 상처를 받는다.

특히 지금처럼 플랫폼이 성장한 단계에서는 더욱 쉽지 않은 법이다. 처음의 열정이 식고 자신감이 없어져 '왜 난 안 되지' 하며 포기하는 사람들을 보며 안타까움을 느낀다. 그리고 사업의 성공은 열정이 아니라 끈기라는 결론을 내릴 수 있었다.

미국의 심리학자 앤절라 더크워스(Angelal Duckworth) 교수는 성장(Growth), 회복력(Resilience), 내재적 동기(Intrinsic Motivation), 끈기(Tenacity)의 앞 글자를 따서 그릿(GRIT)이라는 개념을 만들어냈다. IQ, 재능, 환경을 뛰어넘는 열정적 끈기의 힘이 성공으로 이끈다는 의미의 '그것'은 성취를 이룬 사람들에게서 공통적으로 발견되는 요인이기도 하다.

그릿에서 말하는 성공은 타고난 재능과 단순한 열정만 가지고 만들 수 있는 것이 아니라 끈기와 투지, 용기가 바탕이 되어 실패 후에도 다시 일어서는 회복력과 근성이 밑받침되어야 한다. 또 한 가지 일에 몇 년간 지속적으로 집중해서 몰입하고, 절대 포기하지 않는 태도를 가져야 성공이라는 열매를 얻을 수 있다. 앤절라 교수는 이를 다양한 사례를 통해 증명했다.

삶의 일상은 대부분 지루하고, 좌절을 주기 하며, 가끔은 고통스럽다. 이러한 와중에도 열정은 오래도록 지속되어야 한다. 본인이 원하는 바가 무엇인지 끊임없이 고민하고 깊이 이해해야 하고, 근면하게 몰두하며, 실패를 겪더라도 강하게 회복할 수 있어야 한다.

구슬이 서 말이라도 꿰어야 보배다. 77억 명의 전 세계 인구, 5000만 명이라는 대한민국의 사람들이 있다. 각기 다른 개성을 가진 보석들이 흩어져 있고, 이런 보석들을 바라봐줄 또 다른 보석들이 SNS로 촘촘히 연결되어 있다. 세상은 자신이 생각하는 것보다 훨씬 더 넓고 크다.

스스로 끼가 부족하다고 느끼는가? 허공에 혼자 떠드는 것 같은 느낌이 드는가? 모두가 시작은 같았다. 에너지 좋은 사람들을 찾아다니며 정보를 얻고, 새로 배운 것을 실천해서 습관화하고, 시간을 쌓아가며 도전해보자. 새로운 기술의 발전으로 평범한 사람도 비범한 능력을 발휘할 수 있는 시간이 왔다. 꼭 본인만의 잠재력을 깨워 자신만의 세상에가 발휘해보길 바란다. 포기하지 않고 열정에 끈기를 더한다면 자기만의 보석을 손에 쥘 수 있다.

Word of Mouth 결국 입소문이 성공을 가른다

인플루언서 플랫폼, 인플루언서 커머스, 인플루언서 마케팅, 인플루언서…….

대체 이들의 본질은 무엇일까? '시장과 고객의 본질'에 대해 스스로 질문해본다. 나는 네이버 블로그부터 시작해 최근 유튜브까지 SNS라는 플랫폼의 변화와 함께 마케팅을 하고 있고, 그 플랫폼을 발전시킨 크리에이터, 인플루언서들과 10년이 넘는 시간을 함께 일하고 있다.

책을 집필하며 타인에게 영향력을 발휘하는 사람들과 그들이 만들어가는 플랫폼의 본질에 대해 다시 한 번 깊이 생각을 정리해보았다. 그리고 오랫동안 변치 않는 성공의 법칙을 깨닫게 되었다. 브랜드의 성공에서 '상품', '콘텐츠', '사람' 이 세 가지의 조합이 잘 이루어질 때 세상에 빛을 낼 수 있다는 것이다.

입소문은 고려시대에도 있었다

역사적 시대를 막론하고 주변에 영향력을 끼치는 사람들은 늘 있었고, 트렌드라 부르는 유행이 있었다. '고려풍'이라는 말은 지금 말로 '고려 스타일'이라는 뜻으로 고려 여인들의 옷이 몽골까지 유행했다. 조선시대《규합총서》라는 책에는 다양한 생활 정보가 담겨 사대부 집안 여인들 사이에 궁녀들의 피부관리 비법이 관심을 받았다고 한다.

또 5일장이 열리면 보부상을 비롯한 다양한 곳의 사람들이 모여 각자 새로운 상품과 유행을 전파했다. 서민들은 귀족층 의복과 화장법, 음식에 관심을 기울였고, 사람의 입에서 입으로 전해지며 진짜 입소문을 만들어냈다. 당시 마을에 영향력을 가진 부인들은 입소문의 근원지가 되고, 또 강력한 구매 집단을 만들어냈다.

모바일 초연결 속 강력한 커뮤니티

지금은 모바일 속 초연결을 통해 새로운 형태로 입소문 전략이 옮겨왔다. SNS라는 플랫폼이 생겨나고 그곳을 통해 더 큰 파급력의 입소문이 형성되고 파급되고 있다. 쏟아지는 제품과 광고의 홍수 속에 살고 있는 현대인들은 '신뢰'라는 가치를 더욱 중요하게 고려

한다. 그리고 타인의 경험을 통해 좋은 제품을 선택할 수 있는 믿을 수 있는 단서를 제공받고 싶어 한다. 바로 옆에 살고 있는 지인 뿐 아니라 내 모바일 속 지인, 인플루언서에 귀 기울인다.

SNS는 우정과 지식의 네트워크로 발전했다. 직접 알고 있는 지인들이 모여 있던 SNS가 정보 공유를 위한 지적 네트워크와 커뮤니티 역할을 한다. 그중에서도 많은 이들이 믿을 수 있는 빅 마우스의 존재가 그를 바라보는 팔로워들의 구매율까지 높이는 형태다.

과거 상품의 기본적인 기능과 품질에 대해 논의하던 입소문의 형태가 이제는 기업의 윤리, 인플루언서의 인성까지 논하는 집단 지성으로 발전되고 있다. 모바일 속 입소문은 오프라인 세계 속 구전 효과보다도 더욱 강력한 힘을 가진다.

구매에 감정을 더하는 여성들의 소비 심리

여성들은 본능적으로 새로운 물건에 관심을 갖고, 수다를 통해 빠르고 많은 양의 정보를 공유한다. 제품에 대한 경험을 그냥 전하는 것이 아니라 풍부한 감정을 담아 지인에게 전달한다. 입소문 마케팅에서 핵심이 되는 1명의 여성 고객을 만드는 것은 그녀의 지인 20명까지 잠재적 소비자로 이끌 수 있다는 점을 의미한다.

그래서 기업은 항상 여성 소비자와의 대화창에 관심을 가져야 한다. 그녀들의 감정을 이해해줄 수 있는 상담사와 대화 가능한 채널을 항상 열어두는 것이 중요하다. 관계를 중심으로 구매하는 여성 소비자 심리는 인플루언서 마켓과 잘 맞는다. 자연스러운 콘텐츠와 댓글 소통으로 대화를 이끌어내고 서로를 신뢰하고 친밀도를 만들어낸다. 여성들끼리 SNS를 통해 경험을 공유하고 감성을 전달하며 믿을 수 있는 입소문을 만들어낸다.

What women want? 여자를 연구하라

입소문은 광고보다 강력하다. 진짜 사람들 사이에서 이야기가 오가는 이슈들은 돈으로 살 수 있는 것이 아니다. 비즈니스에서 긍정적 이슈, 입소문을 만들기 위해서는 결국 사람을 연구해야 한다.

고객들이 '무엇'을 사는가보다 '왜' 사는가를 깊이 있게 관찰해야 한다. 그 연구를 통해 고객들이 무엇을 기대하는지 찾아내야 한다. 고객들이 알지 못하는 내면의 니즈를 찾아내기 위해 사람에 대해 연구해야 한다.

가족들 사이의 구매 결정권자는 주로 여성 소비자다. 대리 구매자의 역할도 자처하고, 제품에 대한 경험 대리자까지 해낸다. 주부로, 엄마로, 부인으로, 딸로 다양한 사람들을 대신해 구매하고 평가하고, 결과 공유까지 하기 때문에 여성 소비자를 연구하는 일은 필수적인 일이다.

여자를 잘 아는 것은 여자다. 그래서 인플루언서 시장에서 여성들이 강력한 소비자이자 판매자로 영향력을 펼치는 것이다. 여성이기 때문에 본능적으로 심리적인 상황을 이해하고, 여성 소비자들의 구체적인 구매 행동까지 패턴화하고 분석할 수 있다.

인플루언서 플랫폼 마케팅의 본질 속에 결국 해답은 사람이었다. 여성에 대한 섬세한 관찰과 그 속에서 찾아내는 혁신적인 제품이 비즈니스의 핵심이 된다. 여성 인플루언서와 여성 소비자들의 심리와 그녀들의 습관을 관찰해서 새로운 문제를 해결할 방법을 연구하고 상상해야 하는 분명한 이유다.

이러한 연구 결과로 나온 제품을 만난 여성 인플루언서는 세상을 즐겁게 해주는 콘텐츠로 여성 소비자들과 즐거운 쇼핑을 즐길 것이다. 강력한 입소문 마케팅은 자연스럽게 따라온다.

북큐레이션 • 4차 산업혁명 시대를 대비하는 이들을 위한 라온북의 책

기존의 공식이 통하지 않는 급변의 시대, 남보다 한 발 앞서 미래를 준비하는 사람이 주인공이 됩니다.

디지털 노마드

권광현, 박영훈 지음 | 15,000원

사무실과 직장 없이도 원하는 곳에서 원하는 만큼 일하며 디지털 노마드족으로 사는 법!

'디지털 노마드(Digital Nomad)'란 인터넷, 네트워크 기술의 발달로 탄생한 종족으로 태플릿 PC, 노트북 등의 IT 기기를 갖추고 전 세계를 여행하면서 일하는 사람들이다. 이들은 디지털 기기를 사용할 수 있는 곳이라면 어디서든 일할 수 있다.

월 수익 1,000만 원 이상을 버는 저자들은 '디지털 노마드'가 무엇인지와 어떻게 디지털 노마드로 살 수 있는지 방법을 이 책에 담았다. 어떤 플랫폼을 활용하여, 어떻게 시작하고, 온라인 세계에 돈을 벌 수 있는 판을 깔고, 자동으로 수익을 일으킬 수 있는지 구체적인 매뉴얼까지 알려주어 그대로 따라하면 성과를 낼 수 있다.

SNS 마케팅 시리즈

임헌수, 고아라, 신승철 지음 | 각 권 16,000원

인스타그램, 스마트스토어, 구글, 유튜브까지 지금 가장 뜨거운 SNS 채널 마케팅의 모든 것!

온라인 마케팅은 날로 발전하는 기술의 변화와 시시각각 변화하는 소비자들의 입맛을 잡기 위해 더욱 치열하게 전개될 것이다. 이 경쟁 속에서 살아남기 위해서는 나의 일방적인 메시지를 전달하는 것이 아니라, 디지털 시대에 걸맞는 채널로 재가공하여 발신해야 한다. 이야기를 듣고 싶어 할까? 이 시리즈는 모든 온라인 마케터와 사장들의 질문에 답한다. 전문가가 다년간 축적한 온라인 마케팅 핵심 개념을 초보자의 눈높이에 맞게 설명하고 있으며, 특히 홍보에만 주력할 수 없는 대다수 기업의 현실을 적극 반영하여 최대한 간편하고 쉽게 따라 할 수 있는 방법을 함께 소개하고 있어 매우 실용적이다.